教育部人文社会科学研究规划基金项目"科学教师跨学科教学能力评价框架构建与应用研究"(项目编号：23YJA880006)和教育部人文社会科学研究青年基金项目"新时代师范生课程思政素养的内涵框架与发展路径研究"(项目编号：23YJC880121)的阶段成果。

小学生对科学本质的理解及其影响因素研究

薛 松 著

·南京·

图书在版编目（CIP）数据

小学生对科学本质的理解及其影响因素研究 / 薛松著. -- 南京：东南大学出版社，2024.7. -- ISBN 978-7-5766-1515-9

Ⅰ. G622.0

中国国家版本馆 CIP 数据核字第 2024ZT2206 号

责任编辑：弓　佩　　责任校对：张万莹　　封面设计：毕　真　　责任印制：周荣虎

小学生对科学本质的理解及其影响因素研究

著　　者：薛　松
出版发行：东南大学出版社
社　　址：南京四牌楼 2 号　邮编：210096　电话：025 - 83793330
出 版 人：白云飞
网　　址：http://www.seupress.com
电子邮件：press@seupress.com
经　　销：全国各地新华书店
印　　刷：广东虎彩云印刷有限公司
开　　本：700mm×1 000mm　1/16
印　　张：18
字　　数：285 千字
版　　次：2024 年 7 月第 1 版
印　　次：2024 年 7 月第 1 次印刷
书　　号：ISBN 978 - 7 - 5766 - 1515 - 9
定　　价：62.00 元

本社图书若有印装质量问题，请直接与营销部调换，电话（传真）：025 - 83791830。

序　言

基础教育阶段是发展青少年科学素养的关键时期，在培养学生科学精神和创新素养方面发挥着至关重要的作用。2023年2月21日，习近平总书记在中共中央政治局第三次集体学习时强调，要在教育"双减"中做好科学教育加法，激发青少年好奇心、想象力、探求欲，培育具备科学家潜质、愿意献身科学研究事业的青少年群体。

2023年5月17日，教育部等十八部门联合印发的《关于加强新时代中小学科学教育工作的意见》（以下简称《意见》）指出，通过3至5年努力，在教育"双减"中做好科学教育加法的各项措施全面落地，使中小学科学教育体系更加完善，社会各方资源有机整合，实践活动丰富多彩，科学教育教师规模持续扩大，素质和能力明显增强，大中小学及家校社会协同育人机制明显健全，科学教育质量明显提高，中小学生科学素质明显提升，科学教育在促进学生健康成长、全面发展和推进社会主义现代化教育强国建设中发挥重大作用。

习总书记的讲话和《意见》为我们指明了科学教育加法的本质内涵和使命任务。贯彻落实党和国家有关做好科学教育加法的方针政策是每一位科学教育工作者的责任和义务，同时也是新时代科学教育改革与创新的机遇和挑战，其重要基础之一是深刻认识青少年对科学的理解情况以及主要受哪些因素影响。本书是作者在博士论文的基础上进一步修订完善而来，主要是以小学生为研究对象，编制测评工具针对小学生关于科学本质的理解情况以及影响因素进行测评分析。在以往研究的基础上，其创新之处表现在：

第一，制定契合小学生认知发展水平的科学本质内涵框架。在国内外已有科学本质相关研究的基础上，通过大量的访谈和专家咨询，凝练小学生对科学的理解和对科学本质的认识情况，综合小学生的认知发展水平、身心发展特点和所要发展的科学素养，归纳与其发展水平相适应的科学本质内涵要素，形成内涵架构。

第二，编制易操作的适用于较大范围测评小学生对科学本质理解情况的工具。现有测评工具主要以开放性的问题为主，数据采集和分析工作均需要投入大量的人力，这对于大规模测评而言是一个限定因素。研究在现有测评工具的基础上，结合国际有关科学素养测评的方法和经验，对测评工具进行优化和升级，编制易操作的测评工具。

第三，基于实证研究分析影响小学生对科学本质理解情况的相关因素。哪些因素影响小学生对科学本质的理解？明确这一问题对加强科学本质的教学具有十分重要的意义，有利于在科学教学中有的放矢地开展关于科学本质的教育实践活动。研究从学校科学教育、家庭教育、同伴以及社会影响等维度设计测评量表，初步分析了影响小学生对科学本质理解情况的因素。

本研究所做工作，拓展了我国小学科学教育领域关于科学本质的研究视野，有助于小学科学课程与教学更有针对性地开展科学本质的教学实践，从而促进学生科学素养的发展；契合了我国进一步加强和重视小学科学教育的时代背景，具有较强的理论和实践意义，为科学教材编写、科学课程资源建设等融入科学本质相关内容提供理论依据，为小学科学课程实施、科学学科学业质量测评、科学教师培训等开展科学本质教育实践提供参考。

崔 鸿

2023 年 9 月

目　录

绪论 ··· 001
 第一节　研究缘起 ·· 001
  一、研究背景 ·· 001
  二、研究问题 ·· 003
  三、研究意义 ·· 004
 第二节　研究综述 ·· 006
  一、核心概念 ·· 007
  二、国外相关研究现状分析 ·· 018
  三、国内相关研究现状分析 ·· 037
  四、文献述评 ·· 047
 第三节　研究设计 ·· 049
  一、研究目标 ·· 050
  二、研究内容与思路 ·· 050
  三、研究方法 ·· 052

第一章　国际科学教育领域中的科学本质内容分析 ································· 055
 第一节　核心素养框架中的科学本质内容分析 ······································· 055
  一、美国"21世纪技能"中的科学本质内容分析 ·································· 056
  二、经济合作与发展组织"DeSeCo项目"中的科学本质内容分析 ··· 060
  三、欧盟《终身学习核心素养：欧洲参考框架》中的科学本质
    内容分析 ·· 062
  四、联合国教科文组织"作为学习结果的核心素养"中的科学
    本质内容分析 ·· 064
  五、日本"21世纪型能力"中的科学本质内容分析 ·························· 066

六、中国学生发展核心素养中的科学本质内容分析 ………… 067
第二节 国际科学课程与教学中的科学本质内容分析 ………… 069
　一、美国科学教育标准中的科学本质内容分析 ………… 070
　二、澳大利亚科学课程标准中的科学本质内容分析 ………… 074
　三、英国国家科学课程方案中的科学本质内容分析 ………… 078
　四、新加坡科学课程大纲中的科学本质内容分析 ………… 080
　五、韩国科学与教育课程标准中的科学本质内容分析 ………… 082
　六、新西兰科学课程中的科学本质内容分析 ………… 083
　七、中国《义务教育小学科学课程标准（2017年版）》中的科学本质内容分析 ………… 085
第三节 国际科学教育大型测评项目中科学本质内容分析 ………… 090
　一、PISA中的科学本质内容分析 ………… 090
　二、TIMSS中的科学本质内容分析 ………… 094
　三、美国NAEP中的科学本质内容分析 ………… 096

第二章　小学生对科学本质的理解模型建构 ………… 099

第一节 小学生对科学本质的理解模型假设 ………… 099
　一、关于科学本质的大概念 ………… 100
　二、小学生对科学本质理解的基本内容 ………… 103
　三、小学生对科学本质的理解模型初步建构 ………… 107
第二节 小学生对科学本质理解模型的专家调查 ………… 108
　一、调查的设计 ………… 109
　二、调查的实施 ………… 110
　三、调查结果分析 ………… 111
第三节 小学生对科学本质理解模型的修订与确定 ………… 112
　一、小学生对科学本质理解模型的修订 ………… 112
　二、小学生对科学本质理解模型的确定 ………… 115

第三章　小学生对科学本质的理解现状研究 ………… 116

第一节 小学生对科学本质理解的测评工具设计 ………… 116

一、测评工具初步设计 …………………………………… 116
　　二、测评工具专家评审 …………………………………… 123
　　三、测评工具预测试 ……………………………………… 126
第二节　小学生对科学本质理解现状的测评实施 ………………… 141
　　一、研究对象的选择 ……………………………………… 141
　　二、调查数据的收集与处理 ……………………………… 142
　　三、调查数据统计 ………………………………………… 145
第三节　小学生对科学本质理解现状的研究结果 ………………… 152
　　一、小学生对科学本质理解的整体特征 ………………… 152
　　二、小学生对科学本质理解情况的差异分析 …………… 154
　　三、小学生对科学本质理解的表现分析 ………………… 162

第四章　小学生对科学本质理解的影响因素研究 ……………… 177
第一节　小学生对科学本质理解的影响因素预设 ………………… 177
　　一、学校科学教育 ………………………………………… 177
　　二、家庭教育 ……………………………………………… 179
　　三、同伴效应 ……………………………………………… 181
　　四、社会作用 ……………………………………………… 183
第二节　小学生对科学本质的理解影响因素研究工具设计与实施 … 184
　　一、影响因素调查问卷设计 ……………………………… 184
　　二、影响因素调查问卷的效度和信度检验 ……………… 188
　　三、影响因素调查问卷的修订 …………………………… 192
　　四、影响因素调查研究的实施 …………………………… 194
第三节　小学生对科学本质的理解影响因素多元回归分析 ……… 195
　　一、确立变量 ……………………………………………… 195
　　二、数据收集 ……………………………………………… 197
　　三、模型建构与分析 ……………………………………… 198
第四节　小学生对科学本质的理解影响因素结构方程模型的构建
　　　　与分析 …………………………………………………… 201
　　一、结构方程模型的构建 ………………………………… 201

二、结构方程模型的估计 ………………………………………… 209
　　三、结构方程模型结果分析 ……………………………………… 215

第五章　研究结论、启示与反思 …………………………………………… 217
　第一节　研究结论 ………………………………………………………… 217
　　一、基于大概念建构小学生对科学本质的理解模型 ………………… 217
　　二、小学生对科学本质理解情况的测评结论 ………………………… 218
　　三、小学生对科学本质理解情况的影响因素研究结论 ……………… 220
　第二节　对我国小学科学教育的启示 …………………………………… 222
　　一、明确科学本质为科学课程的目标和内容以强化其教学实践 …… 222
　　二、组建科学学习共同体强化学生之间的同伴效应 ………………… 223
　　三、融合隐性和显性等策略优化科学本质的教学实践 ……………… 224
　　四、以专题培训和教研等为介导提升科学教师关于科学本质
　　　　的理解和教学实践能力 …………………………………………… 225
　第三节　研究反思 ………………………………………………………… 226
　　一、研究创新 ……………………………………………………… 226
　　二、研究局限 ……………………………………………………… 228
　　三、研究展望 ……………………………………………………… 229

参考文献 …………………………………………………………………………… 231

后记 ………………………………………………………………………………… 255

附录 ………………………………………………………………………………… 256
　附录一　小学生对科学本质的理解测评框架及题目专家咨询表 ……… 256
　附录二　小学生对科学的理解及其影响因素调查问卷（测试）………… 261
　附录三　小学生对科学的理解及其影响因素调查问卷（正式）………… 268
　附录四　小学生对科学的理解影响因素调查问卷（家庭）……………… 276

绪 论

在与小学生交流的过程中,经常会遇到这样一个场景:一位学生回答完问题后,另一位同学马上说这不科学,于是该同学阐述了自己的观点,并说这样才是科学的。但是,如果你问他什么是科学,他却支支吾吾回答不上来,最后以"科学家应该就是这样做的"来结束回答。科学究竟是什么?面对这样一个问题,我们很难给出一个确定的回答,不同的人群或不同的从业者对科学的理解也各不相同,诸如"科学是解释自然现象的""科学是一种认知方式""科学研究需要问问题和解决问题"等,这些是从不同的角度来回答,但这些回答都指向了同一命题——科学的本质。认识科学、理解科学的本质是发展科学素养的重要组成部分。小学生在学校里学习科学,在生活中接触科学,在此过程中形成对科学的认识。那他们是如何理解科学的呢?本研究基于这样一个问题而展开。本章内容首先介绍研究的缘起,从研究背景和研究问题两个方面展开对初始问题的深入思考,其次对研究所涉及的核心概念进行界定,并对国内外研究者开展的研究进行综述,基于此来确定研究的目标、内容、方法和思路等。

第一节 研究缘起

小学生是否需要理解科学的本质?如果需要的话,小学课程与教学的目标是否包含了促进小学生理解科学本质的目标陈述呢?研究的立足点是回答研究的价值问题,首先需要进行澄清。由此,本节内容主要介绍研究背景和研究意义,并对研究问题进行进一步细化分解。

一、研究背景

科学技术的发展和应用为社会发展带来巨大便利,其与人们生活之间的联系日益紧密。因此，具备科学素养已经成为新时代人才培养的基本要求，提高公民科学素养已经成为世界各国发展与规划未来教育的重要议题。1997年，经济合作与发展组织（OECD）启动了"素养的界定与遴选：理论和概念基础"项目（Definition and Selection of Competencies: Theoretical and Conceptual Foundation，简称DeSeCo），其宗旨是明确个人生活和社会运行需要什么样的素养，通过多学科的整合归纳出核心素养。2002年，美国"21世纪技能伙伴协会"研制了"21世纪技能"，包括生活与生存能力，学习与革新，4C（批判性思维、沟通、协作、创新），信息媒体技术能力，相当于核心素养；同时给出支援系统，包括标准与评价、课程与教学、专业的发展、学习环境。2006年，欧盟出台了《欧洲终身学习核心素养建议框架》，并于2018年进行了重新修订，规定了学生核心素养发展的具体要求以及支持系统。2013年，日本发布"21世纪型能力"，建构以"思考力""基础力"和"实践力"为主体的三位一体核心素养结构。除此之外，许多国家和地区也启动了指向核心素养发展的课程与教学改革。例如，匈牙利颁布的《国家核心课程》，新西兰颁布的《新西兰课程》，芬兰的《国家核心课程》，均明确规定了学生所需要发展的核心素养。由此可见，发展学生的核心素养已经成为新时代国家发展的战略要求。在此背景下，为了把党的教育方针科学地细化为具体的人才培养目标，我国于2016年正式发布《中国学生发展核心素养》。自此，发展学生核心素养成了中小学教育的目标。科学素养是《中国学生发展核心素养》框架重要组成部分，表现在"科学精神"素养维度，包含"理性思维""批判质疑"和"勇于探究"三个要点。

  科技的发展与进步为人们的生活带来了极大的便利，与此同时也对人们关于科学技术的理解和认识提出了越来越高的要求，其意图指向了提升全民科学素养。面对提升全民科学素养这一宏大命题，追本溯源，首先应回答"科学是什么？"，即明确科学的本质，理解科学的本质是发展科学素养的重要组成部分。2006年，国务院颁布的《全民科学素质行动计划纲要（2006—2010—2020）》指出，未成年人应初步认识科学的本质。2017年，教育部颁布的《义务教育小学科学课程标准（2017年版）》（简称《标准2017》）规定，认识科学的本质是发展科学素养的组成部分。在以上表述中均提到了认识科学本质，而在学校科学教育中，科学探究是学生进行科学学习的主要方式，《标准2017》把"倡导探究式学习"设置为课程基本理念之一，并将"科学探究"设置为课程目标之一，强调"科学探究是人们探索和了解自然、获得科学知识的重要方法""能够使学生体验科学探究的过程""探究活动是学生学习科学的重要方式。小学科学课程要把探究活动作为学生学习科学的重要方式"。《标准 2017》要求从小学一年级开始开设科学课程,将原来的由三年级开始开设科学课程提前至一年级,这也能从一个侧面反映出党和政府重视提升我国广大小学生的科学素养。

当前,有关科学本质的研究集中分布在以美国为代表的西方发达国家,从小学生到中学生,再到科学教师等均有涉及,能够较为详尽地描绘不同阶段学生对科学本质的理解。但是,国内关于学生对科学本质理解情况的研究较少,现有研究多集中于测评中学生以及科学教师的科学本质观。因此,有关我国小学生是如何理解科学本质的研究还不足,仅能依据现有研究经验以及小学科学教育实践情况给出模糊判断。这一现状制约着我国科学教育的发展,不利于小学生科学素养的全面培养和发展,具体表现在:小学科学课程设计与教学实施许多时候仍然停留在知识掌握与技能习得阶段,难以触及学生对科学的深入理解;小学科学教师本身未能在科学课程与教学实践中开展有关科学本质的教学。因此,研究我国小学生对科学本质的理解情况尤为必要。

二、研究问题

通过背景分析可知,小学生如何理解科学的本质这一问题的研究具有一定的研究价值,并可以从以下三个问题开始探讨:

问题一:小学生所能理解的科学本质具体内容有哪些?

该问题主要研究小学生通过学习科学课程来理解科学本质相关的内容。回答这一问题可以为测评小学生对科学本质的理解情况提供理论框架,同时针对性地为小学开展科学本质的教学提供参考依据。

问题二:我国小学生对科学本质的理解情况如何,具有什么特点?

该问题的研究对象是小学生,具体内容有小学生对科学本质的理解现状,分析其对科学本质理解的表现特点,包括整体的理解特征,以及从性别、年级、学校水平等不同角度来探讨差异表现。

问题三:我国小学生对科学本质的理解主要受哪些因素影响?

该问题聚焦的研究对象分为两个方面:一是正规科学教育,即学校为主体的科学教育,主要包括小学科学课程与教学、课外实践活动。在此过程中,科学教师所发挥的作用是非常重要的,教师对科学课程与教学的设计和实施、对学生的指导与评价等均有可能造成显著影响;二是非正规科学教育,小学阶段学生所接触到的有关科学的信息主要来源于以学生家长为主导的家庭教育、学生同伴以及社会方面所发挥的作用,包括图书馆、科技馆、博物馆等,科教类节目、科技类竞赛和活动等,聚焦国家和社会等所开展的科学普及活动、公共文化资源建设与宣传、社会实践活动等。

三、研究意义

发展学生的科学素养已经成为世界各国科学教育的重要目标,我国虽然已经自国家层面重视科学教育,倡导提升全民科学素质,发展学生科学素养,但是我国科学教育仍然处在初级发展阶段。《科学教育蓝皮书——中国科学教育发展报告(2017)》中相关研究报告表明,我国各地市小学科学课程还存在大量的开设不齐现象,小学科学教师队伍中还存在很大比例的兼职教师,小学科学教学仍然是以知识掌握为目的传统的讲授式,小学科学的受重视程度仍然处在一个比较低的境地[①]。与此相反的是发达国家对科学教育给予高度重视,各国纷纷立法确保科学课程的开设与实施,在国际大型测评项目中,以 PISA、TIMSS 为例,科学素养的测评是其重要组成之一。科学素养的培养和发展需要从儿童开始,以美国为例,其科学教育标准一直是从幼儿园开始制定,如《K—12 科学教育框架》[②]。因此,我国 2017 年新修订的《义务教育小学科学课程标准(2017 年版)》要求小学科学课程从一年级开始开设,但是有关低龄段小学生对于科学理解情况的研究还很少。本研究关注小学生对科学本质的理解情况及其影响因素,是一个基础性研究,在理论和实践两个层面均具有重要意义。

(一)理论意义

第一,凝练出适合于小学生发展水平和理解水平的科学本质模型框架。综合国内外有关研究可知,对于科学本质内涵的释义虽然还没有统一,但是有关

---

① 王康友,李秀菊.科学教育蓝皮书:中国科学教育发展报告(2017)[M].北京:社会科学文献出版社,2017.
② K—12 指幼儿园(kindergarten)至 12 年级。

科学本质内涵的基本构成要素已基本形成共识,包括科学知识是不断发展的而不是一成不变的。科学知识带有科学家的主观性,科学知识的产生基于证据和经验,科学探究以问题开始并不一定要验证假设,科学方法多种多样,并不是单一的等。以往研究在开发科学本质理解情况的测评工具时,均是按照上述构成要素来确立理论框架,并没有考虑被测评对象的年龄因素,尤其是儿童阶段,如果将儿童与中学生、成年人等同对待,势必造成绝大多数被测评者对科学本质理解水平偏低的结果。因此,本研究在大量调研的基础上,结合先验研究和具体调研,凝练出针对小学生的科学本质理解模型框架,在已有科学本质内涵的基础上形成适合于小学生学习的科学本质内容要素。

第二,丰富我国小学科学教育理论基础,掌握我国小学生理解科学本质的情况以及主要受哪些因素影响。目前,关于我国小学生对科学本质理解情况的研究比较少见,国外相关研究也不足,小学生如何看待科学、如何理解科学,这些问题均没有足够的研究来回答。随着提升全民科学素养的呼声越来越高,从小学甚至从幼儿园,已经开始培养学生的科学素养。关于小学生对于科学本质的理解情况,我们不能仅靠经验来预判,而是要进行科学调研,此研究已迫在眉睫,它将促使我们正确认识我国小学生对科学本质的理解情况及其影响因素,为小学科学教育的基础理论研究添砖加瓦。

(二) 实践意义

第一,为小学科学课程标准的修订、科学教材的编写等融入科学本质的内容要素提供参考。中小学科学课程在培养学生理解科学本质方面发挥核心作用,但我国小学科学课程标准仍未明确列出科学本质的内容要素,以及需要理解到何种程度。因此,不管是科学教师,还是学生,都难以有针对性地学习和理解科学的本质,有研究显示采用科学本质隐性教学的方式其效果非常有限。本研究建构小学生对科学本质的理解模型框架,将科学本质的内容进行具体化研究,可以使科学教师、学生等明确所要学习的科学本质相关内容。准确掌握我国小学生对科学本质的理解情况及其影响因素,可为小学科学课程标准的修订提供重要参考依据,使课程实施者更加注重科学本质的教学实践,同时还可以为科学教材的编写以及修订提供重要支撑,使有关科学本质的知识可以出现在教材中,直观展现给学生。

第二,为小学科学教学、资源开发、教师培训等实践科学本质的教育活动提供指导。本研究所开展的针对小学生关于科学本质理解情况的测评,能够展现我国小学生对科学本质理解情况的整体特征、差异表现等,为小学科学教育工作者提供真实数据,进而引发其反思如何更好地帮助学生理解科学的本质。首先,有助于科学本质教学的切实开展。提升学生理解科学本质水平的主要场合是在科学课堂。科学课的教学设计、教学实施等是否融入科学本质是关键,而这些均要建立在全面了解学生对科学本质的理解情况的基础之上。与此同时,明确小学生对科学本质理解水平的影响因素,可有效施加干预和强化措施,并有针对性地提升学生的理解水平。其次,有利于指导科学课程和教学资源的开发与建设。科学课程资源建设可以促进科学教学实践,激发学生学习科学的好奇心和求知欲,使学生对科学的学习由简单的科学知识与技能的记忆,转化为深层次的理解与应用,以实现对科学的深度学习。深度学习有利于学生加深对所学内容的内化,以建构知识体系网络,可以促进学生理解所学内容的本质,对科学学习而言,即理解科学的产生过程,获得关于科学的认知,认识科学的本质。最后,为开展以科学本质及其教学为专题的教师培训提供素材。教师培训可以帮助科学教师深刻理解科学本质、掌握其教学方法与策略,研究所建立的理解模型、理解情况以及影响因素等可为教师培训提供基本素材和案例。

第二节 研究综述

国际上有关科学本质的研究起步较早,美国科学教育领域专家桑德拉·阿贝尔(Sandra Abell)和诺曼·G. 莱德曼(Norman G. Lederman)主编的《科学教育研究手册》(*Handbook of Research in Science Education*)阐述了相关研究的历史进程,从科学本质的概念界定与内涵定义、教师和学生等不同群体对科学本质的理解情况、科学本质的教育教学实践、学生对科学本质的学习、科学本质理解情况的测评以及未来的展望等方面系统而全面地介绍了科学本质的过去、现状和未来。结合本研究所关注的主题——小学生对科学本质的理解情况及其影响因素,本研究在进行研究综述的过程中,将聚焦小学阶段学生对科学本质理解的相关研究。

一、核心概念

本研究的核心概念是"科学""本质""科学本质"和"理解",此外,"科学本质"与"科学素养""科学探究"以及"科学事业"有着密切的联系,需要进行辨析。在此说明,研究中所出现的"学段",我国在《义务教育小学科学课程标准(2017年版)》中明确课程目标和课程内容要依据学段来设置,本研究将一、二年级称为"低学段",三、四年级称为"中学段",五、六年级称为"高学段"。国外则有差异,发达国家多为幼儿园到十二年级的一贯制。以美国为例,一般将幼儿园、一年级和二年级归为一个阶段,三年级至五年级为一个阶段,即幼儿园和小学阶段;六年级至八年级为一个阶段,相当于初中阶段;九年级至十二年级为一个阶段,相当于高中阶段。在研究文献中,也有"early elementary students"的表述,其指代的即为 K—2 年级小学生[①]。

(一)科学

科学,英语为 science,拉丁语为 scientia,scire 是学或知的意思,从广义上讲是学问或知识的意思。日本科学启蒙学者福泽谕吉将"science"翻译为"科学",此概念最早由康有为于 1893 年引进中国,严复在翻译国外科学著作如《天演论》时,也将"science"翻译为"科学",自此之后"科学"一词便在中国被广泛使用[②]。英语中,science 是 natural science 的简称,其内涵主要指自然科学。在我国,"科学"与"格致"的意义相近,《礼记·大学》记载,"致知在格物,物格而后知至","格物"是探究事物本身、运行以及发展的道理,"格致之学"指探究事物的原理并在此过程中积累知识。我国教科书一般将科学分为自然科学(理科)和社会科学(文科)。《辞海》中"科学"意指"运用范畴、定理、定律等思维形式反映现实世界各种现象的本质和规律的知识体系"。基于修辞学的视角,"科学"有以下几种涵义:一是科举之学,我国古代封建社会实行科举取士,人们需要通过科举考中进士以走上仕途之道;二是反映自然、社会、思维等客观规律的分科

---

① Lederman J S,Lederman N G. Early elementary students' and teacher's understandings of nature of science and scientific inquiry:Lessons learned from Project ICAN[C]//A paper prestened at the annual meeting of the annual meeting of the national association for research in science teaching. Vancouver,British Columbia,2004.

② 赫胥黎.天演论[M].严复,译.北京:北京理工大学出版社,2010.

知识体系;三是特指自然科学;四是合乎科学的,合理的。

  从科学哲学的角度看,科学包含五层涵义:①关于自然界和改造自然的系统化的知识;②一种工具;③一种思想体系;④一种社会建制;⑤一种思维体系。英国科学哲学家查尔默斯在其著作《科学究竟是什么?》中系统论述了科学的本质、地位以及科学方法。书中指出,归纳主义认为科学知识的产生主要基于经验事实并加以推导和证明,科学理论的形成需要以观察和实验得来的经验事实为基础。证伪主义认为可证伪性是理论的标准,其代表人物卡尔·波普尔认为"可以被证伪的才是科学的"。结构主义认为应该把理论看作有结构的整体,归纳主义和证伪主义的科学观都比较零碎,结构主义代表人物伊姆雷·拉卡托斯提出"科学研究纲领方法论"。结构主义另一个代表人物库恩则提出科学的规范,在其著作《科学革命的结构》中提出科学范式,认为科学的进步具有革命性质,且科学团体在此过程中发挥着重要的作用。拉卡托斯和库恩的理论都要求其哲学论述能经受得起以科学史为根据的批判[①]。实证主义者认为能被实证的就是科学的,其代表人物是法国哲学家奥古斯特·孔德。美国哲学家、实用主义真正的奠基人威廉·詹姆斯直观而主观地表示,有用的就是科学的,没有用的就是伪科学的。美国学者科利特(Collette)和恰佩塔(Chiapetta)认为:科学是一个知识体系、一种研究方法和思维方式。海德格尔基于现代科学的研究范式认为,分别从研究的理论基础、过程、目的、结果来看,现代科学是数学的科学、研究的科学、技术的科学、现实之物的理论[②]。胡塞尔则从现象学的视角出发重新架构科学论,将科学分为两大类:事实性和本质性,本质性即理解和把握"是什么"[③]。从对"科学"的界定来看,有关"科学"的内涵有三类观点:第一,强调"科学"的知识内涵,注重其静态结果;第二,强调"科学"的动态过程,即科学是研究活动;第三,强调"科学"的知识内涵及其发生过程,包括知识产生的动态过程与静态结果[④]。由此可见,不同的学者看待"科学"的角度不同,对其理解也不同,因此给出的定义有差别。

[①] 查尔默斯 A.F.科学究竟是什么?[M].查汝强,江枫,邱仁宗,译.北京:商务印书馆,1982.
[②] 朱耀平.现代科学的本质、基础和危机:海德格尔对现代科学的现象学反思[J].科学技术与辩证法,2003,20(2):35-39.
[③] 钱立卿.事实与本质的二分法:论胡塞尔《观念Ⅰ》中的科学论架构之起源[J].华中科技大学学报(社会科学版),2018,32(5):20-24.
[④] 廖伯琴.科学教育学[M].北京:科学出版社,2013.

对于科学是什么,科学家提出了四项基本主张:崇尚理性、追求真理、尊重客观、符合现实①。第一,科学是合乎理性的。合理性是科学所遵循的一项重要特征,它可以调整信念和指导行动。第二,科学追求真理。真理性是指人们的陈述话语符合实际情况,亚里士多德曾说,将是描述为非,或将非描述为是,就是虚假的;而将是描述为是,或将非描述为非,则为真实②。真理是通过陈述语句承载的,不会因为人是否陈述而发生变化。第三,科学是尊重客观的。客观性通常被用来形容其他事物,客观的知识是针对一个对象的,科学的主张和论点是公开的并且是可以验证的③,欧喜尔(O'Hear)认为,科学工作不会因为科学家的背景不同而出现差别,其研究对象以及所发展的理论是关于自然界的,因此不会有任何团体或党派偏见,也不会因为种族、信仰或政治等而有差异④。因而不能因为奉行不同的世界观就颠覆或者否定既成的事实。第四,科学应紧密联系现实。科学的现实主义认为,科学方法提供了对物质现实的了解与交互作用,产生出很多的客观知识,使现实的信念与具体现实相吻合。现实主义符合于人类的思维,认为存在一个外部的独立的现实,其中包括了物质客体。综合来看,广义的科学是指那些被大多数人承认的以某种研究方法进行的研究,所得到的结果发表并被众人所接受;狭义的科学是指比较严谨且被科学团体所认同的科学⑤。

综上关于科学的论述,本研究中的"科学"包括如下涵义:第一,自然科学,其研究对象为自然世界的各种现象,具体可以分为物质科学、生命科学、地球与宇宙科学等基本领域,同时基于小学科学课程将工程与技术纳入到科学课程,因此工程与技术领域也包含在内。第二,一门综合性的课程,与语文、数学等学科相同性质的课程,在初中和高中阶段,则分科为物理、化学、生物学以及地理等课程。第三,一种方法论和认识论,科学具有一定的研究方法论体系,在研究自然世界的过程中需要运用合理的方法,获得证据以解决各类问题。而这一个过程,形成的认识事物的方式,即科学认识论。

---

① Hugh G. Gauch, Jr. 科学方法实践[M]. 王义豹,译. 北京:清华大学出版社,2005.
② Aristotle, McKeon R. The basic works of Aristotle[M]. New York: Random House, 1941.
③ Bugliarello G. Verifiable truths[J]. American Scientist, 1992(80): 306.
④ O'Hear A. An introduction to the philosophy of science[M]. Oxford: Clarendon Press, 1989.
⑤ 王德胜,李建会. 科学是什么?:对科学的全方位的反思[M]. 沈阳:辽宁教育出版社,1993.

（二）本质

对于"本质"，"科学本质"的英文词源为 nature of science，但是在英语中"本质"的词源不包括 nature，而是 essence、inbeing、ingrain、mental、genius、hypostases 等。nature 的含义为大自然、自然界、性质、特性、种类等。nature of science 应译为科学的性质，中国科学技术协会翻译的美国科学促进会（AAAS）的《科学素养的基准》（*Benchmarks for Science Literacy*）中，将 nature of science 译为"科学的性质"。"科学本质"是一种约定俗成的译法。依据本质主义理论的观点"任何事物都存在着一个深藏着的唯一的本质"，由此人们可能会将"科学本质"理解为科学的本质属性。此外，众多科学哲学研究者认为，针对"科学"的概念界定并不明确，因此科学本质就更难研究。

综上关于"本质"的论述，本研究中的"本质"与"性质"的涵义相同，即事物的本性、特性。具体而言可以分为两个方面：一是事物本身的状态，存在自然世界的各类物体以及在运行的过程中所表现出来的各类现象等，各自具有其特性，认识事物的本质即揭示其特性；二是事物运行与发展的规律特征，事物在运行和发展的过程中所显现出来的特征，遵循一定的法则，具有一定的规律，认识事物的发展本质即探寻其发展法则与规律。

（三）科学本质

对于"科学本质"的概念界定，目前科学教育领域还没有形成一个高度认可、广泛接受的定义。科学本质被定义为科学教育者的一个交叉点，对科学教学和学习产生重要的影响，涉及科学哲学、历史学、社会学和心理学等多个领域的问题。界定科学本质先要明确科学认识与常识认识、宗教认识、社会科学认识、哲学认识等之间的差异和区别，王德胜和李建会将它们分别进行比较分析认为，科学认识是一种高级形式的认识，是人类认识自身发展较高阶段的产物，具有其先进性。科学认识所使用的研究方法使研究过程形成一种循环，即经验材料→理论假说→检验→组织更广泛的新材料→更完善的理论→……人们在不断完善、纠正和发展科学理论[①]。科学认识是认识的高级形式，是最成熟和最完善的认识形式。

科学教育研究者对科学本质有不同的论述。美国学者麦科马斯

---

① 王德胜,李建会.科学是什么？：对科学的全方位的反思[M].沈阳：辽宁教育出版社,1993.

（McComas）等人认为是一个混合领域，将历史、社会学和科学哲学等各种科学社会研究与认知科学的研究结合在一起，形成了对科学是什么及其如何发挥作用的丰富而有用的描述[1]。美国学者莱德曼（Lederman）认为科学的本质是科学认识论，科学是一种获得知识的途径，或者与科学知识的发展相一致的价值和信念[2]。埃克森（Akerson）等认为K—12年级的学生应当理解与其日常生活相关的七个方面：科学知识是暂定性的（会发生改变），基于实证（基于对自然世界的观察），主观性（理论负载），部分是人类推理的结果，想象力和创造力，并且与社会和文化密不可分[3]。美国学者古德（Good）认为：科学本质是"科学思维的过程"和"科学知识体系"的总和。我国台湾研究者谢州恩和刘湘瑶运用德尔菲法归纳出国小（小学一至六年级）自然科学课程中科学本质的要项，包括科学目的之一在于解决问题、有些科学知识具有持久性而有些曾被修正、科学知识带给人们启示、科学家需要创造力与想象力、科学由科学社群建构而成等[4]。上述所列研究者对科学本质的理解不同主要是因为他们思考科学本质的视角有差异，有的侧重其本体，有的聚焦方法论。

在科学教育政策文件方面，为加强科学本质相关内容的教学，旨在让学生通过学习科学课程理解科学的本质，科学本质需要有机融入科学教育标准的制定过程中，如美国、澳大利亚等国家。以美国为例，美国科学促进会（AAAS）发布的《面向全体美国人的科学》将科学本质分为三个方面，包括科学世界观、科学探究和科学事业[5]。继AAAS之后，国家科学教师协会（NSES）也从三个方面阐述了科学的本质：一是科学家通过观察、实验、理论模型来构建和检验对自然的解释；二是在活跃的研究领域，由于缺乏理论导致不同的解释是正常现象；三是

---

[1] McComas W F, Almazroa H, Clough M P. The nature of science in science education: an introduction [J]. Science & Education, 1998, 7(6): 511-532.

[2] Lederman N G. Students' and teachers' conceptions of the nature of science: A review of the research [J]. Journal of Research in Science Teaching, 1992, 29(4): 331-359.

[3] Akerson V L, Abd-El-Khalick F, Lederman N G. Influence of a reflective explicit activity-based approach on elementary teachers' conceptions of nature of science[J]. Journal of Research in Science Teaching, 2000, 37(4): 295-317.

[4] 谢州恩,刘湘瑶.建构国小自然科学课程之科学本质要项[J].科学教育学刊,2016, 24(4): 355-377.

[5] 美国科学技术协会.面向全体美国人的科学[M].中国科学技术协会,译.北京：科学普及出版社, 2001.

评价科学实验、观察、理论模型和科学家的解释是科学探究的一部分[①]。

综上所述，虽然关于科学本质还未形成一个被广泛认可的定义，但是对其基本内涵则在一定程度上达成共识。本研究中将科学本质界定为科学认识论，即科学运用一定的方式和方法认识、解释自然世界的各种现象，包括对科学知识维度理解、科学探究维度的理解以及科学事业维度的理解。科学知识维度主要包括：科学知识不是绝对的或确定的，而是会发生改变的；科学知识的主观性，科学家的文化、生活、信仰等背景会对其工作产生影响；科学知识是由观察和部分推理得来的；科学知识是基于经验和证据产生的，科学知识至少在一定程度上是基于对自然世界的观察并从中发展而来。科学探究维度包括：科学家工作的基本方式是开展科学探究与实践；科学探究需要提出科学问题，其过程包括提出问题和解决问题；科学研究具有多种多样的方法，需要依据具体的研究选择合适的方法；科学研究的过程不是固定不变的，科学家需要记录研究过程，并与其他科学家进行交流和讨论。科学事业维度包括：科学是一项复杂的社会性活动，需要人类的共同努力；科学应用于工程与技术领域中，可以制造出各种有助于人们生产和生活的产品，给人们带来便利，另一方面也有可能产生危害；科学要受到社会道德和伦理约束，遵循一定的社会规范。

（四）理解

研究小学生对科学本质的理解，也应明确"理解"这一概念的内涵意义。"理解"的英文为 understand 和 understanding，前者取动词义，指领会、认识到、明了等，后者取名词义，指领悟、解释、看法等。《辞海》中对"理解"的解释为，"顺着条理进行剖析；从道理上了解；应用已有知识揭露事物之间的联系而认识新事物的过程"[②]安德森（Anderson）等在布卢姆教育目标分类的基础上，由单一维度进一步细化为认知过程维度和知识维度，其中认知过程维度包含"理解"，意指从包括口头、书面和图像等交流形式的教学信息中建构意义[③]。本研究对"理解"的界定与黄晓所开展相关研究进行的界定一致，即取其动静两层意

[①] National Research Council. National science education standards[S]. National Committee for Science Education Standards and Assessment. Washington, DC: National Academy Press, 1996.
[②] 夏征农,陈至立.辞海：彩图本[M].6版.上海：上海辞书出版社,2009.
[③] 洛林·W.安德森.布卢姆教育目标分类学：分类学视野下的学与教及其测评[M].蒋小平,张琴美,罗晶晶,译.北京：外语教学与研究出版社,2009.

蕴①。动态层面,学生在科学学习的过程中,能够领会科学本质所包含的相关内容,认识到诸如科学可以解释自然世界的各种现象,科学可以使用多种多样的研究方法,科学与社会紧密联系等,这种领会和认识不是简单的字面理解,而是上升到领会其背后的原理、意义。静态层面是在动态层面的基础上建立的一种较为稳固的能力和素养,学生基于对科学本质的理解,在与科学互动的过程中,与科学进行深度对话。

(五) 相关概念辨析

在研究"科学本质"的过程中,自然要涉及"科学素养""科学探究""科学事业"等概念,在此对它们之间的相互关系进行辨析,为后续研究做好铺垫。

1. 科学本质与科学素养

国内外科学教育研究领域均认同理解科学的本质是发展科学素养(scientific literacy)的重要组成部分,而培养学生的科学素养是科学教育的目标。1952年,科学素养由美国教育家科南特(J. B. Contant)在《科学通识教育》中首次提出。② 随后,美国米勒(Miller)教授从当时的科技社会背景出发,提出了科学素养概念三维理解模型,包括科学原理和方法、科学术语和概念、科技的社会影响意识和理解③。由此可见米勒的三维模型比较注重科学知识与观念的理解。美国学者克劳普福(Klopfer)则扩大了界定范围,认为科学素养是人们对科学技术的总体认识、理解和应用,特别强调将科学的态度与兴趣、科学探究以及生活情境纳入科学素养的概念框架中④。美国科学教育专家罗杰·W.拜比(Rodger W. Bybee)认为,理解科学素养应该把握四个维度:第一,功能性(functional)科学素养,指向科学方面的各类术语、词汇等;第二,概念性和程序性(conceptual and procedural)科学素养,指向科学领域的各种概念、原理、方法以及过程等;第三,多维(multidimensional)科学素养,指向科学情境,聚焦科学产生与发展的性质、科学和技术的本质及其多人类社会的意义等;第四,名义(nominal)科学素养,指向学生和教师眼中的科学,他们对科学素

---

① 黄晓.体现科学本质的科学教学:基于HPS的视角[M].北京:人民出版社,2014.
② 何薇.从继承到创新:公民科学素质监测评估的中国道路[J].科普研究,2019,14(5):15-22+33+108.
③ Miller Jon D. Toward a scientific understanding of the public understanding of science and technology [J]. Public Understanding of Science,1992(1):23-26.
④ 潘苏东,褚慧玲.科学素养的基本内涵:三维模式[J].科学,2004,56(6):39-41.

养的认识可能不是完整的、准确的,有可能是片面的,甚至是错误的,但却是发展科学素养的基础和起点[①]。国际有关科学素养的测评中,PISA 2015 与 PISA 2018 均将科学素养定义为一个具有反思意识的公民能够参与讨论与科学有关的问题,提出科学见解的能力,其科学素养测试框架由四个部分组成:情境、知识、能力和态度,此外,还包括"科学地解释现象""评价并设计科学探究""科学地解释数据和证据"这三种能力。PISA 2015 注重对科学的积极态度,这是大多数学者或组织所不曾强调的[②]。TIMSS 2015 虽然没有指出科学素养的一般概念,但其从测量的需要出发,在科学内容(science content)、科学认知(science cognitive)和科学实践(science practices)三个方面对科学素养进行评价,尤其是 TIMSS 首次将科学实践作为一个新概念加入测评内容中。

国外各学者或组织虽然对科学素养的定义解释各有不同,但从"内容"到"行为""认知""态度"的不断丰富,无不体现了科学素养内涵的深刻与宽泛。以美国为例,《面向全体美国人的科学》指出,学生所要发展的"科学素养"主要包括:科学的本质、数学的本质、技术的本质、物理基础、生命环境、人体、人类社会、被设计的世界、数学的世界、历史的视野、共同的主题和思维的习性[③],《美国国家科学教育标准》据此而定。而在《K—12 科学教育框架》与《新一代科学教育标准》中,从科学与工程实践、学科核心概念与跨学科交叉概念三个维度来展开,列出了了解、使用和解释自然世界的科学,形成并评估科学证据和解释,理解科学知识的本质和发展,积极参与科学实践和学术讨论。概言之,学生在发展科学素养的过程中,需要理解科学,认识科学知识、科学探究等所具有的性质特征,从而建立对科学深刻的理解和认识,最终理解科学的本质。

国内同时存在"科学素养"和"科学素质"两个概念。有研究者指出,"素质""素养"基本同义,均指人在学习和发展中形成的内在的、概括的、相对稳定的身体和心理方面的特征[④][⑤]。我国教育政策文件和实际科普工作中常使用"科学

[①] 李雁冰. 科学探究、科学素养与科学教育[J]. 全球教育展望,2008,37(12):14-18.
[②] 刘克文,李川. PISA2015科学素养测试内容及特点[J]. 比较教育研究,2015,37(7):98-106.
[③] 美国科学技术协会. 面向全体美国人的科学[M]. 中国科学技术协会,译. 北京:科学普及出版社,2001.
[④] 陈佑清. "核心素养"研究:新意及意义何在?:基于与"素质教育"比较的分析[J]. 课程·教材·教法,2016,36(12):3-8.
[⑤] 崔允漷. 素养:一个让人欢喜让人忧的概念[J]. 华东师范大学学报(教育科学版),2016(1):3-5.

素质",例如《全民科学素质行动计划纲要(2006—2010—2020年)》。而在教育实践领域多用"科学素养",例如课程标准制定等,最典型代表如《义务教育小学科学课程标准(2017年版)》。上述政策文件或标准等均指出认识科学的本质是提升科学素质(素养)的重要内容,这与国外研究相一致。

综上可知,国内外对"科学素养"与"科学本质"之间关系的论述是一致的,即理解科学本质是发展科学素养的重要部分。"科学素养"是一个不断发展和完善的概念,其内涵与范围包含"知识""实践""探究"与"态度"等四个基本方面,本研究中所涉及的科学素养即包含此四个方面,即理解并掌握必要的科学知识和技能,能依据具体的情况合理选用科学方法,发现并提出科学问题并开展科学探究与实践活动,从而解决问题,认识科学与社会、环境等之间的关系,并能做出合理的、体现社会责任的决策,基于此认识科学的本质,培养科学态度等。

2. 科学本质与科学探究

科学探究(scientific inquiry)与科学本质之间的关系,主要表现在如下两个方面。

首先,科学探究是科学本质的组成部分。具有代表性的论述来源于《面向全体美国人的科学》,将"科学探究"归为"科学本质"的一个组成部分,指出科学教学应以开展科学探究为主要形式,在此过程中引导学生理解科学探究的本质[1]。"科学探究"是美国科学教育领域纲领性文件中的关键词,美国科学促进会(AAAS)发布《2061计划》(Project 2061)系列文件均强调了科学探究的重要性,例如:《科学素养的导航图》(*Atlas of Science Literacy*)、《面向全体美国人的科学》(*Science for All Americans*)等等。关于"探究",英语为 inquiry 或 enquiry,《探究和国家科学教育标准》中明确科学教学标准,科学教师在进行科学教学时首先应知道或者能够做到:制定基于探究的科学项目方案、指导并促进学生开展学习的行动、针对教学和学习的评价、改进环境以促使学生学习科学、为科学学习者创造机会、学校科学项目的发展计划和方案。进行科学探究所需要的能力包括:确定引导科学调查的问题和概念、设计并进行科学调查、使用技术和数学来改善调查和交流、使用逻辑和证据来制定和修改科学的解

---

[1] 美国科学促进协会. 面向全体美国人的科学[M]. 中国科学技术协会,译. 北京:科学普及出版社,2001.

释和模型、识别和分析不同的解释和模型、交流并捍卫科学论点①。阿卜杜勒-哈利克(Abd-El-Khalick)等认为可以从两个角度来看探究,一是把探究当成一种教学方法途径,二是把探究视为一种学习结果。理解探究应注意以下几个方面:科学课程中探究的哲学和实践概念;在课程、课程材料、课堂教学和评估实践中实施探究的图像;促进或阻碍以探究为基础的科学教育的内部和外部因素和条件②。

其次,科学本质和科学探究既有联系又有区别。Lederman 认为虽然科学本质和科学探究经常被用作同义术语,彼此之间并不是独立的,但它们之间是有区别的③。关于科学本质和科学探究的内涵释义,《科学教育研究手册》指出,为了区分科学本质和科学探究,学生应:第一,理解观察和推理;第二,区分科学规律与科学理论;第三,尽管科学知识是经验性的,但也涉及人类的想象力和创造力;第四,科学知识是主观的,或者说理论负载的;第五,科学作为人类的事业是在更大的文化背景下实践的,其实践者(科学家)是文化的产物;第六,科学知识从来不是绝对的或恒定的;第七,需要注意的是,人们经常将科学本质与科学过程或科学探究混为一谈④。科学探究是指科学知识形成的学习过程中最具代表性的特征,是指科学家在研究自然世界和物质世界各种现象的过程中所采用的研究方法与手段,并基于此形成的科学研究范式。《K—12 科学教育框架》和《新一代科学教育标准》(NGSS)选用"科学与工程实践"而不是"科学探究"。《K—12 科学教育框架》指出,许多提供评论的人认为科学的本质应作为一个明确的主题或观点,仅仅通过参与实践无法形成对科学本质的理解。委员会在第四章末尾增加了一个章节,着重强调学生需要对自己所开展的科学和工程实践进行及时的反思,在反思的过程中可以加深其对科学本质的理解。该过程也可以被看作是学生要达到的认知结

---

① National Research Council. Inquiry and the national science education standards-a guide for teaching and learning[EB/OL]. (2003-06-18)[2019-08-08]. https://www.nap.edu/read/9596/chapter/1.

② Abd-El-Khalick F, Boujaoude S, Duschl R, et al. Inquiry in science education: international perspectives[J]. Science & Education, 2004, 88(3): 397-419.

③ Lederman J S, Lederman N G, Bartos S A, et al. Meaningful assessment of learners' understandings about scientific inquiry—the views about scientific inquiry (VASI) questionnaire[J]. Journal of Research in Science Teaching, 2014, 51(1): 65-83.

④ Lederman N G, Abell S K. Handbook of research on science education[M]. New York: Routledge, 2007.

果,特别是当前的改革愿景非常明确,它区分了探究的表现(即调查学生能够做什么)和关于探究学生知道什么(即学生应该知道什么)[①]。我国小学科学课程标准中,对科学探究维度的课程目标进行了明确要求。概言之,可以从提出问题、作出假设、制订计划、搜集证据、处理信息、得出结论、表达交流、反思评价等8个要素描述科学探究的学段目标。我国普通高中科学(物理、化学和生物学)各学科核心素养中对"科学探究"阐述主要包括问题、证据、解释、交流等要素。

综上所述,本研究将科学探究的本质纳入理解科学本质的内涵范围之内,理解科学探究是理解科学本质的重要组成部分。对科学探究的理解应基于观察提出科学问题;设计调查或实验方案收集证据和数据等;依据证据和数据分析做出合理的解释并得出结论;将研究过程与解释结论等进行交流等;在进行科学探究的过程中,可以依据实际情况合理采用研究方法(研究方法是多种多样的),在进行解释的过程中不仅仅基于收集到的数据和证据,还有依据以往的研究和知识。概括而言,对科学本质的理解包括:"问题",科学探究从提出问题开始,包含问问题和解决问题的过程;"证据",收集数据以回答问题,在此过程中需要进行调查或实验,并合理选用科学研究方法,科学方法是多种多样的;"解释",使用数据和先验知识,进行分析、综合、归纳、概括等,以回答问题;"交流",进行科学调查或实验以及证据与论证等的过程均要记录下来,便于同科学研究团体进行交流,接受其他研究者的质疑和建议。

3. 科学本质与科学事业

"科学事业"(scientific enterprise)意指科学不是孤立存在的,而是与人们生活、人类社会紧密联系、不可分割的。科学家首先是人类社会的一份子,其次才是从事科学研究的工作人员,科学研究工作会影响人类社会,而且该影响有时是十分巨大的,影响的范围广。对科学知识和科学探究的认识更多的是把科学作为单独的客体去认识,而科学事业则指向科学与人类社会。美国《面向全体美国人的科学》同样将"科学事业"归为"科学本质"的一个组成部分,科学是一项复杂的社会性活动,科学被组织成系统的学科知识并在各种公共机构中普及和传播、科学必须考虑伦理的原则、科学家以专家和公民双重身份参与公众

[①] Antonio García-Carmona, José Antonio Acevedo-Díaz. The nature of scientific practice and science education[J]. Science & Education, 2018, 27(5): 435-455.

事务①。美国《新一代科学教育标准》以及澳大利亚科学课程标准②(F-10)中均要求学生理解"科学是一项人类共同努力的事业",科学的发展与进步需要全人类的共同参与,不同种族、性别、年龄、信仰、文化背景的人都可以参与科学研究工作,都可以为科学的发展与进步做出贡献。

本研究将对科学事业的理解作为理解科学本质的组成部分,重点聚焦科学与人类社会之间的关系,包括:不同背景的人都能从事科学研究工作,成为科学家;科学研究成果应用于工程与技术可以创造许多方便人类生活的产品;与此同时,科学研究需要遵循社会道德规范和伦理秩序,否则也有可能带来危害。

二、国外相关研究现状分析

在国外科学教育研究领域,科学本质备受重视,被倡导作为科学课程与教学目标之一已经有一个多世纪了。1907年,美国中央科学与数学教师协会(Central Association for Science and Mathematics Teachers)发布的一项报告指出生物学课程的五项基本原则,提出要在科学教育中加强对科学方法和科学过程的训练③。人们对科学本质的关注开始聚焦于科学探究和科学过程与技能(如进行观察、提出假说与推论、解释数据、设计并实施实验)。此后,众多科学教育领域的专家和学者针对科学本质展开了大量的研究,积累了丰厚的研究成果。

(一)科学教育政策文件中融入科学本质相关内容

理解科学的本质可以使人们正确地看待科学、应用科学和发展科学。格伦德(Gruender)指出了解科学是如何运行和操作的,能够评价科学所发挥的积极作用和存在的局限④。另一方面,认识科学的本质帮助人们辨别真假,马克默(Machamer)指出,"分辨哪些是优良的科学,哪些是劣质的仿制品和伪科学,主

---

① 美国科学促进协会. 面向全体美国人的科学[M]. 中国科学技术协会, 译. 北京:科学普及出版社, 2001.

② Australian Curriculum. Science Curriculum F-10[EB/OL]. [2020-12-28]. https://australiancurriculum.edu.au/download? view = f10.

③ Central Association for Science and Mathematics Teachers. A consideration of the principles that should determine the courses in biology in secondary schools[J]. School Science and Mathematics, 1907(7): 241-247.

④ Gruender D. A new principle of demarcation: A modest proposal for science and science education[J]. Science & Education, 2001, 10(1): 85-95.

要取决于对科学本质的把握。"①当前,理解科学本质已经成为科学教育的重要目标和结果之一,是全球科学教育改革相关文件中的重要内容,许多国家将其确立为公民科学素养的关键因素②。在过去的五十多年中,帮助学生和教师理解和认识科学本质逐渐成为全球科学教育改革文件的愿景和话语的核心,例如,OECD、NGSS、美国国家研究委员会(NRC)、AAAS、欧盟《终身学习核心素养框架》《澳大利亚课程》《新西兰课程》《英国国家科学课程方案》等。上述国家均将科学本质相关内容融入科学课程标准文件中,体现在课程目标和课程内容中,或者明确作为一部分,或者将其与科学知识等内容融为一体,使学生通过学习科学课程理解科学的本质。此外,国际科学教育大型测评项目,例如 PISA、TIMSS 等,也重视测评学生对科学本质的理解情况,在制定的科学素养测评框架中,科学本质的相关内容占有一定的比例。

(二) 教师和学生对科学本质理解情况的研究现状

了解人们对科学本质理解的真实情况,是开展关于科学本质的教育教学实践的基础。国外在此方面开展了大量研究,主要针对不同年龄阶段的学生、科学教师等。

1. 科学教师对科学本质的理解研究现状

科学教师是学生学习科学、开展科学探究活动等的重要引导者。教师开展有关科学本质的教学实践,其前提是教师能够准确理解科学本质③,这将直接影响其教学行为,进而影响学生对科学的理解④。因此,在培养科学教师或开展教师培训的过程中,除了让其掌握专业知识与技能、提升教育教学能力以外,还应注重对科学本质的理解。卡普斯(Capps)和克劳福德(Crawford)通过对26 位高素质、高积极性的五至九年级教师的教学实践、探究观和科学本质的考察,以确定他们的观点和实践与改革文献的理念在多大程度上相一致,结果显示,绝大多数教师对探究性教学的看法有限,这些看法普遍反映在他们的教学

---

① Machamer P. Philosophy of science: An overview for educators[J]. Science & Education,1998,7(1):1-11.
② Antonio García-Carmona, José Antonio Acevedo-Díaz. The nature of scientific practice and science education[J]. Science & Education,2018,27(5):435-455.
③ Ward G, Haigh M. Challenges and changes: developing teachers' and initial teacher education students' understandings of the nature of science[J]. Research in Science Education,2016,(47):1233-1254.
④ 王晶莹.西方理科教师科学本质观的研究路径与思考[J].全球教育展望,2007,36(8):59-63.

实践中,大多数情况下,教师关注的是探究的基本能力,而不是基本特征或理解[1]。在提升科学教师对科学本质的理解方面,奇杰莫格卢(Cigdemoglu)和科瑟奥古鲁(Köseoğlu)开展的一项关注科学教师对科学探究的看法以及他们在课程计划中使用科学探究的情况的研究,共收集了41名科学志愿者教师的质性数据,项目组对参与者进行深入的探究指导,以使其明确地学习科学的本质和科学探究的本质[2]。研究表明,大多数教师对科学探究的看法有所改善,对这些教师的课程计划进行分析显示,对科学探究的理解更高的教师,在课后计划中加入了更多的科学探究元素。针对科学教师关于科学本质的理解情况的研究显示,理解情况为质朴水平(naive level)的教师仍占有一定比例,具体而言,科学教师不能准确理解科学本质的某些内涵维度。

职前教师方面,其对科学本质的理解水平与在职教师没有差异。阿达克(Adak)和巴克尔(Bakir)关于教师对科学认识论看法的研究表明,职前与在职科学教师对科学本质的认识均表现为传统特点,且两者之间没有显著性的差异[3]。具体而言,对"科学知识、科学理论与定律的产生"表现为传统,而对"科学知识的可变性""科学知识基于观察与证据""观察与推论""创造性""主观性"以及"科学知识的社会与文化结构"等方面则表现为现代特点。针对在职科学教师,有研究显示开放式探究动态特征的个人体验和感知对科学教师理解科学本质起着至关重要的作用[4]。此外,开展针对科学本质教学知识的专题教师培训可以有效提升教师对科学本质和科学探究的理解,并在教学过程中实施关于科学本质和科学探究的教学[5]。而

---

[1] Capps, D K, Crawford B A. Inquiry-based professional development: What does it take to support teachers in learning about inquiry and nature of science? [J]. International Journal of Science Education, 2013, 35(12): 1947-1978.

[2] Cigdemoglu C, Köseoğlu F. Improving science teachers' views about scientific inquiry[J]. Science & Education, 2019, 28(3/4/5): 439-469.

[3] Adak F, Bakir S. Science teachers and pre-service science teachers' scientific epistemological beliefs and opinions on the nature of science[J]. Cukurova University Faculty of Education Journal, 2017, 46(2): 472-502.

[4] Zion M, Schwartz R S, Rimerman-Shmueli E, et al. Supporting teachers' understanding of nature of science and inquiry through personal experience and perception of inquiry as a dynamic process[J]. Research in Science Education, 2020, 50(4): 1281-1304.

[5] Mesci G, Schwartz R S, Pleasants B AS. Enabling factors of preservice science teachers' pedagogical content knowledge for nature of science and nature of scientific inquiry[J]. Science & Education, 2020, 29(2): 263-297.

在职教师方面,教师对科学本质的教学知识需要不断加强,同时需要进行评估反馈,以不断优化科学本质的教学实践。例如,哈努辛(Hanuscin)等研究了三位能帮助学生理解科学本质的教师,尽管他们熟知科学本质的教学策略,但是缺乏必要的评估以提供反馈支持其持续发展学习者的知识,因此需要强调专业发展,不断加强教师科学本质教学知识及其评估,从而实现持续发展[1]。斯托特(Stott)和哈廷(Hattingh)研究了南非小学和中学职前教师对科学本质的理解情况,结果表明,南非职前教师在科学本质和科学探究方面的知识水平与来自土耳其和美国的职前教师相似,但都不如中国职前教师高[2]。由此可知,不同国家、地区、文化背景的职前教师对科学本质的理解情况呈现不同的特征。科学教师所接受的教育历程并未帮助其清晰地认识科学本质,同时也表明科学教师在职前教育以及职后参加培训的过程中也未能系统地建立对科学本质的理解。

综合可知,科学教师对科学本质的理解表现出如下特点。首先,科学教师能够理解科学本质并在教学中注重开展科学本质的教学实践,且获得了较为理想的效果,但是仍然需要开展及时而有效的教学评估,从而得到效果反馈以不断提升其教学实践效果。其次,科学教师能够理解科学本质,但是没有在教学过程中实施关于科学本质的教学,对于学生而言,其对科学本质的理解水平没有得到显著提升。最后,科学教师未能理解科学本质,同时也没有进行科学本质的教学实践。

2. 不同学段学生对科学本质的理解现状研究

国外针对不同学段的学生对科学本质的理解开展了大量研究,其中多集中于中学以及大学阶段。调查研究发现,高中生在科学本质理解方面存在不足,例如贝克塔斯(Bektas)和格班(Geban)开展的研究发现,高中生对科学本质的理解水平不均衡,许多学生对科学的理论负载、受社会文化影响等方面还处于质朴水平[3]。但也有研究显示,不同国家地区的学生对科学本质的

---

[1] Hanuscin D L, Lee M H, Akerson V L. Elementary teachers' pedagogical content knowledge for teaching the nature of science[J]. Science Education, 2011, 95(1): 145-167.

[2] Stott A, Hattingh A. Pre-service teachers' views about the nature of science and scientific inquiry: The South African case[J]. South African Journal of Education, 2020, 40(1): 1-12.

[3] Bektas O, Geban O. Turkish high school students' conceptions of the nature of science[J]. Procedia Social and Behavioral Sciences, 2010, 2(2): 1982-1986.

理解表现出不同的特征。盖格尔(Gaigher)等采用科学探究观(views of scientific inquiry questionnaire,简称 VASI/VOSI)问卷对南非十一年级学生的科学探究观进行了研究,研究样本包括 105 名十一年级的学生,来自 7 所学校,横跨南非城市的社会经济范围[1]。结果显示,学生未能准确理解科学研究所包含的多种研究方法。其他维度上,学生的理解水平比以往的国际研究中报道的更高一些,这主要是因为南非修订后的课程标准(Revised National Curriculum Statement)中对科学探究的教学更加重视过程技能而非内容。莱德曼(Lederman)等针对七年级学生关于科学探究的理解情况开展了一项国际联合调查旨在建立一个常模基准[2]。结果显示,能够达到理性水平的学生占比普遍不高,平均比例在 6.0%至 33.3%之间,各国之间也存在较大差异。可见,不同国家和地区的学生对科学本质的理解水平和表现情况各不相同。

  针对小学阶段的研究较少,且主要是研究小学生对科学本质某些维度的理解情况。有关一、二年级小学生对科学本质理解情况的研究显示,一、二年级小学生可以理解科学知识的暂定性、基于证据、科学探究开始于问题的提出以及科学需要人类的创造力和想象力等。例如,Sodian 等观察了一年级和二年级学生理解假设和证据之间区别的能力,该研究样本为 34 名来自美国波士顿地区两所不同小学的学生,包括 20 名一年级学生和 14 名二年级学生[3]。研究发现,小学生具有获取知识的元认知基础,能够区分信念和证据,并能对假设进行检验。Lederman 等开展的一项案例研究显示,科学教师可以采用显性反馈的方式开展科学教学,帮助小学一年级的学生理解科学本质,包括科学是基于经验的、创造性的、主观的、科学从一个问题开始、可以采用多种方式来研究一个问题等[4]。低龄儿童在生活中接触科学、感受科学给生活所带来的影响,在此

---

[1] Gaigher E, Lederman N, Lederman J. Knowledge about inquiry: a study in South African high schools[J]. International Journal of Science Education, 2014, 36(18): 3125-3147.

[2] Lederman J S, Lederman N G, Bartels S L, et al. An international collaborative investigation of beginning seventh grade students' understandings of scientific inquiry: establishing a baseline[J]. Journal of Research in Science Teaching, 2019, 56(4): 486-515.

[3] Sodian B, Zaitchik D, Carey S. Young children's differentiation of hypothetical beliefs from evidence[J]. Child Development, 1991, 62(4): 753-766.

[4] Lederman J S, Lederman N G. Early elementary students' and teacher's understandings of nature of science and scientific inquiry: Lessons learned from Project ICAN[C]//A paper presented at the annual meeting of the annual meeting of the national association for research in science teaching, Vancouver, British Columbia, 2004.

基础上开始建立对科学的认识和理解。有研究显示，低龄学生能够在观察的基础上建立科学解释。泰特勒(Tytler)和彼德森(Peterson)针对低龄学生在开放探究活动中对科学推理的理解开展研究，教师鼓励学生们在学年内一直思考这些科学概念，学生们总是被要求证明他们的回答，并使用证据来捍卫他们关于科学内容的观点[1][2]。研究结果表明，这些学生中的部分人能够在观察的基础上构建科学解释，但只有在向教师提供如何教授科学推理并在课堂上实施科学推理的专业发展时才能实现。

针对小学较高年级学生而言，随着年龄的增长，认知水平的发展，以及接受学校科学教育年限的增加等，对科学本质的理解比低龄阶段更加深入。Khishfe 和 Abd-El-Khalick 开展了针对小学六年级学生关于科学本质的理解情况以及科学教学对其所产生的影响研究，结果显示，采用"隐性导向的探究式教学法"没有明显提升学生对科学本质的理解水平，而接受"显性反馈导向的探究式教学法"的学生在科学本质某个或某几个维度上处于理性水平的比例显著提升，这些维度主要包括科学知识的暂定性、科学基于经验和证据、科学推理、想象力和创造力等[3]。

但也有研究显示，小学阶段的学生大部分不能理解科学的本质。例如，美国研究者巴特尔斯(Bartels)和莱德曼(Lederman)开展的一项针对小学一年级、三年级和五年级学生理解科学情况的研究显示，部分学校学生经过三年或五年的学校科学教育，对科学的理解水平没有提升甚至降低[4]。Akerson 和 Abd-El-Khalick 研究四年级学生的科学本质观，这些学生开展了为期一年的科学课程学习，科学课程由一位对科学本质的理解达到理性水平的教师来教授，研究主要探索四年级小学生是否能够理解"观察与推理的区别""科学需要创造和想

---

[1] Tytler R, Peterson S. From "Try it and see" to strategic exploration: Characterizing young children's scientific reasoning[J]. Journal of Research in Science Teaching, 2004, 41(1): 94-118.

[2] Tytler R, Peterson S. Tracing young children's scientific reasoning[J]. Research in Science Education, 2003, 33(4): 433-465.

[3] Khishfe R, Abd-El-Khalick F. Influence of explicit and reflective versus implicit inquiry-oriented instruction on sixth graders' views of nature of science[J]. Journal of Research in Science Teaching, 2002, 39(7): 551-578.

[4] Bartels S L, Lederman J S. A cross-sectional study of elementary students' understandings of nature of science and scientific inquiry[C]//A paper presented at the annual meeting of the National Association for Research in Science Teaching conference, San Antonio, TX, 2017.

象""科学知识的暂定性以及适合性"等。研究结果表明经过一年的科学课程学习,四年级小学生对上述科学本质相关内容的理解绝大多数不能达到理性水平,并不能正确理解科学本质[1]。

综上可知,针对小学阶段的研究显现小学生可以理解科学本质相关内容,已有研究关注科学本质的某些维度,这些维度主要集中于对科学知识和科学探究的理解,包括科学知识会发生改变、科学基于证据、科学探究始于问题的提出以及科学需要创造力等。另一方面,也有研究发现小学生能够理解科学本质的比例较低,仅能够理解某些维度,其原因主要在于科学教学中对科学本质的教学实践程度较低。

(三) 科学本质的教学实践研究现状

理解科学本质作为科学教育的重要目标,需要在科学课程与教学中切实开展关于科学本质的教学才能实现。麦克马斯(McComas)指出,"在讲授科学内容时,把科学本质的意义结合进去,使得科学更富有人文色彩和人文气质,比单纯记忆一些繁琐零散的结果,更有趣味、更富有探索性、更富有冒险意味。"[2]努里(Nouri)等分析了近十年来科学教育领域有关科学本质教学实践的文献,总结了科学教师开展科学本质教学所应具备的基本能力,主要包括:科学本质相关知识、学科专业知识、学习者有关科学本质的知识、科学本质教学策略相关知识、科学本质评价相关知识、一般教学法知识以及教师对科学本质的教学动机和信念,这些能力可以帮助学生加深对科学本质的理解[3]。高奇(Gauch)在《科学方法实践》一书中总结了科学本质教学具有六大益处[4],包括:一是更好地领会学生必须掌握科学方法和科学本质,以确保学生自己能够发现科学知识、创造新的知识;二是适应性更强,科学正经历快速的发展和变化,科学家需要增加适应性和灵活性;三是更大的兴趣,把科学本质的内容包括到教学之中,能够有效地增加学生的兴趣和集中注意力;四是更为现实,科学既具有强大的力量,又

---

[1] Akerson V L, Abd-El-Khalick F S. "How should I know what scientists do? — I am just a kid": fourth-grade students' conceptions of nature of science[J]. Journal of Elementary Science Education, 2005, 17(1): 1-11.

[2] McComas W F. The nature of science in science education: rationales and strategies[M]. Boston, Mass: Kluwer Academic Publishers, 1998.

[3] Nouri N, Saberi M, McComas W F, et al. Proposed teacher competencies to support effective nature of science instruction: A meta-synthesis of the literature[J]. Journal of Science Teacher Education, 2021, 32(6): 601-624.

[4] Hugh G. Gauch, Jr. 科学方法实践[M]. 王义豹,译. 北京:清华大学出版社,2005.

有局限性,已经被广泛认可,是科学认知能力的一个重要组成部分①②,让受教育者认识科学的力量和局限,能促进教育目标的实现;五是更优秀的研究人员,重视科学方法的教学能提高自然学科学生和研究生的研究能力,使得科学家们能够把本专业的研究技术和科学方法的普遍原理结合在一起;六是更优秀的教师,美国国家科学研究委员会要求科学教师必须理解科学本质。综合来看,国外有关科学本质的教学实践主要有如下几个方面。

第一,开展科学史、科学哲学和科学社会学(HPS 教学)。HPS 教学对学生理解科学本质产生积极影响。有关科学的历史知识、哲学知识以及科学方法能够提升教师的教学能力,帮助教师增强对科学的理解和正确地鉴别学生的学习困难。克洛普弗(Klopfer)是第一个设计课程以培养学生理解科学本质的研究者,他所设计的课程被称为"高中科学史案例"(history of science cases for high schools)③,即开展科学史教学。研究发现学习过该课程的学生对科学的理解水平提升了。特谢拉(Teixeira)等系统回顾了 HPS 教学在物理教学中的经验,发现 HPS 教学影响学生对科学的态度,同时在学生对科学本质的理解方面可以培养一种更成熟的视野。④ 威廉姆斯(Williams)和拉奇(Rudge)以孟德尔发现遗传定律的历史事件为基础进行科学本质的显性教学,结果显示学生对科学本质的理解水平提升主要体现在观察和推论、文化对科学的影响两个方面⑤。针对小学生运用科学史教学可以显著提升其对科学本质的理解,例如福阿德(Fouad)运用科学史教学教授二、三、四年级小学生,发现学生对科学的创造性、暂定性、基于经验以及主观性等方面的理解均有所提升⑥;拉奇(Rudge)和豪

---

① American Association for the Advancement of Science. Science for All Americans[M]. New York Qxford: Oxford University press,1989.
② National Research Council. National Science Education Standards[S]. National Committee for Science Education Standards and Assessment Washington, DC: National Academy Press,1996.
③ Klopfer L E, Cooley W W. The history of science cases for high schools in the development of student understanding of science and scientists: A report on the HOSG instrution project[J]. Journal of Research in Science Teaching,1963,1(1): 33-47.
④ Teixeira E S, Greca I M, Freire O Jr. The history and philosophy of science in physics teaching: A research synthesis of didactic interventions[J]. Science & Education,2012,21(6): 771-796.
⑤ Williams C T, Rudge D W. Emphasizing the history of genetics in an explicit and reflective approach to teaching the nature of science a pilot study[J]. Science & Education,2016,25(3): 407-427.
⑥ Fouad K E, Masters H, Akerson V L. Using history of science to teach nature of science to elementary students[J]. Science & Education,2015,24(9): 1103-1140.

(Howe)论证了以显性反馈的方式开展科学史教学,可以有效促进学生对科学本质的理解[1]。另一方面,开展 HPS 教学也有助于科学教师加深对科学本质的理解,帕维茨(Pavez)开展了一项研究专业发展项目,以此加强生物教师对科学本质的理解和对使用科学史来教授科学本质的认同[2],结果显示教师对科学本质的理解水平有显著提升。Abd-El-Khalick 研究了科学哲学课程是否影响科学教师对科学本质的理解[3],结果显示参加科学哲学课程的教师对科学本质的理解水平要高于未参加的教师。Abd-El-Khalick 和 Akerson 探讨了元认知训练对职前小学科学教师科学本质概念的理解,发现元认知训练可以提升其对科学本质的理解水平[4]。综合来看,HPS 教学可以有效促进科学教师和学生对科学本质的理解。

第二,实施科学本质显性反馈教学。长期以来,关于科学本质的教学实践主要是以隐性的方式融入科学教学中,但是研究发现这种方式并未发挥预想的效果。例如,Khishfe 和 Abd-El-Khalick 所做的一项关于"显性反馈导向的探究式教学法"(explicit and reflective inquiry-oriented instructional approach)和"隐性导向的探究式教学法"(implicit inquiry-oriented instructional approach)两种探究式教学方法对小学六年级学生科学本质理解的影响研究显示,采用"隐性导向的探究式教学法"没有明显提升学生对科学本质的理解水平,而接受"显性反馈导向的探究式教学法"的学生在科学本质某个或某几个维度上处于理性水平的比例显著提升[5],雅库比(Yacoubian)和布贾乌德(BouJaoude)针对

---

[1] Rudge D W, Howe E M. An explicit and reflective approach to the use of history to promote understanding of the nature of science[J]. Science & Education, 2009, 18(5): 561-580.

[2] Pavez J M, Vergara C A, Santibañez D. Using a professional development program for enhancing chilean biology teachers' understanding of nature of science (NOS) and their perceptions about using history of science to teach NOS[J]. Science & Education, 2016, 25(3): 383-405.

[3] Abd-El-Khalick F. Developing deeper understandings of nature of science: The impact of a philosophy of science course on preservice science teachers' views and instructional planning[J]. International Journal of Science Education, 2005, 27(1): 15-42.

[4] Abd-El-Khalick F, Akerson V. The influence of metacognitive training on preservice elementary teachers' conceptions of nature of science[J]. International Journal of Science Education, 2009, 31(16): 2161-2184.

[5] Khishfe R, Abd-El-Khalick F. Influence of explicit and reflective versus implicit inquiry-oriented instruction on sixth graders' views of nature of science[J]. Journal of Research in Science Teaching, 2002, 39(7): 551-578.

六年级小学生的研究也印证了这一结果①。在另外一项针对幼儿园以及小学一、二年级学生科学本质理解情况的研究中，Akerson 和唐纳利（Donnelly）实施一个为期六周的"周六科学项目"，运用直接教授科学本质内容的方式向学生施加干预和影响，主要包括通过非情境活动教授科学本质、在情境活动中将科学本质内容融入科学知识内容中、使用儿童文学作品、任务报告和融入科学本质的评价、指导和学生设计的探究活动。通过前后测结果比较分析发现，K—2年级学生在观察与推论，创造力，暂定性，基于实证和主观性等方面的理解水平提升了②。阿迪贝利·沙欣（Adibelli-Sahin）和德尼兹（Deniz）运用质性研究分析了"显性反馈科学本质教学法"在培养学生对科学本质理解中所发挥的作用③。参与研究的教师反馈，使用显性教学的方法需要注意：格外关注科学本质内容、参与关于科学本质的实作类活动、介绍科学本质相关读物、多种类型或形式的反馈、多重强化科学本质内容、科学本质内容保持结构一致性、评价从小学生处得到的科学本质数据、分析国家和州科学教育标准中科学本质的内容、科学本质的教学经验。该研究可以为小学科学教师更好地开展科学本质教学实践提供参考依据。

第三，开展科学探究与实践。一方面，科学探究与实践是科学教育的主要形式，以美国为例，探究与实践是美国科学教育领域的核心关键，即以科学探究和实践来帮助学生达成科学课程目标，提升科学素养。美国开展了旨在提升科学教师科学本质教学能力的项目。例如，美国国家科学基金会（NSF）资助开展的 ICAN（inquiry，context and nature of science）计划④。计划以假期集中培训、工作坊等理论与实践相结合的方式来提升教师的科学本质教学实施能力，以问卷、课堂观察与实录分析评价等实时反馈教学实践效果，参加该计划的教师无论是自身对科学本质的理解水平还是与之相对应的教学实践

---

① Yacoubian H A, BouJaoude S. The effect of reflective discussions following inquiry-based laboratory activities on students' views of nature of science[J]. Journal of Research in Science Teaching, 2010, 47(10): 1229-1252.

② Akerson V, Donnelly L A. Teaching Nature of Science to K-2 Students: What understandings can they attain? [J]. International Journal of Science Education, 2010, 32(1): 97-124.

③ Adibelli-Sahin E, Deniz H. Elementary teachers' perceptions about the effective features of explicit-reflective nature of science instruction[J]. International Journal of Science Education, 2017, 39(6): 761-790.

④ Lederman J S, Lederman N G. Early elementary students' and teacher's understandings of nature of science and scientific inquiry: Lessons learned from Project ICAN[C]//A paper presented at the annual meeting of the annual meeting of the national association for research in science teaching, Vancouver, British Columbia, 2004.

能力都有明显提升。茨布利斯基(Tsybulsky)探讨了"科学即探究"(science-as-inquiry)教学方法对学生理解科学本质的作用,结果表明在高中生物学课堂中运用该方法实施教学是提高学生科学本质理解水平的有效途径[1]。谢林格(Schellinger)所进行研究表明,在技术强化和以科学探究为导向的科学课程中,小学四五年级学生参与以元认知和社会知识建构为重点的显性教学,可提高其对科学本质的理解[2]。在探究实验活动后开展显性反馈讨论能够有效帮助学生理解科学本质,Yacoubian 和 BouJaoude 所进行的研究可以提供有力证明[3],开展科学探究实验或活动为学生理解科学本质奠定基础,而进行科学本质的显性教学则在此基础上深化学生的认识。可知,在进行科学探究与实践过程中,为了提升学生对科学本质的理解,同样需要采取显性的教学方式,才能达到显著的效果。另一方面,科学探究与实践面向全体学生,不受其他因素的限制。奎瓦斯(Cuevas)等考察了以探究为基础的教学干预对儿童全面进行科学探究的能力和在探究中使用特定技能的能力的影响,以及缩小人口统计学学生亚群之间的儿童能力差距,干预包括教学单元、教师工作坊和课堂实践,该研究包括来自 6 所小学的 25 名三、四年级的学生,他们代表着不同的语言和文化群体。量化结果显示,干预提高了所有学生的探究能力,与学生的年级、成绩、性别、种族、社会经济地位、母语和英语水平的没有显著关系,特别是那些成绩较差、社会经济地位较低、英语为其他语言者的学生取得了令人印象深刻的成绩[4]。学生在科学调查、实验、工程实践中,加深对科学知识应用、科学方法使用以及科学与社会关系的理解,从而建立对科学本质的理解。

第四,采取学徒的方式帮助学生理解科学本质,即为学生配备科学导师,在

---

[1] Tsybulsky, D. Comparing the Impact of Two Science-as-Inquiry Methods on the NOS Understanding of High-School Biology Students[J]. Science & Education,2018,27(7-8):661-683.

[2] Schellinger J, Mendenhall A, Alemanne N, et al. Using technology-enhanced inquiry-based instruction to foster the development of elementary students' views on the nature of science[J]. Journal of Science Education and Technology,2019,28(4):341-352.

[3] Yacoubian H A, BouJaoude S. The effect of reflective discussions following inquiry-based laboratory activities on students' views of nature of science[J]. Journal of Research in Science Teaching,2010,47(10):1229-1252.

[4] Cuevas P, Lee O, Hart J, et al. Improving science inquiry with elementary students of diverse backgrounds[J]. Journal of Research in Science Teaching,2005,42(3):337-357.

导师的带领下进行科学学习。贝尔（Bell）等探讨了科学学徒（science apprenticeship program）对较高能力中学生关于科学本质及科学探究理解情况的影响，研究了10名学生（10年级和11年级），开展了为期八周的科学学徒项目活动。结果显示，虽然参与的科学导师坚信，其徒弟在参与科学研究的过程中，对科学事业有了更多的了解，但是多数学生对科学本质和科学探究的看法没有发生变化[1]。阿伊登尼兹（Aydeniz）等研究了学徒制对高中生科学探究本质的理解所能产生的影响，通过开放式问卷收集17名学生对科学和科学探究的理解数据，结果表明，提升了参与者的实验方法技能，但是对于参与者的学习科学探究的隐性方面有所限制[2]。由此可知，学徒制虽然对学生理解科学本质有帮助，但是目前研究还不充分，需要进行进一步探讨。

第五，美国科学教师协会（NSTA）和科学教师教育协会（ASTE）联合颁布的《2020科学教师培养标准》（*2020 NSTA/ASTE Standards for Science Teacher Preparation*）指出，科学教师能通过确定合适的学习目标来制定计划，这些学习目标要与如何学习科学的知识以及科学教育标准相一致。计划要反映教师对符合教室和社区社会背景的各种现象的选择以及安全考虑，以使学生触及科学的本质以及科学与工程实践[3]。科学教师要帮助学生接触到科学的本质，并能理解科学的本质[4]，以便科学教师在教学实践中达成《K—12科学教育框架》对学生的愿景。

（四）对科学本质理解的测评工具研究现状

无论是研究学生对科学本质的理解（view about nature of science，简称VNOS）还是动态监测的变化，测试工具成了问题的焦点。第一个用来测查学

---

[1] Bell R L, Blair L M, Crawford B A, et al. Just do it? impact of a science apprenticeship program on high school students' understandings of the nature of science and scientific inquiry[J]. Journal of Research in Science Teaching, 2003, 40(5): 487-509.

[2] Aydeniz M, Bsksa K, Skinner J. Understanding the impact of an apprenticeship-based scientific research program on high school students' understanding of scientific inquiry[J]. Journal of Science Education&Technology, 2011, 20(4): 403-421.

[3] National Science Teacher Association. NSTA Standards for Science Teacher Preparation [EB/OL]. (2019-1-7)[2021-2-12]. https://www.nsta.org/nsta-standards-science-teacher-preparation.

[4] Morrell P D, Park Rogers M A, Pyle E J, et al. Preparing teachers of science for 2020 and beyond: Highlighting changes to the NSTA/ASTE standards for science teacher preparation[J]. Journal of Science Teacher Education, 2020, 31(1): 1-7.

生科学本质观的工具是由威尔逊(Wilson)于1954年研制的"科学态度问卷"(science attitude questionnaire)[①],自此之后,研究者们在针对科学本质理解情况的测评工具研制方面进行了大量的探索,至今共研制出四十余套测验工具,具体见下表0.1。

表0.1 科学本质理解情况主要测评工具

时间	测量工具	开发者
1954	Science Attitude Questionnaire	Wilson
1958	Facts About Science Test (FAST)	Stice
1959	Science Attitude Scale	Allen
1961	Test on Understanding Science (TOUS)	Cooley & Klopfer
1962	Processes of Science Test	BSCS
1966	Inventory of Science Attitudes, Interests, and Appreciations	Swan
1967	Science Process Inventory (SPI)	Welch
1967	Wisconsin Inventory of Science Processes (WISP)	Science Literacy Research Center
1968	Science Support Scale	Schwirian
1968	Nature of Science Scale (NOSS)	Kimball
1969	Test on the Social Aspects of Science (TSAS)	Korth
1970	Science Attitude Inventory (SAI)	Moore & Sutman
1974	Science Inventory (SD)	Hungerford & Walding
1975	Nature of Science Test (NOST)	Billeh & Hasan
1975	Views of Science Test (VOST)	Hillis
1978	Nature of Scientific Knowledge Scale (NSKS)	Rubba & Anderson
1978	Test of Science-Related Attitudes (TOSRA)	Fraser
1980	Test of Enquiry skills (TOES)	Fraser

① Wilson L. A study of opinions related to the nature of science and its purpose in society[J]. Science Education, 1954, 38(2): 159-164.

(续表)

时间	测量工具	开发者
1981	Conception of Scientific Theories Test (COST)	Cotham & Smith
1982	Language of Science(LOS)	Ogunniyi
1986	Process Orientation Towards Science Scale(POTSS)	Scharmann et al.
1987	Views on Science-Technology-Society (VOSTS)	Aikenhead, Fleming & Ryan
1989	Views on Science-Technology-Society (VOSTS)	Aikenhead, Fleming & Ryan
1990	Views of Nature of Science A (VNOS-A)	Lederman & O'Malley
1990	Assessment of Performance Unit	Black
1991	Connecticut Assessment of Educational Progress	Baron
1992	Modified Nature of Scientific Knowledge Scale (MNSKS)	Meichtry
1995	Critical Incidents	Nott & Wellington
1998	Views of Nature of Science B (VNOS-B)	Abd-El-Khalick, Bell & Lederman
1998	National Assessment of Educational Progress (NAEP)	Allen, N. L. Carlson, J. & Zelenak, C. A.
1999	National Assessment of Educational Progress	National Research Council
1999	TIMSS	Zuzofsky & Harmon
2000	Views of Nature of Science C (VNOS-C)	Abd-El-Khalick & Lederman
2000	Discovery Inquiry Test (DIT)	Kahle, J. B., Meece, J. & Scantlebury, K.
2002	Views of Nature of Science D (VNOS-D)	Lederman & Khishfe
2002	Elementary Science Inquiry Survey (ESIS)	Dunbar

(续表)

时间	测量工具	开发者
2004	Views of Nature of Science E (VNOS-E)	Lederman & Ko
	Skill oriented assessment based on Towels, Springs, ice cubes, and flatworms.	Alonozo & aschbacher
2005	Student Understanding of Science and Scientific Inquiry (SUSSI)	Ling L. Liang, Sufen Chen & Xian Chen
2006	Views on Science and Education Questionnaire (VOSE)	Chen
2007	Science Inquiry Literacy Test (ScInqLiT)	Wenning
2008	Views of Science Inquiry(VOSI) Views of Science Inquiry-Elementary(VOSI-E)	Schwartz, Lederman
2009	Science Process Skills Inventory(SPSI)	Bourdeau, V. D. & Arnold, M. E.
2014	Views about Science Inquiry(VASI)	Lederman

(资料改编自：Lederman N G, Abell S K. Handbook of research on science education[M]. New York: Routledge, 2007.)

针对小学生或者说低年龄儿童的测评工具主要有 Lederman 等开发的"低龄儿童对科学的理解测量问卷"(young children's views of science questionnaire)[1]，该问卷聚焦儿童对科学的暂定性、主观性、观察与推论、科学探究开始于问题的提出、收集数据以回答问题以及使用先验经验等维度。莱德曼(Lederman)等开发的"科学本质观 B(修正版)"问卷(modified views of nature of science — form B)[2]主要测评低年级小学生对科学本质的理解，包括对科学的暂定性、观察与推论、创造性和想象力等维度的测评；施瓦茨(Schwartz)等使用的"科学探究观问卷"(views about scientific inquiry / views

---

[1] Bartels S L, Lederman J S. A cross-sectional study of elementary students' understandings of nature of science and scientific inquiry[C]//A paper presented at the annual meeting of the National Association for Research in Science Teaching conference, San Antonio, TX, 2017.

[2] Lederman N G, Abd-El-Khalick F, Bell R L, et al. Views of nature of science questionnaire (VNOS): Toward valid and meaningful assessment of learners' conceptions of nature of science[J]. Journal of Research in Science Teaching, 2002, 39(6): 497-521.

of scientific inquiry questionnaire)①②,主要测评学生对科学探究的理解情况；Aikenhead 等开发的"对科学-技术-社会的理解"(views on science-technology-society)③,主要测评学生对科学、技术和社会之间的关系以及相互作用的理解和认识。上述测评工具在开发以及使用的过程中,经过研究者充分的研究和检验,具有较高的信度和效度,且经过后续研究的修订,已经发展成为较为经典的测评工具。

针对测评开展的具体方式,在过去的五十多年中,主要采用标准化的纸笔测试来测试学生对科学本质的理解情况。Lederman 等讨论了使用标准化测评工具方面的问题,指出这些测试工具仅限于将参与调查者的观点标记为充分或不充分,并进一步指出了标准化测试在测试学生科学本质观方面的局限④。多根(Dogan)和 Abd-El-Khalick 认为,开放式问卷和访谈可以帮助研究人员更好地掌握数据背后的原因,真实地反映出学生本人的看法与观点,这种研究方式适合获悉个别学生的观点,并能够检测教学等因素干预的变化⑤。于是,一些研究者发展并使用了开放的访谈法测评学生对科学本质的理解。Lederman 等开发了一种开放工具——VNOS 问卷,既解决了标准化强制选择工具的问题,又有利于被调查者全面、充分表达对科学本质的看法,该工具既有利于测试学生对科学本质的理解,又有利于监测学生本质观的变化。

(五) 理解科学本质的影响因素研究现状

国外针对学生理解科学本质的影响因素研究主要聚焦科学课程与教学,与

---

① Schwartz R,Lederman N. What scientists say: Scientists' views of nature of science and relation to science context[J]. International Journal of Science Education,2008,30(6): 727-771.

② Schwartz S,Lederman N G,Lederman J S. An instrument to assess views of scientific inquiry: The VOSI questionnaire[C]//a paper presented at the annual meeting of the national association for Research in science teaching, March 30 - April 2. Baltimore, MD. Paper available at: http://homepages. wmich. edu/rschwart/(2008-3-30).

③ Aikenhead G S, Ryan A G. The development of a new instrument: "views on science-technology-society" (VOSTS)[J]. Science & Education,1992,76(5): 477-491.

④ Lederman N G, Abd-El-Khalick F, Bell R L, et al. Views of nature of science questionnaire: Toward valid and meaningful assessment of learners' conceptions of nature of science[J]. Journal of Research in Science Teaching, 2002(39): 497-521.

⑤ Dogan N, Abd-El-Khalick F. Turkish grade 10 students'and science teachers' conceptions of nature of science: A national study[J]. Journal of Research in Science Teaching, 2008, 45(10): 1083-1112.

此同时,针对科学素养发展以及学生学业成绩的影响,也有研究者探讨了家庭社会经济地位、遗传等方面的影响,可以为本研究提供借鉴。

第一,学校科学教育方面。研究者从科学本质的教学实践出发,探索不同的教学方法与策略对学生理解科学本质的影响。例如,Khishfe 和 Abd-El-Khalick 研究科学本质内容的教学策略与方法,比较是将其以教学内容的形式直接教给学生,还是将其隐含于自然科学各学科内容领域教学间接影响学生,研究显示,间接的方式难以获得良好的效果,研究者们主张将科学本质内容与科学知识并列,作为科学课程内容的一部分,采用直接显性教学的方法促使学生理解并掌握科学的本质[1]。教师方面,教师对科学本质的理解也会影响学生的理解水平。有研究者研究了科学教师的科学论证信念与学生的科学论证信念之间的关系,探讨了低、中、高社会经济地位学校教师的科学论证信念,结果表明,所有类型的学校的教师都相信论证是重要的,但低、中、高社会经济地位学生的教师在对论证话语目标和学生进行论证能力的信念方面存在一些差异[2]。在关于科学本质的教学实践研究现状部分,研究者们尝试了 HPS 教学、显性教学、科学探究与实践、学徒制等方法策略,通过前后对比或设置对照等,探讨了学校科学教育方面对学生理解科学本质的影响,在此简要介绍,不再进行详细论述。

第二,家庭社会经济地位方面。美国心理学会(The American Psychological Association)将"社会经济地位"定义为"社会地位(the social standing)或个人或群体的类别(class of an individual or group)",它通常以教育、收入和职业的组合来衡量[3],是衡量家庭背景的一种常用的潜在结构[4]。已有研究显示,学生所处家庭的社会经济地位(socio-economic status)是影响其科

---

[1] Khishfe R, Abd-El-Khalick F. Influence of explicit and reflective versus implicit inquiry-oriented instruction on sixth graders' views of nature of science[J]. Journal of Research in Science Teaching, 2002, 39(7): 551-578.

[2] Katsh-Singer R, McNeill K L, Loper S. Scientific argumentation for all? comparing teacher beliefs about argumentation in high, mid, and low socioeconomic status schools[J]. Science & Education, 2016, 100(3): 410-436.

[3] The American Psychological Association. Socioeconomic status[EB/OL]. [2021-02-19]. https://www.apa.org/topics/socioeconomic-status.

[4] Bofah E A T, Hannula M S. Home resources as a measure of socio-economic status in Ghana[J]. Large-scale Assessments in Education, 2017, 5(1): 1-15.

学素养发展水平的重要因素①。1966年,科尔曼(Colemen)等完成并公布的"科尔曼报告"指出,学生的学业成绩仅与其家庭情况显著相关,与学校教育(包括各类教育设备、图书资料、教师的教育水平等)和学生的教育投入等没有显著相关②③。西林(Sirin)开展了一项元分析研究,回顾了1990年至2000年间发表的有关社会经济地位和学习成就的文献。研究包含74个独立样本,涉及101 157名学生、6871所学校和128个学区,结果显示,社会经济地位和学习成就具有中至强的关系④。伯恩斯(Byrnes)和米勒(Miller)开展的一项关于数学和科学学业成绩影响因素研究,将影响因素划分为三大类别,分别是机会因素(opportunity factors,如功课作业)、倾向因素(propensity factors,如必备技能、动机)和远端因素(distal factors,如社会经济地位),通过分层回归分析和结构方程模型分析显示:在众多因素中,家庭社会经济地位是与中学学业成绩具有最强和最连续的相关变量,解释了58%至81%的变异量⑤。

另外一些研究显示社会经济地位能够显著而正向影响学生的学业成就,Ronny Scherer利用国际学生评估项目(PISA)2015年的数据探讨了北欧国家(包括丹麦、芬兰、冰岛、挪威和瑞典)学生的社会经济地位、科学课程中的学科氛围和科学学业成就之间相互作用的假设——补偿假设(the compensation hypothesis)、中介假设(the mediation hypothesis)和调节假设(the moderation hypothesis),运用多层次结构方程模型为测试背景、间接和跨水平交互效应提供证据,虽然大多数北欧国家的情况符合补偿假设,但支持学科氛围对社会经济地位与科学学业成就之间关系的中介和调节作用的证据很少⑥。有关家庭

---

① Acosta S T, Hsu H-Y. Negotiating diversity: an empirical investigation into family, school and student factors influencing New Zealand adolescents' science literacy[J]. Educational Studies, 2014, 40(1): 98-115.
② Colemen J S. Equality of educational opportunity[R]. Washington, DC: U. S. Government Printing Office. 1966.
③ 马晓强. "科尔曼报告"述评:兼论对我国解决"上学难、上学贵"问题的启示[J]. 教育研究, 2006(6): 29-33.
④ Sirin S R. Socioeconomic status and academic achievement: A meta-analytic review of research[J]. Review of Educational Research, 2005, 75(3): 417-453.
⑤ Byrnes J P, Miller D C. The relative importance of predictors of math and science achievement: An opportunity-propensity analysis[J]. Contemporary Educational Psychology, 2007, 32(4): 599-629.
⑥ Stjern T, Andreas F, Jelena P, et al. Equity, equality and diversity in the nordic model of education[M]. Switzerland: Springer Nature Switzerland AG, 2020.

经济地位的理论和实证研究工作明确了其对儿童教育成果有显著的影响,研究了家庭经济地位与儿童成就的关系机制,并确定了这种关系背后的潜在路径①。社会经济地位影响儿童和青少年的健康与发展,地位越是低下,越会带来不好的影响②。有研究显示,在控制了早期表现后,社会经济地位甚至可以预测学生以后在数学、生命科学、地球和物理科学方面的表现③。Aypay等针对TIMSS 1999测评的研究表明,以父母的背景特征为主的家庭社会经济地位对学生的科学学习产生显著影响,科学教师和学校应加强对这一方面的关注④。卡拉德米尔(Karademir)和乌卢奇纳尔(Ulucinar)对批判性阅读技能、科学素养技能和科学态度三者之间相关关系运用结构方程模型解释,研究结果表明,批判性阅读技能、科学素养技能与科学态度之间存在显著的正相关关系。具体而言,批判性阅读技能对科学素养技能具有正向预测作用;科学素养技能通过一种有意义的方式预测人们对科学素养的态度;批判性阅读技能可以直接正向预测科学素养;模型中的科学素养技能的预测作用是中介变量⑤。也有研究表明,家庭社会经济地位对学生的科学学业成就会产生重要的间接和直接影响,具体的因素包括父母给予的学习压力、心理支持等,对学生的科学自我概念等发挥作用⑥。概言之,学生的家庭社会经济地位对其学业成绩以及科学素养发展等可以产生重要影响。

第三,遗传方面。有研究者从遗传方面探讨学生认知能力的影响因素。在

---

① Ornstein A C. Achievement gaps in education[J]. Social Science and Public Policy,2010,47(5):424-429.

② Mendelson T,Kubzansky L D,Datta G D,et al. Relation of female gender and low socioeconomic status to internalizing symptoms among adolescents: A case of double jeopardy? [J] Social Science & Medicine,2008(66):1284-1296.

③ Zhang X,Ying Hu B,Ren L,et al. Family socioeconomic status and chinese children's early academic development: Examining child-level mechanisms[J]. Contemporary Educational Psychology,2019,doi:https://doi.org/10.1016/j.cedpsych.2019.101-792.

④ Aypay A,Erdoğan M,Sözer M A. Variation among schools on classroom practices in science based on TIMSS-1999 in turkey[J]. Journal of Research in Science Teaching,2007,44 (10):1417-1435.

⑤ Karademir E,Ulucinar U. Examining the relationship between middle school students' critical reading skills,science literacy skills and attitudes: A structural equation modeling[J]. Journal of Education in Science,Environment and Health,2016,3(1):29-39.

⑥ Koutsoulis M K,Campbell J R. Family processes affect students' motivation,and science and math achievement in cypriot high schools[J]. Structural Equation Modeling: A Multidisciplinary Journal,2001,8(1):108-127.

环境优越条件下成长的孩子,遗传方面的因素对其认知能力所产生的影响更大,是智力研究中一个非常著名的假设。但是目前为止,还没有足够的证据支撑这一假说。菲格里奥(Figlio)等使用佛罗里达州1994—2002年出生的兄弟姐妹和双胞胎的出生记录和学校记录,提出了迄今为止支持上述假设的最大、最具人口多样性的数据。研究结果表明,较高社会经济地位家庭的孩子的认知能力并未受到更多的遗传影响,遗传方面的因素与家庭社会经济地位之间是一种更加复杂的关系,需要进一步研究论证[①]。

综上所述,国外科学教育中有关科学本质的研究主要分为四个方面。其一,测评学生和科学教师对科学本质的理解情况。自幼儿园至大学,从职前教师到在职教师,研究均有涉及,结果显示,虽然各学段的学生对科学本质的整体理解情况不乐观,但是均有一部分学生能达到理性水平,即可以通过学习理解科学的本质。针对小学阶段的学生,不管哪个年级,均能理解科学本质相关维度的内容。在教师对科学本质的理解情况方面,有一定比例的教师对科学本质的理解为质朴水平,同时在教学过程中许多科学教师没有系统地进行科学本质的教育实践。其二,为提高学生科学本质理解水平而进行课程研发、应用和评价。从关于科学本质的教学内容处理,到教学策略与方法的创新,研究者们进行了多种尝试,积累了一定的教学实践经验。其三,开发测评不同人群对科学本质理解情况的工具。研究者们已经开发了众多工具,为测评人们对科学本质的理解奠定了坚实的基础。由此可见,国外有关科学本质的研究已经在各个方面进行了长足的探索。其四,对科学本质理解的影响因素研究主要聚焦于学校科学教育,具体而言,研究者们预设学校科学课程与教学对科学本质内容的落实情况是学生理解科学本质与否的决定因素,此外也有研究者探讨了学生家庭社会经济地位所发挥的作用。

三、国内相关研究现状分析

国内对科学本质的研究起步较晚,主要紧随国际科学教育领域的研究进展,集中体现在对科学本质的内涵阐释、教师和学生对科学本质的理解现状研

[①] Figlio D N, Freese J, Karbownik K, et al. Socioeconomic status and genetic influences on cognitive development[J]. Proceedings of the National Academy of Sciences of the United States of America, 2017, 114 (51): 13441-13446.

究,科学本质测评工具的本土化研究等几个方面。

(一) 科学本质的内涵界定研究现状

有关科学本质的内涵,我国现有研究多为论述国外科学本质的研究成果,在综合国外研究的基础上,提出相关建议。首先,科学本质的内涵是发展的、变化的。蔡其勇等认为人们对科学本质的认识经历了也正在经历着一个不断深化和完善的过程,目前这一认识正在由传统的认识转向现代的认识,该转变会给科学课程与教学带来系列影响①。关于传统与现代科学本质观的区分,袁维新认为,可以从科学哲学的视角把科学本质观分为传统与现代两类,传统的科学本质观主要有经验主义科学本质观、理性主义科学本质观和逻辑实证主义科学本质观;现代的科学本质观主要有证伪主义科学本质观、历史主义科学本质观和建构主义科学本质观②。梁永平认为人们对科学本质的认识经历了由科学的"真理观"向科学的"建构观"的转变③。正是因为科学的不断发展,以及人们对科学的理解不断深化,由传统向现代的转变,其内涵不断被丰富、拓展。其次,对科学本质的理解将影响科学教育。认识科学本质是科学教育的目标组成部分,刘儒德等指出培养学生适当的科学本质观是科学教育的重要目标之一,也是培养学生科学素养的核心成分之一④。教师对科学本质的理解程度会影响其对科学教育目标的理解,在进行科学课程与教学设计的过程中,会影响其对教学内容的处理、对教学资源的选择、对教学方法与策略的调整,以及对学生的评价等。简言之,学生能否建立对科学本质的理解很大程度上取决于教师的引导与作用。最后,科学与社会、文化等有着密切的关系。蔡铁权和陈丽华认为科学的发展与文化密切联系,科学是文化的重要组成部分,或者说是一种文化过程,科学受社会、政治、经济和文化的影响。科学的文化价值可以分为物质文化价值和精神文化价值两个方面,物质文化价值表现为科学对物质社会有意义的作用和影响,而精神文化价值则是科学对人类精神生产产生积极影响的总和,包括:促进人们形成有意义的世界观,丰富人们认识体系,促进人们对科学

---

① 蔡其勇,靳玉乐. 科学的本质与学生科学本质观的培养[J]. 课程教材教法,2008(9):71-76.
② 袁维新. 简论科学本质观的类型与特征[J]. 科学技术与辩证法,2006,23(1):17-21.
③ 梁永平. 对我国《科学课程标准》中科学本质教育目标的反思与建议[J]. 教育理论与实践,2006(12):31-33.
④ 刘儒德,倪男奇. 论学生的科学本质观[J]. 比较教育研究,2002(8):7-11.

方法和科学精神的把握以及推动社会机制的不断完善①。因此,对科学的理解不能忽视其与社会、文化等之间的关系。

(二)教师和学生对科学本质理解情况的调查研究现状

了解科学教师和学生对科学本质的理解情况是进行科学本质教育教学实践的基础和依据,我国研究者针对不同学段的科学教师和学生对科学本质的理解方面开展了系列研究。

在科学教师对科学本质的理解情况调查方面,从幼儿教师、小学科学教师到中学理科教师均有涉及,涵盖基础教育各个阶段。首先,科学教师正确理解科学本质是引导学生理解科学本质的前提。冯华认为教师需要理解科学知识本质、科学探究的本质等才能在教学的过程中帮助学生理解科学的本质②。其次,在幼儿教师方面,高潇怡和李维研究了北京市215位幼儿教师的科学本质观,发现多数幼儿教师对科学本质的理解水平较低,仅有1%的教师可以达到理解水平,同时与其教育实践之间存在着矛盾③。可以看出,幼儿教师对科学本质的理解整体处于较为朴素的水平。另外,在小学科学教师方面,蔡铁权等调查了浙江省小学科学教师的科学素养和科学本质观,结果表明其科学素养普遍较低,科学本质观比较落后,小学科学教师的专业发展亟待重视④。高潇怡和胡巧对124名小学科学教师进行问卷调查,结合访谈和观察,探讨了小学科学教师科学本质观的总体状况以及在不同维度上的具体表现,研究表明小学科学教师的科学本质观具有一定的滞后性、浅层次性以及不稳定性⑤。刘蓓、傅华平、刘君兰等对小学科学教师的科学探究观开展研究,研究表明,小学科学教师的科学探究观存在一定偏差⑥⑦⑧。如刘蓓的研究发现科学教师对科学探究

---

① 蔡铁权,陈丽华. 当代科学本质观的文化趋向与科学教育改革[J]. 全球教育展望,2010,39(7):83-88.
② 冯华. 科学本质观:发挥科学教育育人价值的关键[J]. 中小学管理,2019(11):15-17.
③ 高潇怡,李维. 幼儿教师科学本质观的调查研究[J]. 教师教育研究,2019,31(1):58-65.
④ 蔡铁权,姜旭英,赵青文,等. 浙江省小学科学教师科学素养与科学本质观现状调查及认识[J]. 全球教育展望,2007(8):55-58.
⑤ 高潇怡,胡巧. 小学科学教师科学本质观的现状调查与思考[J]. 教师教育研究,2012,24(4):78-84.
⑥ 刘蓓. 小学科学教师科学探究观个案研究[D]. 武汉:华中科技大学,2015.
⑦ 傅华平. 小学科学教师科学探究观研究[D]. 广州:华南师范大学,2007.
⑧ 刘君兰. 小学科学教师科学探究观的调查研究[D]. 重庆:西南大学,2011.

与探究教学的概念混淆;不能区分实验与探究;盲目相信科学权威;不能区分证据、数据与结论的关系,并影响到结果等[1]。综合上述调查结果显示,小学科学教师对科学本质的理解不乐观。最后,初中理科教师方面。梁永平调查51位初中理科教师,结果表明,理科教师的科学本质观基本处于较为朴素的水平[2]。吴银银调查浙江省初中科学教师的科学本质观发现,大部分初中科学教师对于科学世界观、科学探究和科学事业方面的认识偏向于传统的科学本质观,教师们比较认同"科学知识具有统整性",对于"科学探究活动"的认识比对"科学世界观"的认识更偏向于传统的科学本质观,对科学、技术和社会之间的关系认识模糊[3]。可知,初中科学教师对科学本质的理解表现为传统的本质观念,且对一些维度的理解出现混淆和模糊的状况。

此外,有研究者尝试开展科学本质的专题培训,或进行不同国别科学教师的科学本质观的比较。例如,王健和刘恩山开展的一项针对职前和职后生物学教师的研究显示,在参加了有关科学本质和特征的课程培训后,其对科学本质的认识得到了不同程度的提高[4]。王晶莹通过实证调查比较了中国理科教师与美国理科教师的科学本质观水平与差异,我国理科教师主要受逻辑实证主义哲学思想影响,通常认为科学认识过程是一个复制过程,科学是对客观对象的真实反映,往往关注"知识是什么"和"知识有什么用"[5]。Wang和Zhao比较了中国上海和美国芝加哥两地高中科学教师的科学本质观和科学探究观,结果表明美国科学教师的理解情况优于中国教师[6]。上述研究探讨了教师科学本质观的基本情况以及提升策略,可以为提升科学教师的科学本质观提供方法借鉴,进而加强科学本质的教学实践。

综合上述关于各个学段科学教师对科学本质理解情况的调查研究可以发

---

[1] 刘蓓. 小学科学教师科学探究观个案研究[D]. 武汉:华中科技大学,2015.
[2] 梁永平. 对我国《科学课程标准》中科学本质教育目标的反思与建议[J]. 教育理论与实践,2006,26(12):31-33.
[3] 吴银银. 初中科学教师科学本质观的调查研究:以浙江省初中科学教师为例[J]. 全球教育展望,2011,40(3):82-87.
[4] 王健,刘恩山. 中学生物学教师科学本质观的探查研究[J]. 生物学通报,2012,47(4):40-43.
[5] 王晶莹. 中美理科教师科学本质观的比较研究[J]. 全球教育展望,2010,39(10):86-90.
[6] Wang J Y, Zhao Y. Comparative research on the understandings of nature of science and scientific inquiry between science teachers from Shanghai and Chicago[J]. Journal of Baltic Science Education 2016,15(1):97-108.

现：第一，我国基础教育阶段科学教师对科学本质的理解整体处于较为朴素水平，多数教师对于"科学本质"这一概念还比较陌生和模糊。第二，我国基础教育各个阶段科学教师大多没有基于促进学生理解科学本质这一理念开展科学教学实践。第三，通过有目的地进行科学本质专题培训，可以有效提升科学教师对科学本质的理解水平。

在学生对科学本质的理解情况调查方面，国内相关研究不多。许翔杰和陈李娜阐述了个体持有的科学本质观与社会性科学议题（socioscientific issue）解决能力的密切关系，通过定性与定量相结合的分析方法对61名高一学生展开研究，发现大部分高中生能够基于社会、经济、生态和科技取向的证据进行非正式推理；被试者均能提出支持自己观点的论辩、相反观点的论辩以及反驳性论辩；高中生持有一种现代的、建构主义的科学本质观；高中生对科学知识的变化与暂时性特点的认同程度与他们在社会性科学议题[1]。李秀菊等针对小学一二年学生对科学本质的理解情况展开调查，结果显示，低学段小学生整体处于朴素水平，且在性别、城乡、学校教育水平等方面不存在显著差异[2]。有关科学探究观的测评，例如，王亚茹调查了小学六年级学生对科学探究的理解，结果表明小学六年级学生对科学探究的理解水平不太理想，在各个维度上的理解水平参差不齐，对"科学方法是多种多样的""按照相同步骤开展探究可能得到不同的结论""科学数据不同于科学证据"等维度的理解水平不高，大部分学生对"科学探究起始于问题的提出"理解水平较高[3]。综合来看，小学低年级阶段学生开始接触科学，对科学本质的理解处于朴素水平；而高中学生已经可以建立现代的、建构主义的科学本质观。

（三）科学本质的教育教学实践研究现状

在科学课程与教学中渗透科学本质的教学内容，开展科学本质的教育教学实践，可以帮助学生建立对科学本质的理解。刘荣发针对高中化学教师对于科学本质的教育实践开展调查，结果显示教师对科学本质的教育实践不理想，其主要原因为科学本质相关教育资源的匮乏[4]。黄晓等进行了"历史—探究—反

---

[1] 许翔杰，陈李娜. 高中生的社会性科学议题解决能力及其与科学本质观的关系[J]. 教育学报，2016，12(4)：29-38.

[2] 李秀菊，薛松，崔鸿. 低学段小学生科学本质观现状调查研究：以四省调查结果为例[J]. 上海教育科研，2020(11)：39-44.

[3] 王亚茹. 小学六年级学生对科学探究理解水平的调查研究[D]. 河北：河北师范大学，2018.

[4] 刘荣发. 高中化学科学本质教育现状及教学对策研究[J]. 化学教育，2014，35(19)：56-57.

思"为主题的科学本质显性教学实践,结果显示 HPS 教学有助于提升学生对科学的暂定性、创造性、实证性、主观性等的理解,需要对教材中的科学史相关内容进行充分挖掘①。进一步论证了 HPS 教学在提升学生科学本质理解水平中所发挥的作用,并拓展了科学本质教学实践方法与路径。侯新杰和陈留定基于教学实践探索介绍如何进行科学本质的显性教学,聚焦教学目标的设计,运用恰当的行为动词,确保其符合学生的发展水平②。罗小凤等探讨了职前化学教师开展科学本质教学实践的影响因素,结果发现教师的知识结构、学习经验以及教学资源等是主要的限制因素,而教师的理念支撑、教学团队的支持以及教学反思等可以起到正向促进的作用③。分析可知,有关科学本质的教学实践体现在两个方面。第一,进行 HPS 教学。多数研究显示开展科学史教学可以使学生了解科学的发展过程、科学知识的产生以及科学家所开展的各类研究工作,可以有效帮助学生理解科学本质。第二,开展显性教学。研究显示,在教学过程中将科学本质的内容直观教授给学生,与将科学本质的内容镶嵌于科学知识等内容中隐性作用于学生相比,可以更显著地促进学生对科学本质的理解,因此教学中应注重显性和隐性相结合,最大限度地帮助学生建立对科学本质的理解。

(四) 教材中对科学本质内容的融入研究现状

我国也有研究者针对科学教材中对科学本质的融入展开研究,黄晓等分析了美国《科学探索者》以及中国四个版本的科学教材,发现科学本质主要以隐性方式在教材中呈现,研究认为科学教材对科学本质内容的呈现应该由隐性转为显性呈现④。张雪等分析了我国高中物理教科书中科学本质相关内容,结果显示科学本质的内容逐渐增多,覆盖范围变广,且明确性增强⑤。随

---

① 黄晓,高琦,郭泓霖."历史—探究—反思"的科学本质教学实证研究[J].教育科学研究,2019(2):57-62.
② 侯新杰,陈留定.基于科学本质显化的教学目标设计研究:以高中"牛顿第一定律"为例[J].教育科学研究,2017(10):66-70.
③ 罗小凤,刘瑞,甘功露.职前化学教师科学本质教学的影响因素研究[J].化学教育(中英文),2020,41(10):61-66.
④ 黄晓,徐爽,高琦.中、美科学教材中科学本质内容与呈现评析[J].教育科学研究,2020(11):51-57.
⑤ 张雪,张静,姚建欣.物理教科书中科学本质表征变迁研究[J].全球教育展望,2020,49(7):106-118.

着我国科学教育领域对科学本质的重视,在教材编写的过程中,已经越来越重视将科学本质的相关内容融入其中,从而促进学生理解科学的本质,达成课程目标。

(五) 理解科学本质的影响因素和研究现状

国内有关科学本质理解的影响因素研究不多见,本研究主要借鉴现有关于学生科学素养发展和科学学业成就的影响因素研究,以期为科学本质理解的影响因素研究提供参考和借鉴。潘士美等深入分析了 PISA、TIMSS 和 NAEP 三大国际测评项目中对关键影响因素的选取,发现其突出特征是因素的层次化,虽然三者在因素选择上各有侧重,但是均涉及了社会、家庭、学校、班级和个体等层面[①]。赵红霞应用回归分析模型探讨了学生学业成绩差异影响机制,家庭、学校质量与文化等对学生的学业成绩均有显著影响。家庭因素层面,家长的学历层次、工作情况等有显著影响;学校质量方面,是影响学业成绩的关键,具有较强的影响力;学校文化层面,构成了学校之间学业成绩差异的中介效应变量[②]。由此可知,学校、家庭、学生个体三个方面是研究者们探讨较多的因素。

第一,学校方面。学校和教师会影响学生的理解水平。赵必华研究了影响学生学业成绩的学校因素,其变量设置为学校所在地、学校平均社会经济地位、学校班级情况(班级数量、平均人数等)、校长情况、教师情况、学校财务资本(教学软硬件资源,如实验室、图书数量等)、学校文化资本(课程情况、文艺活动等)、学校社会资本(如教师专业行为)等,结果表明学业成绩与学校平均社会经济地位、班级平均人数、教师与学生的关系等具有正向关系,与教师情况、文艺活动等具有负向关系[③]。张咏梅等研究了教师因素、学生因素对学生学业成绩的影响,以北京市小学三年级学生学业成绩测评结果为数据基础,教师的性别、教龄以及专业对口情况等显著影响学生成绩,而学生的自我教育期望、作业完成情况、阅读与学习情况、学习习惯等对学业成绩具有显著影响[④]。王晓华基

---

① 潘士美,张裕灵,李玲. 义务教育学生科学素养及其关键影响因素研究:来自 PISA、TIMSS 和 NAEP 的国际测评经验[J]. 外国教育研究,2018,45(10):76-87.
② 赵红霞. 影响初中生学业成绩差异的机制研究[D]. 上海:华东师范大学,2011.
③ 赵必华. 影响学生学业成绩的家庭与学校因素分析[J]. 教育研究,2013,34(3):88-97.
④ 张咏梅,郝懿,李美娟. 教师因素、学生因素对学生学业成绩影响的实证研究:基于大规模测验数据的多层线性模型分析[J]. 教师教育研究,2012,24(4):56-62.

于 PISA 2015 测试中学生的科学成绩,分析了参与测试的 268 所学校[①],从学校层面综合解释测试成绩,发现城市学校的学生成绩显著高于乡村学校,但也有一些乡村学校成绩较好;公立学校和私立学校之间无显著差异;学校的经济、社会、文化等指数对学生的成绩有显著影响,即随着指数增高成绩也相应提高;学校资源建设方面,教学材料的缺乏对成绩具有显著负向作用,科学教学资源建设对成绩具有正向作用;此外,学校的环境与氛围等也对学生的科学成绩有影响。

第二,家庭方面。李玲和袁圣兰探讨了家庭教育中家长主体的参与对学生学业成就的影响,结果表明父母参与学生的学习过程、具有较高的自我教育意识和期望等在家庭社会经济地位与学业成就之间构成中介效应,具体而言,家长监督在其参与学习过程各个维度中是最具显著正向预测作用的[②]。肖磊峰和刘坚通过建构结构方程模型研究了家长参与和学生学习自我效能感在社会经济地位与学业成绩关系中的作用,结果显示家长参与在该关系中没有显著的中介效应,但学业自我效能感具有显著的中介效应[③]。Chiu 研究了 41 个国家 107 834 名 15 周岁学生的家庭情况与其科学学业成就之间的关系,结果表明:与父母双亲生活、不与祖父母或外祖父母生活、兄弟姐妹数量较少、拥有更多的教育资源和家庭投入的学生科学成绩较高。家庭的社会经济地位影响了学生的科学学习过程与结果,因此 41 个国家均重视家庭建设[④]。综上可知,研究主要集中于学生的家庭社会经济地位,同时也包括家长在学生学习过程中的参与、学生与家庭成员之间的互动等。

第三,学生个体方面。学生在学习的过程中是以同伴群体为基本单位的,同伴群体的组成包含多个因素,例如个体的社会经济地位、人口特征、学习行为与能力、情绪等,其构成本身具有多样性的特点,其发挥的作用与影响

---

① 王晓华. 中国四省市学校科学表现、影响因素及启示:基于 PISA2015 中国四省市数据[J]. 教育科学,2019,35(1):23-31.

② 李玲,袁圣兰. 家庭教育中家长主体参与和子女学业成绩之间的关系探究:基于链式中介效应分析[J]. 中国电化教育,2019(07):107-114.

③ 肖磊峰,刘坚. 家庭社会经济地位对学生学业成就的影响:父母参与和学业自我效能感的中介作用分析[J]. 教育科学研究,2017(12):61-66.

④ Chiu M M. Families, economies, culture, and science achievement: country-, school-, and student-level analyses[J]. Journal of Family Psychology, 2007, 21(3):510-519.

也具有复杂性和多元性等特点①。教育领域的同伴效应是指同一学校、年级、班级或宿舍中同伴所具有的背景、行为和反应等在相互之间所产生的影响,具有同质性模型和异质性模型等②。同伴个体之间会表现出趋同的特性,例如,袁舟航等研究农村小学同伴效应对学生成绩的影响,表明农村小学生的学习成绩具有显著的同伴效应③。甄霜菊等对236名初一学生的同伴之间的作用进行了为期一年的追踪研究,结果表明,同伴之间的学业自我效能具有相助影响,表现为某一学生如果喜欢同伴的自我效能,则该同学的学业成绩和效能会受其影响,在行为参与方面表现相同,但是在认知参与方面则没有相应影响④。杨丽珠等研究了小学生的同伴关系、努力控制与学业成绩之间的关系,发现三者均呈现显著正相关,其中同伴关系对其余两者起到部分中介效应⑤。杨海波研究了义务教育阶段二年级至六年级学生的学习成绩与同伴关系(包括同伴接纳和同伴拒斥程度)之间的关系,发现同伴关系对小学生的学习成绩会产生一定的影响,且低年级阶段的影响作用小,高年级阶段的影响作用大⑥。上述研究表明,同伴之间所产生的趋近效应会影响双方的学业成绩。

此外,有研究进一步深入探讨了同伴效应与学生的学业成就之间的联系。张凌运用中国教育追踪调查数据分析了中学生主要人际关系与学业成绩之间的关系,发现家庭的社会经济地位与学生的人际关系之间具有显著的正向相关;在人际关系各个类型中,亲子、同伴和师生关系显著相关,在同伴关系的各项指标中,陪伴与交往频率与学业成就之间为负向相关⑦。自我效能感是其中

---

① 张云运,骆方,孙铃,等. 同伴群体构成对儿童发展的影响及启示[J]. 北京师范大学学报(社会科学版),2015(3):59-70.
② 杜育红,袁玉芝. 教育中的同伴效应研究述评:概念、模型与方法[J]. 教育经济评论,2016,1(3):77-91.
③ 袁舟航,闵师,项诚. 农村小学同伴效应对学习成绩的影响:近朱者赤乎?[J]. 教育与经济,2018(1):65-73.
④ 甄霜菊,喻承甫,张卫. 同伴对青少年学校参与及学业自我效能感的影响:一年的追踪研究[J]. 华南师范大学学报(社会科学版),2015(6):103-110+192.
⑤ 杨丽珠,王素霞,陈靖涵,等. 小学生努力控制对学业成绩的影响:同伴关系的中介作用[J]. 中国特殊教育,2016(7):84-89.
⑥ 杨海波. 同伴关系与小学生学业成绩相关研究的新视角[J]. 心理科学,2008(3):648-651.
⑦ 张凌. 中学生的人际关系及其对学业成绩的影响:基于中国教育追踪调查的实证研究[J]. 教育学报,2016,12(6):98-103.

非常重要的。高翔和薛海平也基于中国教育追踪调查数据,分析了同伴效应与学生学业成绩之间的关系,发现同伴效应对学生的学业成绩具有显著影响,此外父母参与和同伴效应之间也会建立联系,表现为父母参与度越高,学生所具有的积极学习行为的同伴越多,如果消极学习行为的同伴越多,则家校沟通也会越多;家庭的交流、监督和家校沟通等会减弱积极学习行为同伴数量对学业成绩的正向影响等[①]。

综上所述,我国有关科学本质的研究可以分为以下五个方面:一是科学本质的内涵阐释,目前国内研究主要是综述国外科学教育领域对科学本质的内涵阐释,不同研究者从不同的角度对科学本质进行阐述,如科学哲学、科学与社会之间的关系等,认为科学本质的内涵是不断发展与变化的;同时,论述了理解科学本质的重要作用和意义以及对科学教育所产生的影响。二是科学教师的科学本质观,科学教师能够准确理解科学本质,在科学教学中将科学本质融入其中,但是相关研究显示科学教师以及师范生等对科学本质的理解情况不乐观,在某些维度会出现偏差,这也给科学教师教育以启示,即加强科学教师和师范生等有关科学本质的教育或培训。三是学生对科学本质的理解,研究者们针对学生理解科学本质的研究尚不充分比如小学生对科学本质理解情况的研究,现有研究大多是测评中学阶段的学生,结果显示其对科学本质的理解情况不佳。四是科学本质与科学教学,在科学课程中开展有关科学本质的教学主要有两种形式:其一为隐性方式,即将科学本质渗透入科学知识的教学中,在潜移默化中影响学生,促使其理解科学本质;其二为显性方式,即直接将科学本质的知识作为教学内容,与其他课程内容一样教授给学生,研究显示显性教学的结果优于隐性教学。五是科学本质观测评工具的研制,国内关于科学本质的评价工具主要是改编国外研究者开发的工具,国内现已有多种改编自国外学者开发的问卷工具,如严文法的《高中生科学本质观及其影响因素的研究》、徐珊珊的《化学师范生科学本质观的调查研究》、余霞莹的《初中学生科学本质观的现状调查研究》等。其中严文法改编成的《高中生科学本质理解问卷》和《高中生科学教师本质理解问卷》得到了比较广泛的使用,该问卷可以用来评判高中学生对科学本质的理解情况和水平。此外,关于科学本质理解的影响因素研究,国内不多

---

① 高翔,薛海平.家长参与、同伴影响和初中生学业成绩[J].教育科学研究,2020(6):55-63.

见,主要从学校、家庭和学生个体三个方面概述了其对学生科学素养发展以及科学学业成绩的影响。

四、文献述评

综合上述有关科学本质的国内外研究现状可知,有关科学本质的研究已经进入理论和实践的深化阶段。理论方面,研究者们进一步探讨科学本质的内涵定义,从自然科学领域到科学史、科学哲学以及科学社会学等领域均有比较丰富的研究论述;实践方面,以美国为代表的诸多发达国家,在其科学教育政策文件中强调学生需要通过科学课程学习建立对科学本质的理解和认识,将科学本质的相关内容写入科学教育大纲或课程标准中,众多研究者们针对科学本质的教育教学实践开展了大量研究。在此基础上,本研究对研究现状进行述评。

(一) 理解科学本质已成为科学教育目标的重要组成部分

对国内外科学教育领域的政策文件进行分析可知,帮助学生理解科学的本质,已经成为越来越多的国家进行科学教育目标设定以及科学课程顶层设计的关注点。第一,培养公民的科学素养成为世界各国的共识,理解科学的本质是发展科学素养的重要组成部分,因此各国在制定核心素养框架的过程中,将科学本质的内容有机融入其中。例如,美国"21世纪技能"、OECD的"DeSeCo项目"、欧盟《终身学习核心素养:欧洲参考框架》、联合国教科文组织"作为学习结果的核心素养"、日本"21世纪型能力""中国学生发展核心素养"等,均体现了对公民理解科学本质的要求。第二,理解科学的本质成为科学课程的重要目标和内容,许多国家的科学教育标准中明确指出学生需要理解的科学本质目标要求和具体内容,例如,美国、英国、澳大利亚、新加坡、韩国、新西兰等,部分国家直接是以学生建立对科学本质的理解为统整,综合设计科学课程,例如新西兰。第三,国际科学教育大型测评项目,在制定学生科学素养测评框架的过程中,也将学生对科学本质的理解列入其中,作为测评的重要指标,例如PISA、TIMSS等。由此可见,理解科学的本质在科学教育的目标设定中占有重要的地位,成为科学课程与教学的重要内容。

(二) 针对科学本质理解的测评已形成较为完善的体系

在评价学生对科学本质理解情况方面,众多研究者在测评工具的研制、测评方式的选择以及实施等方面进行了探讨，构建了较为完善的测评体系。其特点表现在：一是测评试题设计由封闭式转向开放式，方便测评对象更加全面地展现其对科学本质的理解。例如，美国学者莱德曼（Lederman）及其所在研究团队针对不同的研究对象编制的 VNOS 系列问卷，已经被后来研究者广泛采用和认可。二是测评方式由标准化的纸笔测评转向面对面访谈，访谈者可以根据测评对象对相关问题的回答表现进行适当地追问，以此深入了解测评对象对科学本质的理解情况，尤其是测评对象为年龄较低的儿童，其书面语言表达能力不足，有些时候难以用文字表达出自己的观点，采取问答的方式更有利于全面了解其理解情况。例如，VNOS 系列问卷主要采用个体访谈法进行调查。三是理解水平评判标准由回答对错转向质性分析，对应开放式的测评题目，评判测评对象对科学本质的理解需要依据其对问题的回答表现，运用质性分析的方式得出结果，同时还有利于研究者分析测评对象对科学本质的理解特点。此外，针对小学生也有研究者开发了较为成熟的测评工具，可以为本研究提供重要借鉴和参考。

（三）不同学段学生对科学本质理解情况多表现为朴素水平

国外针对不同学段学生的测评结果均显示其对科学本质的理解大多数未能达到理性水平，但可以理解科学本质的内容。中学以上阶段的学生对科学本质理解表现为不均衡、碎片化等特点，同时针对不同国家地区之间的联合研究显示，不同国家（如美国和土耳其）的学生对科学本质的理解水平存在一定的差异，分析其成因主要聚焦两国科学教育对科学本质的教学实践，但未进行深入探讨。针对小学阶段而言，一方面，小学生可以理解科学本质。相关研究表明，不管是一、二年级低年龄阶段的小学生，还是六年级高年龄阶段的小学生，均可以理解科学本质的内容，且通过科学本质的显性教学可以使其理解水平进一步提升。另一方面，研究多聚焦于学生对科学知识和科学探究的理解。包括科学知识的产生基于证据、科学知识是可以发生变化的、科学具有一定的主观性、科学探究从提出问题开始、科学研究的方法是多种多样的，科学需要人类的想象力和创造力等。国内鲜有研究关注小学生对科学本质的理解情况，现有研究多集中于初中生和高中生对科学本质的理解，因此针对小学阶段，需要开展相关研究以掌握我国小学阶段学生对科学本质的理解具体情况与特点。

（四）科学本质的教学实践已进入多元化发展阶段

国外针对科学本质的教学实践则已经进入多元发展阶段。一方面，研究者们针对如何通过教学实践有效地帮助学生理解科学本质方面开展了多样化的探索，形成了 HPS 教学、显性反馈教学、探究教学以及学徒制度等科学本质教学方式，并对这些方式的实践效果展开了实证研究。另一方面，针对如何提升科学教师对科学本质的理解水平以及在教学过程中有效开展科学本质教学，主要从加强职前科学教师的科学本质教育、开展在职科学教师的专题培训两个层面开展。与此同时，有国家从国家层面要求科学教师理解科学本质并在教学中帮助学生理解科学本质。以美国为例，其科学教师培养标准以及科学教育标准与框架等文件中均明确指出，科学教师要通过科学教学，让学生在实践中理解科学本质。国内有关科学本质的教学实践尚处于起步阶段，开始有研究者或一线教师探索如何帮助学生理解科学的本质，在教学方法上主要采用 HPS 教学以及显性教学等，主要是借鉴国外相关研究的经验。开展科学本质的教学主要受限于科学教师对科学本质的知识结构和理解水平不高，以及教学资源匮乏等。

（五）科学本质理解的影响因素研究聚焦科学教育

在文献综述过程中，关于学生对科学本质理解的影响因素研究不多见，仅有个别研究指出学生开展科学探究不受性别、年龄、地区、种族、学校等限制，所有学生都可以开展科学探究，也有研究显示小学生对科学本质的理解存在性别差异，但需要进一步研究探讨。从对科学本质的教学实践方面来看，研究多是从如何开展科学本质的教学方面来提升学生对科学本质的理解水平，即将学生理解科学本质的影响因素主要聚焦于学校科学课程与教学，认为科学课程与教学的实施是影响学生理解科学本质的关键因素。

第三节 研究设计

从研究目标的制定、研究内容和思路的确立、研究方法的选用等三个方面介绍本研究的研究设计。

一、研究目标

第一,分析国际科学教育领域有关科学本质的教育政策与实施情况。发达国家有关科学本质的研究已经有百余年历史,积累了大量的研究经验,通过对已经开展的关于科学本质的研究进行梳理,并进行比较研究,可为我国相关领域的研究提供借鉴和参考。同时结合当前我国科学教育领域发展动向和研究趋势,为本研究制定契合小学生认知发展水平的科学本质模型提供重要支撑。

第二,建构契合小学生认知发展水平的科学本质理解模型。在国内外已有的关于小学生对科学本质理解情况的研究基础上,通过专家咨询、访谈研究等,充分吸纳与科学教育相关的不同研究领域专家学者的意见,结合小学生的认知发展水平与特点,综合小学生所要发展的科学素养水平,归纳与小学生发展水平相适应的科学本质内涵要素,形成其内涵模型,并细化为可教、可学、可评的具体指标。

第三,调查小学生对科学本质的理解情况及其影响因素。借鉴国际科学教育领域广泛认可的经典测评工具,编制易操作的适用于大范围测评小学生对科学本质理解的工具。本研究拟在现有工具的基础上,结合国际有关科学素养测评的方法和经验,对工具进行优化,编制易操作的测评工具。对我国小学生有关科学本质的理解开展调查研究,从而了解我国小学生对科学本质的理解情况,同时进一步分析其影响因素。

二、研究内容与思路

(一)研究内容

1. 小学生对科学本质理解的内容分析

通过文本分析法比较分析我国以及欧美、英国、日本、新加坡、澳大利亚、新西兰、韩国等发达国家小学阶段科学教育标准或文件中有关科学本质的相关内容及其呈现;比较分析国际大型教育测评项目,如国际学生评估项目(PISA)、国际数学与科学教育趋势评估(TIMSS)和美国国家教育进步评价(NAEP)等针对科学本质的测评框架与测评工具设计等,为本研究制定与小学生认知发展水平相适应科学本质内涵框架、编制小学生对科学本质理解情况测评工具、确立小学生对科学本质理解的主要影响因素提供重要参考和借鉴。

2. 小学生对科学本质的理解模型建构研究

认识科学本质是发展科学素养的重要组成部分,理解科学的本质能够促进学生更深入地理解和应用科学知识与技能,因此学生建立对科学本质的理解是科学课程的重要目标。欲使学生理解科学本质,首先应明确小学生所应理解怎样的科学本质,目前国内科学教育领域相关研究仍未明确小学生所应理解的科学本质内容以及所应达到的理解水平,多数研究仅仅是针对科学本质的某个或某些因素。鉴于此,本研究将在借鉴国外已有研究成果的基础上,通过调查分析我国小学生对科学本质理解的具体情况,综合我国小学科学教育现状与传统文化背景,制定适合我国小学生认知发展水平的科学本质内涵模型。

3. 小学生对科学本质的理解情况测评研究

掌握小学生对科学本质的理解情况是开展科学课程标准修订与教材编写、科学课程与教学、科学教师培训的基础。但是现阶段,国内有关科学本质的研究不足,且大多针对中学生、科学教师、职前教师等,针对小学生对科学本质理解情况的研究很少。因此,本研究选用目前国际广泛认可的经典测评工具,测评我国小学生对科学本质的理解现状,分析整体情况与表现特征等。

4. 小学生对科学本质理解的影响因素研究

明确对小学生理解科学本质的主要影响因素能够更有针对性地采取干预措施,从而提升学生对科学本质的理解。本研究将在文献研究的基础上,确立影响小学生理解科学本质的主要因素,建立影响因素模型,运用线性回归分析和结构方程模型等方法,探讨影响小学生理解科学本质的主要因素,建立影响因素模型。

(二)研究思路

本研究在综述已有关于小学生理解科学本质研究成果的基础上,进行理论假设,确立研究模型包括小学生对科学本质的理解模型和影响因素模型,然后,依据理论假设编制研究工具,开展实证分析。基于实证验证调整理论假设,最终得到研究结论。研究整体的思路与路线见图0.1。

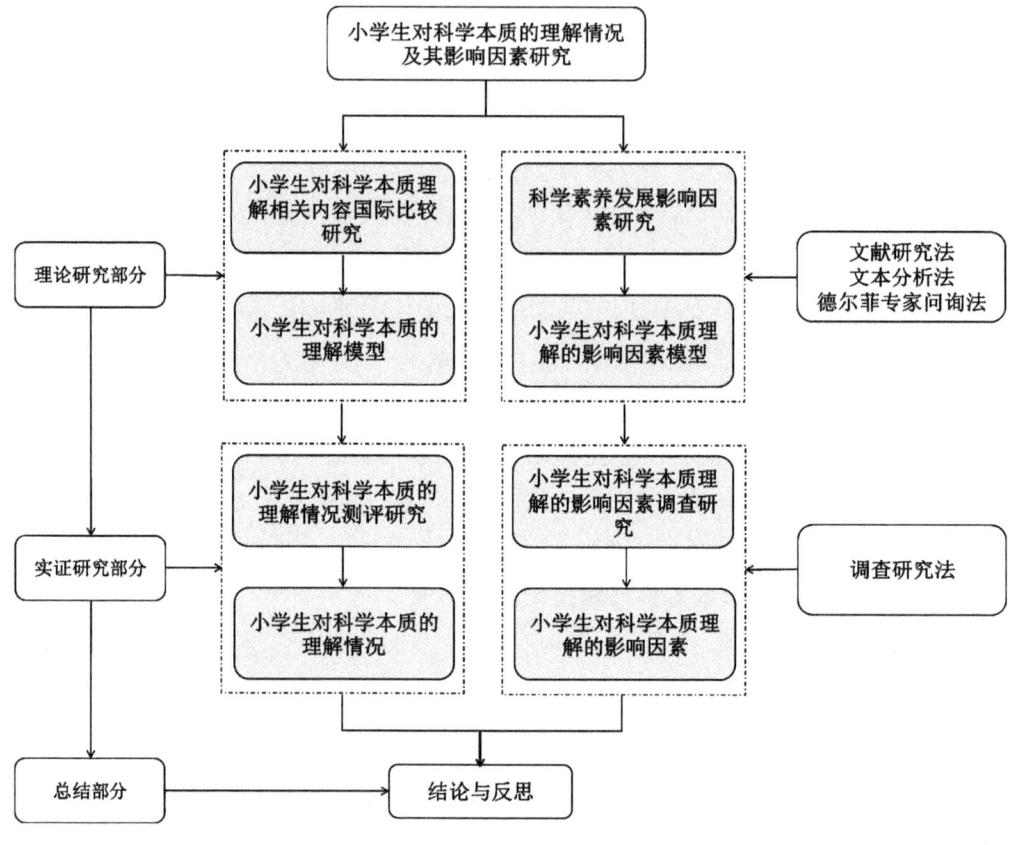

图 0.1 研究整体思路与路线

三、研究方法

(一) 文献研究法

文献研究法也可以称之为文献调查法或资料研究法,主要是搜索、分析、整理与研究主题相关的文献资料以形成相关认识的方法[①]。对已有关于科学本质的研究文献进行梳理和综述是本研究的基础,文献资料主要来源包括:国内外文献数据库的期刊论文、图书馆的图书资料、国内外政府教育部门网站以及大型测评项目官方网站的政策性文件和测评框架等。本研究中文献研究法主要运用于:一是综述有关科学本质的研究文献,梳理国内外相关研究现状,聚

---

① 杜晓利.富有生命力的文献研究法[J].上海教育科研,2013(10):1.

焦科学本质的内涵定义、测评工具的开发、测评结果的分析以及教育教学实践等;二是确定本研究的具体内容,在文献研究的基础上,寻找到有关科学本质的研究不足之处,为小学生对科学本质的理解构建模型并为研究小学生对科学本质理解的影响因素提供依据。总体说来,通过文献研究获得有关科学本质研究的成果,为本研究的开展提供理论和实践依据。

(二) 调查研究法

本研究聚焦小学生对科学本质的理解情况和影响因素,研究的重心是开展实证调查,包括问卷调查和半结构化访谈。具体而言,调查研究法主要应用于:一是小学生对科学本质的理解情况,编制合适的研究工具,调查我国小学生对科学本质的理解情况,包括整体特征和差异表现等,数据来源于选定样本学校的四年级和六年级学生填写的测评问卷;二是小学生对科学本质理解的影响因素,开发相应研究工具,包括针对学生的问卷和针对家长的问卷,在实施调查的过程中,综合运用问卷调查和访谈法,以期获得可靠而有效的数据结果。

(三) 德尔菲专家问询法

该研究方法主要针对小学生对科学本质的理解模型构建以及测评工具的编制。为确保其具有较高的可行性,本研究选择科学教育领域的专家学者、科学学科教研员以及一线科学教师等,采用专家问询法来确定各项内涵指标和题目的可适应性,当专家的意见达到一致时,说明指标和题目可以使用,具有较高的可靠性[①]。本研究选用德尔菲专家问询法开展专家评分和访谈,获得评分数据和访谈反馈结果,分析评分数据和访谈反馈结果,为测评框架和工具的修订提供保障。

(四) 文本分析法

文本分析法主要针对教育政策文件、课程标准、教育测评框架等。本研究搜集国际科学测评的框架、国外主要发达国家或组织研制的科学教育政策文件以及小学科学课程标准等,运用文本分析法,分析科学本质相关内容及其呈现

---

① Mitchell V W. The delphi technique: an exposition and application[J]. Technology Analysis & Strategic Management,1991,3(4):333-358.

特点①②③④。研究结果可以为本研究中小学生对科学本质的理解模型的构建提供理论依据。研究中所选择的分析文本主要是最近修订执行的科学素养测评框架、科学课程标准文件或教育框架等，能够展现出国内外科学教育领域课程与教学方面最新的改革与发展动态。

---

① Abd-El-Khalick F, Myers J Y, Summers R, et al. A longitudinal analysis of the extent and manner of representations of nature of science in U. S. high school biology and physics textbooks[J]. Journal of Research in Science Teaching, 2017, 54(1): 82-120.
② Abd-El-Khalick F, Waters M, Le A P. Representations of nature of science in high school chemistry textbooks over the past four decades[J]. Journal of Research in Science Teaching, 2008, 45(7): 835-855.
③ Andersson-Bakken E, Jegstad K M, Bakken J. Textbook tasks in the Norwegian school subject natural sciences: what views of science do they mediate? [J]. International Journal of Science Education, 2020, 42(8): 1320-1338.
④ Aydin S, Tortumlu S. The analysis of the changes in integration of nature of science into Turkish high school chemistry textbooks: is there any development? [J]. Chemistry Education Research and Practice, 2015, 16(4): 786-796.

第一章　国际科学教育领域中的科学本质内容分析

国际科学教育领域普遍认为,现代社会的公民要具备一定的科学素养,而理解科学本质是其重要部分[1]。学生通过学习科学课程、参与科学实践活动等以达到认识科学本质的目标,这已经成为许多国家科学教育改革文件的愿景[2]。在世界范围内的科学教育改革相关文件中,理解科学本质已经被列为重要的教育目标,例如美国、英国、加拿大、澳大利亚等[3]。世界各个国家或组织研制的核心素养框架和科学课程标准中已经融入了科学本质的相关内容,从科学教育的顶层设计视角出发,帮助学生理解科学的本质,进而促进其科学素养的提升。本章内容将对国家科学教育领域具有代表性的核心素养框架、科学课程标准以及科学素养测评框架等进行有关科学本质的内容分析,归纳其中心内容以及表现特点,为制定小学生对科学本质的理解模型奠定基础。

第一节　核心素养框架中的科学本质内容分析

世界范围内,关于科学教育总目标的设定已经达成基本共识,即发展全体学生的科学素养,其中理解科学的本质是基础之一。全球各个国家在制定科学素养框架的过程中需要将理解科学本质融入其中,使其为学生发展科学素养提

---

[1] García-Carmona Antonio, Acevedo-Díaz José Antonio. The nature of scientific practice and science education[J]. Science & Education, 2018(27): 435-455.
[2] Abd-El-Khalick F, Waters M, Le A P. Representations of nature of science in high school chemistry textbooks over the past four decades[J]. Journal of Research in Science Teaching, 2008, 45(7): 835-855.
[3] Lederman N G, Abell S K. Handbook of research on science education[M]. New York: Routledge. 2007.

供支撑。世界范围内,以联合国教科文组织、OECD、欧盟、美国等为代表的组织和国家制定的核心素养框架,都对学生理解科学本质提出了要求。本研究将对上述组织和国家的核心素养框架进行分析,归纳出科学本质内容的表现特点。

一、美国"21 世纪技能"中的科学本质内容分析

二战后美国发展成为世界第一强国,在政治、经济、军事、科技和教育等领域处于领先水平。在教育领域,为确保其教育质量水平始终处于全球领先地位,以使其培养的人才能在各个领域具有核心竞争力,美国不断进行各项改革。

在科学教育领域,自 20 世纪 80 年代,提升全民科学素养就成为美国科学教育的基准和目标,由美国科学促进会(AAAS)引领制定并颁布了系列文件,其中典型代表是"2061 计划"。例如《面向全体美国人的科学》,书中指出科学素养的广泛定义,包括数学、技术、自然科学和社会科学等许多方面,包括:认识自然世界和物质世界以及它们的整体性与统一性;熟悉科学、技术、数学等领域紧密联系,在研究方法上具有一定的共通性;理解科学各学科领域的重要概念、原理等;具有科学的思维方式并应用于解决现实问题[1]。这些文件对科学教育的发展具有非常重要的促进作用,也可以说是具有纲领意义。《面向全体美国人的科学》是上述系列文件中的一个,它将科学本质划分为以下 3 个方面:科学世界观、科学探究和科学事业[2]。具体指标内涵见下表 1.1。

表 1.1 《面向全体美国人的科学》有关"科学的性质"内容的描述

维度	指标	内涵
科学世界观:科学家对自己所做的工作,以及如何看待这些工作有共同的信念和态度	世界是可被认知的	科学假定事物都是以恒定的规律发生和发展的,通过研究是可以发现这些规律的;宇宙是一个单一系统,基本规律在该系统中的任何地方都是适用的
	科学理念是可以变化的	科学是一个发现和获得知识的过程,科学家创立的各种理论,不管新旧,都要依据新发现而进行验证、修改或者废弃

---

[1] 詹启生,刘媛媛.美国基础教育中学生科学素养的培育[J].外国中小学教育,2015(12):57-61.
[2] American Association for the Advancement of Science. Science for All Americans[M]. New York: Oxford University Press, 1989.

(续表)

维度	指标	内涵
科学世界观：科学家对自己所做的工作，以及如何看待这些工作有共同的信念和态度	科学知识具有持久性	虽然科学家反对绝对真理，且认为不确定性是事物本性的一部分，但是绝大多数知识是具有持久性的
	科学不能解决所有问题	世界上存在诸多不能运用科学进行解释的事物。科学家没有能解决好与坏问题的手段，但可以为权衡好坏并确定应对决策做出贡献
科学探索：科学研究所采用的方法在各学科领域中基本是相同的；但科学家在研究方法选用、开展工作的步骤以及数据处理分析等方面是很不相同的	科学需要证据	科学主张或假设等需要通过对现象的观察、数据的搜集等形成证据来判定，该过程要接受其他人的检查
	科学是逻辑和想象的融合	科学观点要符合逻辑推理原则，想象和思想要同假设和理论一起使用，形成假设和验证假设的过程是科学的核心活动之一
	科学解释和预见	科学家利用已被认可的科学原理，提出相关解释，以阐明各种现象，包括已经观察到的和那些还未观察到的现象
	科学家要努力鉴别，避免偏见	科学家的国籍、性别、民族、年龄、信仰等都会影响其对数据的搜集、处理以及解释等；记录或报告方式、数据的选择和解释都会影响科学验证；需要许多不同的研究人员或小组参与研究来避免此类问题和偏见
	科学不仰仗权威	没有一个科学家可以代表绝对真理。从长远观点来看，理论是由结果来判断的
科学事业：科学是一项需要人类共同参与的事业，涉及个人、团体和社会等不同层面；科学是当今世界的主要活动	科学是一项复杂的社会活动	科学工作涉及许多个体从事不同工作，世界各个民族、国家，不分男女、工作类别，都可以参与科学研究和应用。作为一项社会活动，科学会反映社会价值和观点。科学文化本身也会在无形中影响科学研究的方向。传播科学信息对于科学进步至关重要
	科学由学科内容组成，由不同机构研究	科学是所有科学领域和不同学科的有机结合，虽然分成各种学科，这样有利于形成组织研究和得到成果的结构，但是都没有固定的边界
	科学研究需要遵循道德规范	科学家要遵循科学研究的道德规范，并能充分考虑科学研究成果可能带来的有害影响
	科学家在参与和处理社会公共事务的过程中，其角色既是科学家也是公民	当公共利益、个人利益、合作伙伴的利益以及单位或社区的利益受到威胁时，科学家也会产生偏见

（资料来源：美国科学促进会. 面向全体美国人的科学[M]. 中国科学技术协会，译. 北京：科学普及出版社，2001.）

进入21世纪,美国政治、科技、教育和商业等领域均在思考,学生需要具备哪些知识和技能才能成为合格的公民。为回答该问题,美国成立"21世纪技能联盟",由政府相关部门、高等院校、研究机构、商业组织机构等组成,研制了"21世纪技能"①,见图1.1。"21世纪技能"规定美国中小学需要强化核心课程,科学课程是其中之一;重视三大类别技能,包括生活和职业技能,学习和创新技能,信息、媒体和技术技能。其中学习和创新技能注重"4C",即创造与创新、批判性思维与问题解决、交流、合作②。"21世纪技能"更加重视实践应用,科学在当今社会生活和生产实践领域发挥重要的作用,因此被设置为核心课程。

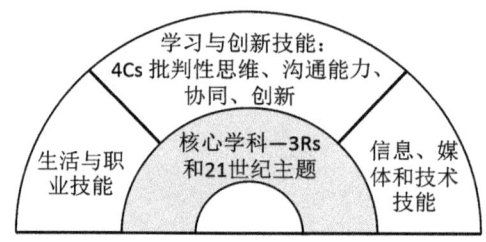

图1.1 美国"21世纪技能"框架

注:3Rs指核心课程读写算(Reading,Writing,Arithmetic,简称3Rs);4Cs指批判性思维和问题解决、沟通技能、合作技能以及创造力和创新技能(Critical thinking and problem solving、Communication、Collaboration、Creativity and innovation,简称4Cs)。

"21世纪技能"是以重视学生掌握核心技能为基础,同时从标准与评价、课程和教学、专业发展以及学习环境等方面给出技能发展的支撑体系,以帮助教师、学生和其他人员清楚地认识21世纪需要培养什么样的人才、怎样培养人才。科学作为支撑体系的核心课程之一,在学生发展各类技能的过程中发挥着重要作用,这些作用主要体现在以下三个方面。

第一,科学知识方面。"21世纪技能"要求学生掌握必备知识体系并合理运用于生活和工作。科学知识是知识体系的重要组成,尤其是在21世纪科学日益发展,人们的生活与科学越来越紧密,因此支持系统中的关键学科包含科

---

① 贺巍,盛群力.迈向新平衡学习:美国21世纪学习框架解析[J].远程教育杂志,2011,29(6):79-87.
② 张义兵.美国的"21世纪技能"内涵解读:兼析对我国基础教育改革的启示[J].比较教育研究,2012,34(5):86-90.

学学科,并要求聚焦21世纪内容知识和专业知识,通过学习建立对知识的"深度理解"而不是简单地占有或止步于"表面知识"①。对知识的深度理解需要回答两个方面的问题:一是知识的本质问题,即知识的发生与变化过程,该过程是在什么条件或环境下发生的,需要遵循哪些原则,都是学生需要明确的;二是知识的应用问题,知识如何发挥其自身价值,学生需要将知识作为一种媒介或工具解决问题,在实践应用的过程中,才能体现知识的价值。

第二,科学思维与实践方面。"21世纪技能"中"学习与创新技能"处于中心地位,规定学生所要具备的能力包括:批判性思维、问题解决技能和创新创造力等。要求学生理解:发现并提出问题,根据具体情况选用不同类型的归纳、分析、推理等方法以解决问题;创新和创造力需要一个长期的过程,期间会遇到各种成功或失败,也会有一些难以预料的结果;收集证据,形成论点、主张等,并分析和评估所获得的证据、论点等②。此外,还要求学生在进行科学实验解决问题的过程中发展创造与创新、批判性思维与解决问题、交流与合作等能力③④。上述内容与科学学科学习所要求培养学生的科学思维与科学实践紧密连接,以批判性思维、创造力、归纳分析、推理等对应科学思维,以问题、证据、解释等对应科学探究与实践。

第三,科学交流与合作方面。"21世纪技能"将交流与合作作为学生的必备技能,要求学生能与他人分享自己的新想法和发现,在各类不同的情境中运用合适的手段和方式进行有效的沟通和交流,在工作和学习过程中能够注重团队合作,与团队成员一起努力完成既定任务等⑤。这与科学事业中对科学家的一些基本要求不谋而合,即需要融入科学共同体,将研究过程与成果等以合适的方式公开,与其他科学家交流、协作等。

---

① Battle for kids. P21 Framework Definitions [EB/OL]. [2020-12-31]. https://battelleforkids.org/networks/p21/frameworks-resources.
② Battle for kids. 21st Century Learning for Early Childhood Framework [EB/OL]. [2020-12-31]. https://battelleforkids.org/networks/p21/frameworks-resources.
③ Battle for kids. 21st Century Skills Early Learning Framework [EB/OL]. [2020-12-31]. https://battelleforkids.org/networks/p21/frameworks-resources.
④ Battle for kids. 21st Century Learning For Early Childhood Guide [EB/OL]. [2020-12-31]. https://battelleforkids.org/networks/p21/frameworks-resources.
⑤ Battle for kids. 21st Century Learning for Early Childhood Framework [EB/OL]. [2020-12-31]. https://battelleforkids.org/networks/p21/frameworks-resources.

科学课程作为核心支撑课程之一,对发展学生的上述技能具有重要作用,教师在设计科学课程和实施教学时,需要引导学生完成各项学习活动,与此同时还要让学生理解为什么要参与这些学习活动,其最终目标定位在哪里,即认识其本质,基于此实现素养的发展与提升。

二、经济合作与发展组织"DeSeCo 项目"中的科学本质内容分析

1997 年,经济合作与发展组织(OECD)研制面向 21 世纪的核心素养框架工作正式开启,成立专家组,在接下来的六年时间里,经过多次研究论证、讨论交流,于 2003 年发布核心素养框架研制报告——《素养的界定和遴选》。报告中给出了核心素养的概念性框架(conceptual framework),将核心素养分为三个类别:第一,互动地使用工具(use tools interactively)。学习者要能够合理使用和操控各类工具技术,不仅仅是会用,更需要对工具本身的作用原理和机制等有全方位的理解,认识其改变事物的路径以及如何帮助人们实现目标,基于此依据自己的现实需求进行创新使用。工具不是孤立的物体,而是在人与事物之间建立联系的中介和桥梁。第二,在社会异质群体中互动(interact in heterogeneous groups)。人不是孤立存在的个体,而是和其他人建立社会关系,彼此获得物质层面和心灵层面的各种需求。学生需要学会与他人相处,在工作中相互合作,正确处理交往过程中的各种问题。第三,自主行动(act autonomously)。人们需要做好人生规划、职业规划等,积极参与社会活动,在社会生活、家庭生活以及工作环境中发挥作用,同时处理好工作与个人兴趣、需求和限制等之间的关系[①]。三者之间的关系见下图 1.2。

OECD 核心素养框架对从知识、工具(技能)以及人本身、人与人、人与社会等方面给出了人适应现代社会生活所需要的各类素养,在各类素养指标的阐述方面,触及了各个指标所代表的层面的本质属性,例如"工具的使用"强调互动,要建立人与工具、工具与客体以及人与客体之间的对话关系,从而深入理解工具及其使用。从对科学的理解这一角度来分析,其中蕴含着对科学本质的认识。

---

① 师曼,刘晟,刘霞,等. 21 世纪核心素养的框架及要素研究[J]. 华东师范大学学报(教育科学版),2016,34(3):29-37+115.

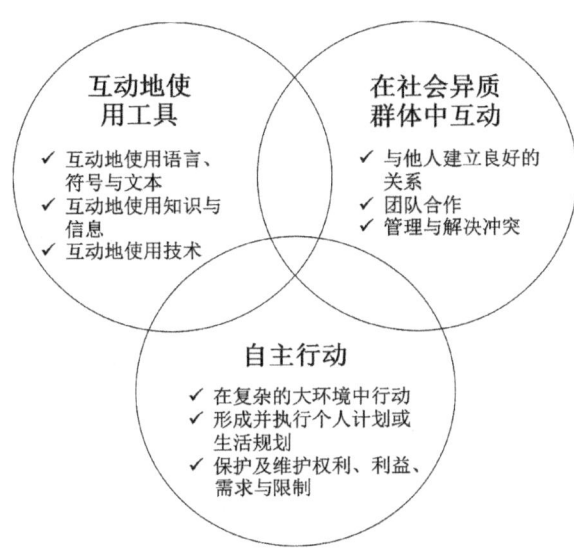

图 1.2　OECD 核心素养框架结构图[1]

知识方面,对应科学知识的本质。OECD 核心素养框架将知识和信息作为工具的一部分,要求人们对知识和信息进行批判性反思,从而认识知识和信息的本质。第一,识别并确定自己所不知道的知识和信息。应用知识和信息的基础是明确应用哪些知识和信息以解决问题,自己所掌握的知识和信息能否保证问题的顺利解决。第二,找到能够获得知识和信息的地方。对应获取知识和信息的方法路径,需要明确知识和信息是如何产生的,以及如何发生改变。第三,对所获取知识和信息的质量、适用性和价值等进行评估。对知识和信息的评价涉及证据和解释,已有证据和新证据之间是否存在矛盾,如何解释该矛盾,是否需要对知识和信息进行修正等。第四,对知识和信息进行重新组织。重组是再创造的过程,是应用知识和信息以合适的方式解决问题的过程。对于知识和信息,需要从孤立的、片段化的占有与再现转向知识网和信息网的架构,以知识网和信息网强化知识和信息的应用,使其发挥更大的作用并体现应有的价值。

工具方面,对应科学方法论。OECD 核心素养框架指出,人类通过认知类工具、社会文化类工具和物理类工具等认识世界的本质。科学的本质是认识自

---

[1] OECD. Definition and Selection of Competencies (DeSeCo)[EB/OL]. (2005-05-27)[2020-12-30]. http://www.oecd.org/education/skills-beyond-school/definitionandselectionofcompetenciesdeseco.htm.

然世界和物质世界,在此过程中要借助一定的工具,使用一定的方法。物理类工具对应人们所借助的工具,例如生物学探究微观世界要借助显微镜,天文学家探索宇宙空间需要借助望远镜等。社会文化类工具和认知类工具对应科学方法,科学家在研究自然现象的过程中形成了以"科学探究"为主体的方法论体系。人类使用工具并与工具交互,在交互的过程中,不断创新改造工具,从而不断深入认识和理解自然世界和物质世界的各种现象。

与社会的关系方面,对应科学事业。OECD核心素养框架中"在社会异质群体中互动"和"自主行动"关联人们的生活、工作以及整个生涯。对应到科学事业方面,包括:一是科学需要团结协作。科学是人类共同努力的事业,不同文化、国家、职业的人都可以为科学做出贡献,科学家所进行的工作绝大部分是需要多人共同参与完成的,科学家的研究结果和过程要与其他科学家交流讨论,并需要获得科学团体的认可。二是科学要遵循社会规范。科学家身处复杂的社会环境中,在各类研究机构、经济组织中,应遵守各类规则,承担相应的责任和义务。在面对道德伦理等方面的问题时,能够做出正确的判断和决策。三是科学家要平衡个人与外部需求之间的关系。科学家所开展的研究工作以及科学家个人的兴趣、爱好、需求等,有时会受到来自社会、政治、经济、宗教、文化等因素的影响,面对此种境况,科学家应依据实际情况进行调整,寻找到平衡点,妥善解决问题。

综上所述,OECD核心素养框架中虽然没有明确列出有关理解科学本质的要求,但在各素养指标的阐述中渗透着对知识、方法以及与社会关系的阐述。OECD核心素养框架对其所进行的PISA项目中所涉及的阅读素养、数学素养和科学素养测评具有纲领性指导意义,针对科学素养测评的具体分析,将在本章第三节内容详细分析,在此不赘述。

三、欧盟《终身学习核心素养:欧洲参考框架》中的科学本质内容分析

2006年,欧盟发布了《终身学习核心素养框架》(简称2006版框架),并于2018年颁布修订版框架(简称2018版框架)(见下表1.2)[①]。该框架列出了核

[①] European Council. Council Recommendation of 22 May 2018 on Key Competences for Lifelong Learning [EB/OL]. (2018-5-22)[2020-12-30]. http://data.consilium.europa.eu/doc/document/ST-9009-2018-INIT/EN/pdf.

心素养的组成和具体要求,是欧盟组织各个成员国发展公民核心素养的基本标准,同时也是欧盟地区中小学校落实培养学生核心素养任务的主要内容。

表1.2 欧盟《终身学习核心素养框架》(2018版)具体指标

序号	2018版框架
1	语言素养
2	多语素养
3	数学素养和科学、技术与工程素养
4	数字素养
5	个人、社会和学会学习素养
6	公民素养
7	创新创业素养
8	文化意识和表达素养

科学素养是《终身学习核心素养框架》的重要组成部分,与数学素养共同组成一项重要素养内容,并与技术素养结合。2018版框架体现了欧盟在核心素养发展相关规定和要求的连续性和传承性,也展现了时代发展给社会、经济、文化、教育等领域所带来的新愿景,以及人们基于新愿景所应发生的改变。为此,2018版框架把工程素养纳入其中,由此数学、科学、技术和工程汇集一起,与STEM教育(Science、Technology、Engineering and Mathematics)相对应,注重跨学科整合,也可称之为STEM素养。

本研究针对欧盟2018版框架有关科学、技术和工程素养进行科学本质内容相关分析,就具体表述而言,科学、技术和工程素养的发展涵盖了理解科学本质的要求。

第一,针对科学知识的理解方面。2018版框架要求人们既要理解科学知识本身,也要认识科学知识会给社会带来何种影响。关于科学、技术和工程,人们必备的知识包括自然世界的基本原理,基本科学概念、理论、原理和方法,技术和技术产品和过程,以及有关科学、技术、工程与人类活动对自然世界所产生影响的理解。这些素养使人更好地了解科学理论、应用和技术等对整个社会(与决策、价值、道德问题、文化等有关)的促进、局限和风险。

第二,针对科学方法论的理解。2018版框架指出,科学要求人们具有解释自然世界的能力和意愿,此过程需要运用科学知识体系和方法论等,包括观察和实验,以此识别科学问题,并运用所掌握的证据通过合理的逻辑分析得出结论。在运用科学方法时,需要掌握科学研究的一般技能,包括将科学作为一个通过观察和实验等方法进行调查的过程的理解,运用逻辑思维和理性思维等来验证假设的能力,以及自己的观点与新的实验发现相矛盾时随时纠正观点的准备。此外也包括如下能力:使用和操作技术工具、机器和科学数据等,以实现一个目标或得出一个基于证据的决定或结论;能认识到科学探究的关键特征,并交流得出结论和推理过程。

第三,针对科学与社会的关系的理解。人们最终要参与社会各类工作和活动,在此过程中,需要认识并能够处理好科学与社会之间的关系。一方面,人们需要具备科学的态度和责任,包括批判性接纳和好奇心的态度,对伦理议题的关注以及对安全和环境可持续发展的支持,特别是科学和技术进步所带来的与自身、家庭、社区和全球问题相关的议题。此外,科学、技术和工程素养也包含对因人类活动而产生的各种变化的理解以及作为公民所应具备的责任。另一方面,运用对科学知识和科学方法论的理解解释各类现象、做出理性的判断和决策,这一点是发展科学、技术和工程素养的目标落脚点之一,也是真正具备科学、技术和工程素养的直接体现。

四、联合国教科文组织"作为学习结果的核心素养"中的科学本质内容分析

联合国教科文组织(UNESCO)1996 年发布的报告《教育:财富蕴藏其中》指出,21 世纪公民必须具备的基本素质包括"学会认知、学会做事、学会共处和学生生存"四类能力,并在随后出台的系列文件或报告中,进一步讨论了"21 世纪需要培养什么样的人"这一根本问题。此后,在 2013 年出台报告《面向全体的学习:每个孩子应该学习什么》(简称《面向全体的学习》),从学习方法与认知、运算能力和数学、科学和技术等七个领域,划分为学前、小学和中学三个阶段水平,阐述了 0—19 岁的学生所应学习的内容、掌握的技能和发展的素养等。

《面向全体的学习》报告有关"科学和技术"的总体描述指出,科学可以被看作是一种特殊的知识,也可以被认定为一种知识体系或系统,该体系或系统包含了物理定律和普遍真理等。对于儿童和青少年来说,他们首先是在自然环境

中有意无意地接触到一些知识,然后到了学校接受正规教育以获得科学知识。技术则是为了解决生活中的各类问题,在此过程中需要人们发挥创造力并使用合适的工具,通常包括各种物理技术、各类方法或系统的应用以及基于计算机的解决方案[①]。报告针对学前、小学和中学三个阶段设置了具体需要学习的内容领域,见下表1.3。

表1.3 《面向全体的学习》"科学与技术"各阶段具体内容领域

领域	学前	小学	中学
科学与技术	探究技能 对自然世界和物质世界的意识 技术意识	科学探究 生命科学 物质科学 地球科学 数字技术意识和使用	生物学 化学 物理 地球科学 科学方法 环境意识 数字学习

《面向全体的学习》有关科学和技术领域内容的设置主要是指向每个孩子应该学习什么,重在内容和技能的掌握。从对科学的理解角度来分析,报告将"科学"作为一个知识体系来看待,学习科学正是要融入该知识体系。以小学阶段为例,除了掌握生命科学、物质科学、地球科学等领域的知识外,还应认识科学探究,即发展科学探究相关能力,包括提出科学问题,分辨出缺少什么知识并知道如何获取,这些能力要求学生具备科学地解决问题的视角以及运用科学的方法。

综合看来,联合国教科文组织所制定的核心素养框架对学生理解科学本质的要求并不十分清晰,在进行框架设计的过程中基于相关研究和咨询,更加注重基本知识和技能。因此,要求学生能够掌握并理解科学知识和学会科学探究,对于有关科学本质的其他内容则没有明确要求。此外,《面向全体的学习》指出科学作为一种特殊的知识体系或系统,这一论断本身体现了科学的本质。另外,对科学知识和科学探究的理解和认识是小学阶段学生认识科学本质的主要内容,学生在掌握扎实的科学知识和科学探究的同时,应建立对科学知识和科学探究本身的理解。

[①] UNESCO. Towards Universal Learning:What Every Child Should Learn[EB/OL].(2013-11-17)[2020-12-30]. http://uis.unesco.org/en/search/site/Toward%20universal%20learning%3A%20what%20every%20child%20should%20learn?f%5B0%5D=type%3Adocument.

五、日本"21世纪型能力"中的科学本质内容分析

2013年,日本国立教育政策研究所发布了一份有关核心素养的研究报告——《培养适应社会变化的素质与能力的教育课程编制的基本原理》。在报告中提出了核心素养框架——"21世纪型能力",包括基础力、思考力和实践力三部分,各个部分所包含的主要能力见下图1.3[①],其中思考力是三大部分的核心,处于基础力和实践力的中间,可以起到连接基础力和实践力的作用。

综合分析日本"21世纪型能力"所包含的主要内容可知,其核心素养框架更加概括,没有下移至具体的学科领域,可以起到统领各个学科领域的作用。与科学本质相关内容进行对标分析可得:思考力中的问题解决力和发现力指向问题的发现与解决,对标科学探究开始于问题的提出,包含发现问题和解决问题的过程;创造力则对应科学需要人类的创造力和想象力。总体来说,日本的核心素养框架虽然要求人们理解科学的本质,但是在宏观设计层面,没有把理解科学本质作为理论指导。

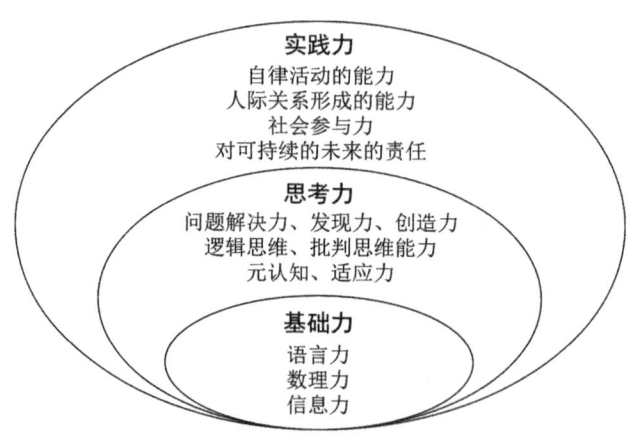

图1.3 日本"21世纪型能力"框架

---

① 日本文部科学省. 培养适应社会变化的素质与能力的教育课程编制的基本原理[EB/OL].[2020-12-30]. http://www.nier.go.jp/kaihatsu/pdf/Houkokusho-5.pdf.

六、中国学生发展核心素养中的科学本质内容分析

我国于2016年9月发布"中国学生发展核心素养"框架与内容,主要包括:三大领域即文化基础领域、自主发展领域和社会参与领域;六种素养,即人文底蕴、科学精神、学会学习、健康生活、责任担当、实践创新。详见下图1.4,具体细化为十八个要点,详见表1.4。

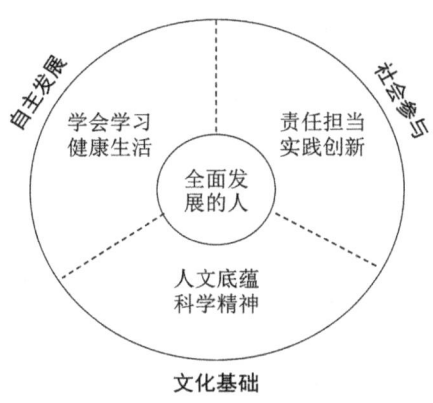

图1.4 中国学生发展核心素养框架①

对我国学生发展核心素养进行分析可知,学生发展核心素养框架和内容中,虽然没有明确指出科学的本质,但是关于科学本质的内容在核心素养的某些要点中有所体现,主要分布于"科学精神"和"实践创新"两大素养。"科学精神"素养主要指"学生在学习、理解、运用科学知识和技能等方面所形成的价值标准、思维方式和行为表现",在此表述中已经暗含了学生对科学知识与技能的理解;"实践创新"素养方面则直接包含问题解决、实践能力和创新意识等要素。结合科学本质的相关内容,我国学生发展核心素养所体现的科学本质主要包括:

第一,科学知识基于事实和证据。框架指出,学生应尊重事实和证据,具有实证意识。崇尚真理和真知的基础是具有可靠而坚实的证据,并且运用严密的逻辑推理,分析各种事实和证据,进而得出结论。

第二,科学探究包括发现问题和解决问题的过程。框架指出,学生应具有问题意识,善于发现问题并提出问题,能够积极寻找解决方法,理解和掌握

---

① 林崇德. 构建中国化的学生发展核心素养[J]. 北京师范大学学报(社会科学版),2017(1):66-73.

基本的科学方法。核心素养框架对科学探究内容的设置体现了对学生开展科学探究的重视,与我国小学科学课程以探究式学习为主的基本理念相契合。

第三,科学与工程技术的关系。框架指出,学生应该能够理解技术和文明之间的有机联系,发挥创造力和想象力,并将其有效地转化为相应的产品。该要点明确了对科学事业的认识,即科学的实践与应用,尤其是与工程和技术的有效融合,进而促进社会的进步与发展。此外,也强调了人类的想象力和创造力在此过程中所发挥的重要作用。

表1.4 中国学生发展核心素养主要内容

领域	素养	要点
文化基础	人文底蕴	人文积淀 人文情怀 审美情趣
文化基础	科学精神	理性思维 批判质疑 勇于探究
自主发展	学会学习	乐学善学 勤于反思 信息意识
自主发展	健康生活	珍爱生命 健全人格 自我管理
社会参与	责任担当	社会责任 国家认同 国际理解
社会参与	实践创新	劳动意识 问题解决 技术运用

综合上述分析可知,我国学生发展核心素养框架中融入了对科学本质的理解,并且涵盖了对科学知识、科学探究和科学事业三个维度的认识。但是本研究所进行的分析仅仅是对标科学本质相关内容,呈现碎片化分布,即缺少明确的理论框架作为支撑,并不构成较为完整的体系。

第二节　国际科学课程与教学中的科学本质内容分析

学校正规科学教育是发展学生科学素养的主要途径,在基础教育阶段尤为重要。因此,理解科学本质理应成为科学课程的目标之一。科学本质相关内容如何融入科学课程与教学,需要在进行科学课程顶层设计的过程中,进行充分地研究与论证。本研究在研究综述的基础上,选择美国、澳大利亚、英国、新加坡、韩国、新西兰和中国等七个国家,对其科学课程标准进行分析。分析方法上,Olson 在分析美国、加拿大、澳大利亚、南非等九个国家最新的科学教育标准的一项研究中,运用文本分析的方法分析有关科学本质的内容。在研究过程中,依据科学本质相关内容在标准文本中出现的位置分三个维度进行分析统计:一是标准陈述,以列表、图示等形式列出科学本质的概念,或在评价标准中明确列出,或者以其他方式作为学生学习的期望或结果;二是标题陈述,科学本质的相关内容出现在学生学习目标或内容要求部分,但不是正文内容,包括专栏标题、边栏说明,或者对实际标准的发展具有促进作用的科学本质的概念等;三是前言或后记,包括标准简介、学校课程中的科学原理、课程目的、发展或方向的陈述、附录、附加阅读以及扩展部分所涉及的科学本质相关内容[①]。本研究即采用上述文本分析方法,见下表 1.5,具体内容分析如下。

表 1.5　七国科学课程标准科学本质内容分布

国家	标准陈述	标题陈述	前言或后记
美国		√	√
澳大利亚	√	√	√
英国	√	√	√
新加坡	√		
韩国			
新西兰	√		
中国	√		√

---

① Olson J K. The inclusion of the nature of science in nine recent international science education standards documents[J]. Science & Education, 2018, 27(7): 637-660.

一、美国科学教育标准中的科学本质内容分析

美国在科学本质研究方面起步较早,积极将科学本质纳入科学课程标准和科学教育有关的相关文件标准中,如《国家科学教育标准》《K—12科学教育框架》《新一代科学教育标准》等。

(一)《国家科学教育标准》

1996年,NRC颁布的《国家科学教育标准》是美国科学教育领域第一份具有国家性质的科学教育标准,以往均为各州独立制定相关标准以指导科学课程的开设,《国家科学教育标准》对美国科学教育发展意义重大,推动了科学课程改革[①]。《国家科学教育标准》中明确设置了"科学史和科学本质"方面的内容,作为科学课程与教学的重要内容标准,要求"在学习科学的过程中,学生需要理解:科学反映了它自身的历史,并且是正在发生与改变的事业。有关科学史和科学本质的内容标准要求通过在科学教学中运用科学史来阐明科学探究的不同方面,人类对科学的作用方面,以及科学在不同文化发展过程中所扮演的角色等"。对于K—4年级而言,学生需要理解"科学是人类的努力";对于5—8年级而言,学生需要理解"科学是人类的努力""科学本质"和"科学史",有关科学本质的内容要求如下:

学生应该理解科学问题和其他问题之间的区别,认识科学和技术能为社会做出什么贡献。

科学家运用观察、实验、理论和数学模型来阐述和检验他们对自然的解释。虽然科学概念都是暂定的,在原则上是可以改变和改进的,但大多数科学概念具有大量实验和观察方面的证据支撑,这些概念在未来不太可能有较大改变。当科学家获得新的实验证据,且证据与现有的解释不匹配时,他们会改变有关自然的观点和看法。

在科学研究的热点领域,因缺少充足的实验或观察证据,科学家们对证据或正在研究的理论等存在分歧是正常的。不同的科学家所开展的科学研究工作有可能会存在矛盾,科学家的观点与看法也会存在分歧,若出现此种情况,最好是共同协商以寻求解决办法。

---

① 于杨.美国科学教师培养最新诉求、特征与发展趋势[J].比较教育研究,2014,36(11):24-29.

评价科学调查、实验、观察、理论模型和其他科学家提出的解释等的结果是科学探究的一部分。评价包括回顾实验流程、检查证据、分辨错误的推理、指出超出证据的陈述,并针对观察结果提出可供选择的解释。尽管科学家可能对现象的解释、数据的分析或对立理论的价值存在分歧,但他们之间存在的质疑、回应批判和开放交流是科学研究过程中不可或缺的组成部分。随着科学知识的发展,主要分歧最终会通过科学家之间的互动得到解决。

(二)《K—12科学教育框架:实践、跨学科概念与核心概念》

2011年,在NRC主持协调下,由美国科学教师协会(NSTA)和科学促进协会(AAAS)联合研制并颁布了《K—12科学教育框架:实践、跨学科概念与核心概念》,对美国下一阶段科学教育的发展提出了新愿景[1],主要表现在:一是以学习进阶统整科学教育课程;二是强化核心概念(包括学科核心概念和跨学科概念)在课程中的地位;三是突出科学与工程实践。在《K—12科学教育框架》研制过程中,关于科学本质的内容设置应该以明确的主题或概念出现在科学教学中,仅仅通过简单地实践是不会建立对科学本质的理解的,因此编写委员会决定在科学与工程实践部分融入科学本质的知识。

美国《K—12科学教育框架》要求,该框架的目标宗旨是帮助美国K—12教育阶段实现科学和工程教育的期望和愿景,其基本理念是倡导学生参与科学和工程领域各类实践活动,在此过程中,运用科学知识并以此掌握核心概念;与此同时,注重运用跨学科概念建立各个学科领域之间的网络联系,从而加深对核心概念以及跨学科概念的理解。为学生提供的学习经验应该让他们了解世界的基本问题以及科学家是如何研究和找到答案的。从幼儿园到12年级,学生应该有机会进行与学科核心概念相关的科学调查和工程设计项目。学生在12年级结束时,应该获得科学和工程领域中足够多的有关实践、跨学科概念和核心概念的知识,科学与功能实践能力,以及参与公共事务做出合理决策的能力。

(三)《新一代科学教育标准》

基于《K—12科学教育框架》,NGSS是以学科核心概念、跨学科概念以及科学与工程实践三维向度构建K—12年级的学习进阶路径,其目标包括:掌握

---

[1] 于杨. 美国科学教师培养最新诉求、特征与发展趋势[J]. 比较教育研究,2014,36(11):24-29.

足够的科学与工程技术方面的知识；在学校外的社会生活中能够继续学习科学知识，训练职业技能；所有学生能体会科学的重要性和价值；能针对相关问题进行公众谈论，在日常生活中成为科技信息方面的谨慎消费者。NGSS 指出，帮助学生理解科学知识的本质是科学教育的目标之一，通过 K—12 年级科学课程学习，学生应该理解科学知识、科学探究以及科学事业等维度的八个主题内容，即：科学研究或调查等所使用的方法有多种；科学理论、定律、规则、模型等主要是解释自然世界和物质世界的各种现象的；科学理论、定律、规则、模型等的产生是要有经验和证据作为支撑的；随着新证据的产生，科学知识需要进行不断修正；科学是一种探究事物本质、认识其运行与发展规律的方式；科学是以自然世界和物质世界具有一定秩序和一致性为基础的；科学需要人类共同体的努力；科学需要解决现实生活所存在的各种问题。八个主题中，既有主题扩展融合了科学和工程实践，如"科学解决自然世界和物质世界的问题"，又有主题扩展融合了跨学科概念，如"科学是一种认知方式"。具体而言，科学本质的相关内容要求有机融合进入到科学课程与教学的实践中，渗透到学生所开展的科学与工程实践活动中，以此来理解科学的本质，并形成良性增益循环，起到相互协调、相互促进的作用。例如，NGSS 5-LS2 生态系统要求学生开发一个模型来描述植物、动物、分解者和环境之间的物质运动，对应科学本质中"科学模型、定律、机制和理论解释自然现象"相关内容。与此同时，学生需要接触到"系统和系统模型"这一跨学科概念，以及生态系统中"生态因子之间的相互依存关系""物质循环和能量流动"等学科核心概念，三者自然结合，学生在科学实践的过程中，理解概念和科学本质[①]。

（四）分析结果

从《国家科学教育标准》到《新一代科学教育标准》，美国科学课程均将科学本质作为中小学生必须理解和掌握的知识，反映出理解科学本质是科学教育的重要目标和内容。比较两个版本的标准中关于科学本质的内容可知，NGSS 继承了《国家科学教育标准》中科学本质的核心内容，同时又基于相关科学研究成果发生了如下嬗变。

---

① 美国科学教育标准制定委员会. 新一代科学教育标准[M]. 叶兆宁，杨元魁，周建中，译. 北京：中国科学技术出版社，2020.

首先,由整体描述细化分解为核心概念。关于科学本质内容的描述方面,《国家科学教育标准》是进行整体描述的,并与科学史的内容融合在一起。NGSS 单独设置科学本质的内容,并且进行细化分解,形成了八个核心概念,要求学生通过科学学习建立对核心概念的理解和认识。这主要是因为美国在进行科学教育实践过程中,发现《国家科学教育标准》设置的内容,知识范围广,但深度不够,导致在科学教学中知识繁杂缺乏关联,难以形成系统。因此,科学教育需要聚焦学生在现实生活中最需要掌握的知识,以及对今后发展最为重要的核心概念。

其次,由主题内容聚焦各学段到基于概念的学习进阶。《国家科学教育标准》分 K—4 年级、5—8 年级和 9—12 年级三个学段设置内容标准,科学本质的内容在三个学段中各有侧重,例如,K—4 年级是"科学是人类的努力";5—8 年级是"科学是人类的努力"和"科学本质";9—12 年级是"科学是人类的努力""科学知识的本质"。每个学段都具有主题内容,虽然学段之间具有一定的连贯性,但是关注的主题不同,无法形成对科学本质内容螺旋上升式的纵向递进理解。鉴于此,NGSS 将学段分为 K—2 年级、3—5 年级、6—8 年级和 9—12 年级四段,针对不同学段设置与之相适应的科学本质核心概念内涵,以此建立理解科学本质的学习进阶,规定了每一个核心概念在四个学段上由低水平理解到高水平理解的具体要求,最终在 12 年级达成对科学本质八个核心概念的深度理解。

最后,由隐性教学转变为显性教学。研究表明,隐性教学(即将科学本质隐含在科学教学中)难以帮助学生理解科学本质,需要开展科学本质的显性教学,才能显著提升学生对科学本质的理解水平[①],该研究在一定程度上解释了为什么中小学生关于科学本质的理解大多为质朴水平。由此,NGSS 将科学本质的具体内容与学科核心概念和跨学科概念一样实施,以概念的形式呈现于各个学段的内容标准中,与科学与工程实践维度相结合,明确学生所要理解的科学本质相关内容。以显性的方式呈现科学本质的内容,使科学教师意识到帮助学生理解科学本质也是科学课程与教学的目标,并且明确所要教授给学生的具体内

---

① Khishfe R, Abd-El-Khalick F. Influence of explicit and reflective versus implicit inquiry-oriented instruction on sixth graders' views of nature of science[J]. Journal of Research in Science Teaching, 2002, 39(7): 551-578.

容,在设计教学过程中,有针对性地将其融入教学实践过程。

美国针对科学本质的科学研究和教育实践起步早,积累了大量的研究经验,可以为我国开展科学本质的教育研究、教育实践提供参考和借鉴。

二、澳大利亚科学课程标准中的科学本质内容分析

《澳大利亚课程》(The Australian Curriculum)的宗旨是帮助全体学生成为成功的学习者、自信和具有创造力的个体以及积极和理性的公民,它向教师、家长、学生和社区中的其他人员描述了要教什么,以及通过学校学习,学生能获得什么样的学习质量和预期效果。《澳大利亚课程》聚焦学科知识、能力和理解三大要素进行顶层设计,同时还注重优先培养学生的通识能力和跨课程学习能力。

澳大利亚科学课程标准(F—10)所涵盖的年级为幼儿园至十年级[①],在对科学本质相关内容的呈现方面,主要表现在课程目标与科学结构两个方面。

(一)课程目标方面

澳大利亚科学课程目标明确要求学生理解科学的本质,具体表现在:一是培养学生对科学的兴趣,并将其作为一种拓展好奇心和求知欲的方式,对身处变化的世界不断地探索、质疑和思索;二是理解科学作为一种认知方式,揭示生命体的本质,地球及其在宇宙中的位置的本质,以及解释所有物质行为的物理和化学过程的本质;三是理解科学探究的本质,具备使用一系列科学探究方法的能力;四是具备传播科学理解和发现的能力,基于证据论证观点的能力,评估和辩论科学论点和主张的能力;五是具备解决问题的能力,并对当前和未来的科学应用做出理性的、基于证据的决断,同时考虑伦理和社会等方面的影响;六是理解历史和文化对科学的贡献,以及当代科学议题和活动;理解与科学相关的职业的多样性;七是具备生物学、化学、物理、地球和空间科学等方面扎实的知识基础,包括能够选择和整合解释并预测现象所需的科学知识和方法,能将这种理解应用到新的情境和事件中,并能理解科学知识的动态本质。

(二)课程结构与内容方面

澳大利亚科学课程结构分为三个相互关联的分支,即科学理解,科学是一

---

① Australian Curriculum. Science Curriculum F-10[EB/OL]. [2020-12-28]. https://australiancurriculum. edu. au/download? view = f10.

项需要人类努力的事业和科学探究技能。综合来看,科学课程的三个分支为学生提供了科学理解、知识和技能。通过上述过程,学生可以逐步科学地理解和认识世界。此外,学生还需要开展科学而规范的调查研究,以此探索科学的概念、本质及其在现实生活中的应用。详见下表1.6。

表1.6 澳大利亚科学课程标准中科学本质相关内容

年级	科学本质	科学实践
F	科学包括对物体和事件的观察、提问和变化描述	
1和2	科学包括对物体和事件的观察、提问和变化描述	人们在日常生活中使用科学,包括在保护环境和生物的时候
3和4	科学包括作出预测和描述模式和关系	科学知识帮助人们了解其行为所产生的效果
5和6	科学包括通过收集数据检验预测,使用证据解释事件和现象;科学反映历史和文化的贡献	科学知识被用来解决问题并为个人和社区提供决策依据
7和8	科学知识改变了人们对世界的认识,并随着新证据的出现而得到改进;科学知识的发展可以通过跨学科合作,也需要来自不同文化背景的人们的贡献	利用科学和技术解决当代问题的方法可能会影响社会的其他领域,也可能涉及伦理人们在其职业中使用科学理解和技能,这些已经影响了人类的各项活动领域
9和10	科学理解,包括模型和理论,是有争议的,随着时间推移,通过科学界的审查而不断完善;科学理解的进步往往依赖于技术的进步,而且常与科学发现联系在一起	人们使用科学知识进行评估或决定自己是否接受主张、解释或预测;科学的进步会影响人们的生活,包括产生新的职业机会;当代社会的价值观和需求会影响科学研究的重点

(注:F指Foundation Year,即幼儿园阶段。资料来源:Australian Curriculum. Science Curriculum F-10[EB/OL]. [2020-12-28]. https://australiancurriculum.edu.au/download? view = f10.)

1. 科学理解

科学理解对应科学知识的掌握及其应用。只有在应用科学知识解决现实问题时,科学理解的重要性才会显现。例如,学生需要选择适当的科学知识,对其进行合理的组合,使之符合逻辑推理,以此解释或预测现实生活中的现象或问题。科学理解为学习者提供了内容知识,涵盖科学各学科领域的知识,学习者在合适的情境中学习这些内容知识,从而发展科学和技能的关键思想[①]。

---

① Australian Curriculum. Science Curriculum F-10[EB/OL]. [2020-12-28]. https://australiancurriculum.edu.au/download? view = f10.

2. 科学是一项人类努力的事业

人类通过科学增进对自然世界的理解和认识。科学涉及基于证据的解释的构建,科学知识会随着新证据的出现而改变。科学通过提出并回应社会和伦理问题来影响社会,科学研究本身也受到社会需求的影响。该分支强调关于科学的以下认识:科学是一种独特的认知和行为方式,科学在当代决策和解决问题中发挥重要作用;作出决策的过程中需要将伦理和社会影响等因素纳入考虑范围;科学的发展与进步需要不同文化背景、种族信仰、性别年龄的人共同努力与奋斗,而且有许多与科学相关的职业。

3. 科学探究技能

科学探究包括提出科学问题,设计并实施科学调查,收集并分析数据,反思并交流调查结果。这些科学探究技能可为学生提供研究工具,使其深入理解科学概念以及科学思维。科学调查是对一个问题的想法、预测或假设进行检验并得出结论的活动。所采用的方法取决于调查环境(科学是一项人类努力的事业)和主题(科学理解)。主要分为五个技能,提问和预测(questioning and predicting):识别并提出问题,作出假设并给出可能的结果;计划和实施(planning and conducting):决定如何调查或解决问题,实施调查,包括收集数据;处理分析数据和信息(processing and analysing data and information):以有意义和有用的方式处理数据,发现趋势、模式和数据之间的关系,使用这些证据验证结论;评估(evaluating):考量现有证据的质量以及与该证据相关的主张、命题或结论的价值或重要性;交流(communicating):通过适当的表达方式向他人传达信息或思想[①]。

(三)分析结果

对澳大利亚科学课程框架设计、目标设置、结果与内容确定等方面进行分析,结果显示,其科学课程重视学生理解科学的本质,通过科学课程的学习,学生应理解科学、应用科学,为其参与社会生活、生产实践等奠定基础。

首先,以促进学生理解科学为理念指导课程设计。澳大利亚科学课程顶层设计所基于的理念是为帮助学生认识科学的本质,课程总体目标要求学生理解

---

① Australian Curriculum. Science Curriculum F-10[EB/OL]. [2020-12-28]. https://australiancurriculum.edu.au/download? view = f10.

"科学是一种认识事物的方式""科学知识的不确定性""科学需要全体人类的共同努力""科学应正确处理其与社会伦理道德之间的关系"等,均是理解科学本质的要素内容。澳大利亚科学课程结构分为科学理解、科学是一项人类努力的事业和科学探究技能三个方面。框架中使用"科学理解"(scientific understanding)对应科学知识,而不是直接使用科学知识,其目的是让学生、教师和家长等认识到科学知识不是简单占有、机械获得,而是要深刻理解其内涵和本质。"科学是一项人类努力的事业"本身属于科学本质的重要维度,同时明确指出科学本质与科学史,科学的应用以及与人类生活、社会伦理等方面,阐述科学事业。"科学探究技能"重视理解探究的本质,认识到科学家的工作反映了科学的本质和发展。

其次,以学生认知发展规律为基础规划进阶路径。澳大利亚科学课程遵循学生的成长过程与认知发展规律,自幼儿园至十年级,设计了一贯制的科学课程。其中幼儿园为一段,一至十年级每两年为一段,每个学段均设计与之对应的科学课程目标。针对幼儿园阶段,科学本质内容重在"对物体和事件的观察、提问和变化描述"。即提出问题、观察、记录并描述等是科学最基础的方法,随后在此基础上不断增加科学本质相关内容以深化对科学本质的理解。这一过程伴随科学知识和科学探究技能的学习进阶,由此构成一个进阶整体,共同保障学生对科学的深入理解。

最后,以显性教学为主体方式开展有关科学本质内容的教育教学实践。澳大利亚科学课程强调学生通过学习科学建立对科学的理解,教师以显性教学为主进行科学本质相关内容的教育实践。一方面,将科学本质内容明确列入课程内容,在课程目标和课程结构中均设置了学生需要达成的对科学本质理解的目标和所要掌握的内容。例如,理解科学是一种认识事物的方式,解释所有物质行为的物理和化学过程的本质。另一方面,针对科学本质相关内容给出具体的教学活动设计,而不仅仅是简单地列出内容点。例如,六年级针对"科学包括通过收集数据检验预测,使用证据解释事件和现象;科学反映历史和文化的贡献"设计了如下活动:调查原住民和托雷斯海峡岛民在技术和工艺发展过程中如何检验预测和收集数据;学习原住民和托雷斯海峡岛民的知识,例如澳大利亚地区植物的药用和营养特性,如何被用作科学进步证据基础的一部分。科学本质内容明确列出并以具体活动的形式给出,对于教师而言,使其能够明确教学目标并准确把握教学重点,在引导学生开展学习活动的过程中,加强对科学本质内容的学习和理解;对于学生而言,他们能够清晰地把握学习内容,认识学习活动的目标导向,使学习过程更具可操作性。

三、英国国家科学课程方案中的科学本质内容分析

《英国国家科学课程方案》(简称《方案》)是英国一至十年级科学课程开设的标准,对其进行文本分析可知,英国科学课程重视学生理解科学的本质,从科学课程的目标到内容均给出了明确的规定和要求。

(一)课程目标方面

《方案》明确科学课程的理念宗旨,即学生通过学习科学课程建立对科学的理解和认识,包括科学概念、原理、模型,科学的本质、过程和方法,科学对社会、经济等所产生的作用。《方案》对以上几点进行综合,用"科学地工作"进行统领表述,并在课程内容设置部分分阶段细化标准要求。

首先,对科学知识和概念的理解。《方案》依据学生年龄与发展水平划分"关键期",基于此设置课程内容,学生在各个关键期中必须建立对科学知识和概念的深刻理解和认识,才能进阶到下一个关键期的学习,如果仅仅是浅层次的机械记忆,则难以实现学习进阶。在此过程中,学生可以将自己所学习的有关数学方面的知识应用于科学学习的过程中,从而帮助自身建立对科学的理解。

其次,对科学的本质、过程和方法的理解。该目标是科学课程的重心,是"科学地工作"的主体体现。《方案》指出,学生在科学学习过程中可以开展科学调查以收集数据和证据,然后通过分析数据来回答问题。与此同时,随着时间的推移而进行连续的观察;探寻事物发展的模式和规律;识别所收集的数据资料等,并进行分类和分组;开展具有比较意义的、公平的测试,如设置控制变量的调查;针对已有资料数据进行研究。

最后,科学与社会、经济等的理解。科学在社会和经济等领域的应用也可以深化学生对科学的理解,这就需要科学教师将其恰当地融入学校科学课程与教学过程中,通过创设恰当而合理的学习情境,激发学生学习科学的好奇心以及探索未知领域的求知欲,从而全身心地投入科学学习。

(二)课程内容方面

英国将基础教育分为四个关键期,针对各关键期设置相应的课程内容要

求,其中关键期 1 和 2 对应小学一至六年级。针对"科学地工作",各关键期的要求不同。关键期 1 对应小学一、二年级,学生应尝试探索周围的世界并提出自己的问题,开展一些探究和实践活动以回答问题。关键期 2 分为两个水平,较低水平对应三、四年级,学生需要学习一些科学方法、过程和技能;较高水平对应五六年级,学生需要探索不同的想法,提出不同类型的问题,并能选择最合适的探究方式来回答科学问题。关键期 3 从科学态度、实验技能和调查、分析和评价以及测量等方面要求学生进行科学地工作。关键期 4 要求学生进行科学地工作需要关注四个方面:科学思维的发展,实验技能和步骤,分析和评估,以及认识科学有关的词汇、单位、符号和术语等。关键期 3 和 4 对应七至十年级,在此不展开讨论。

(三) 分析结果

综合分析英国科学课程关于科学本质内容的设置与呈现可知,英国科学课程是以对科学的理解和应用来统整科学教育,让学生通过科学课程的学习能够开展"科学地工作"。

首先,在内容设置方面。《方案》明确将科学本质的理解设置为课程目标之一,并在课程内容的设置中,将科学本质的相关内容要求放置于每个关键期的第一部分,并给出严格的课程与教学实施要求。在课程方案中,以理解科学的本质、开展科学地工作等为课程宗旨和理念,充分体现了英国国家科学课程对于学生理解科学、应用科学的重视程度。

其次,内涵要求方面。《方案》对科学本质内涵要求的界定是与其设置"科学地工作"相关联的,即重视在实践应用中理解科学的本质。因此《方案》在关键期 1 和 2 中直接列出具体的内涵要求,没有进行归类或概括,而是到了关键期 3 和 4 中进行具体的归类。具体特点表现为:一是内涵要求具体而细致,具有较强的可操作性。以行为陈述的形式进行设置,方便学生和教师理解,明确如何进行"科学地工作",更有利于将科学本质的内容落实到教学中。例如,提出简单的问题并认识到这些问题可以有不同的回答。二是以科学探究为主体,重视实践与应用。《方案》对科学本质内容的设置,强调了科学问题的提出与解决,并指出要通过科学探究的方式,开展调查或测试,收集数据并分析,从而得出结论回答问题。三是重视学习进阶。《方案》针对不同关键期设置不同的内容,充分考虑学生的年龄阶段和发展水平,设置与之相适应的科学本质内容,并随着学生的成长与发展逐渐加深与强化。

最后,教学指导方面。《方案》指出,虽然各个关键期中关于"科学地工作"内容单独设置,但是要始终贯穿科学课程与教学实施,将其明确地与生命科学、物质科学、地球与空间科学等领域的内容紧密联系在一起,即在学习科学知识的过程中建立对科学的本质的理解,或者说是在科学地开展学习的过程中掌握科学知识、概念与技能。

四、新加坡科学课程大纲中的科学本质内容分析

新加坡教育部于 2014 年颁布《小学科学课程大纲》(Science Syllabus Primary,简称《大纲》),其是在新加坡小学阶段教育目标——"为明天做准备"的指导下,确立课程目标,选择课程内容,通过科学课程学习,为学生的生活决策和职业选择等提供依据和指导。《大纲》框架见图 1.5,其核心是科学探究,即作为一种探究的科学,从知识理解与应用、技能与过程、道德与态度三个维度展开,以期将科学探究的理念宗旨和精神内核融入日常生活中,使学生成为科学探究者,教师则扮演科学探究的引领者①。基于此,《大纲》以科学探究为统领,给出了如何开展探究教学的具体建议。

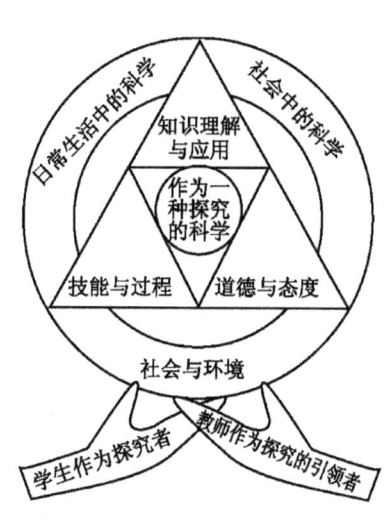

图 1.5 新加坡科学课程大纲框架

《大纲》中没有明确出现科学本质的概念,但是在具体内容设置中,则体现了对学生理解科学本质的相关要求,下面进行分析。

第一,重视理解与应用。新加坡科学课程重视对知识的理解和应用,以此促进学生在实践中应用科学知识。另一方面,《大纲》重视科学与日常生活、社会的融合,即科学的应用落地于社会生活和生产实践,同时要注意科学与环境之间的关系,形成可持续发展。

---

① Ministry of Education Singapore. Science Syllabus Primary[EB/OL]. [2021-03-05]. https://www.moe.gov.sg/primary/curriculum/syllabus/.

第二,强调理解科学探究。新加坡科学课程以科学探究为统领,《大纲》要求科学教学与学习均需要通过探究,要理解什么是科学探究,并指出科学探究是科学家和学生参与研究自然和物理世界的活动和过程并对其进行综合概括,理解科学探究由两个关键因素组成:一是内容,即理解我们所生活的世界是什么;二是过程,即理解我们所生活的世界是如何运行的。理解科学探究不仅仅是掌握科学研究的事实和结果,还需要了解科学研究的成果是如何产生的,在此过程中,学生应积极提出与其日常生活、社会和环境有关的问题,参与证据的收集和使用,依据科学知识构建解释。

第三,注重研究方法的灵活运用。进行科学探究需要选用合适的科学研究方法,《大纲》给出了进行科学探究常用的多种研究方法,见下表1.7。与此同时,《大纲》还指出所列技能没有固定的组合形式,或者优先使用顺序;科学探究的过程也不需要按照一定的步骤,没有明确的先后顺序。在研究过程中,需要依据具体的情况,灵活决定技能的选择和过程。例如,某些情况下观察可能导致假设,但在其他情境里,假设可能导致观察。虽然如此,不管选用何种技能,呈现何种过程,都是在进行科学探究。上述说明体现了对科学探究的理解,即科学研究的方法多种多样,科学探究不遵循固定的程序或步骤。

表1.7 新加坡科学课程大纲"技能与过程"列表

技能与过程	通过以下方式参与事实、现象或问题	通过以下方式收集和提供证据	通过以下方式推理、解释信息和证据
技能	作出假设 创造可能性 预测	观察 使用仪器和设备	对比 分类 推断 分析 评估
	沟通		
过程	创造性地解决问题、调查和决策		
探究的基本特征	问题	证据	解释连接
	沟通		

(资料来源:Ministry of Education Singapore. Science Syllabus Primary[EB/OL].[2021-03-05]. https://www.moe.gov.sg/primary/curriculum/syllabus/.)

五、韩国科学与教育课程标准中的科学本质内容分析

韩国教育部于 2015 年颁布新修订的小学科学课程标准——《韩国科学与教育课程》①(《과학과 교육과정》,简称《科教课程》),标准中有涉及科学本质的内容,主要体现在科学与科学家的特点以及科学的好奇心等方面。对《科教课程》进行分析,其对科学本质的体现和融入表现为如下特点。

第一,对科学课程的整体定义体现了对科学的理解。《科教课程》的总体目标是发展学生的科学素养,其基础是理解、应用科学。《科教课程》指出,科学的目标在于确保每一个学生都能理解科学概念,具有开展科学探究的能力,提高其科学素养,科学和创造性地解决个人和社会问题的课程。学生需要理解科学知识与概念;理解科学探究过程,并运用科学解决各类问题;认识科学和社会的正确关系,以此提升科学素养。

第二,以科学探究为中心发展各类科学能力。《科教课程》列出了学生需要发展的各类科学能力,包括:科学的思考力、科学的探究能力、科学问题的解决能力、科学的沟通能力、科学的参与和终身学习能力等。这些能力的发展需要通过科学探究,在探究的过程中建立对各类知识、概念、方法、过程与技能等的理解,积累探究经验,进而促进能力发展。例如,科学思考力是探索科学主张和真相过程中所必备的能力,包括科学的世界观和自然观,科学的知识和方法,以科学的论据和理论为基础,合理地进行逻辑推论的能力,对推理过程和验证进行批判考察的能力,产生各种独创构思的能力等;科学探究能力是指为解决科学问题,通过实验、调查、讨论等多种方法收集、解释、评价证据,从而得到新的科学知识的能力。

第三,理解科学是融入社会共同体的基础和保障。学生为了成为社会共同体的一员,需要发展科学参与其终身学习的能力,要行动起来,运用科技处理社会组织问题,参与社会决策过程,适应新的科技环境。在此过程中,学生需要具备科学知识与技能,知道如何运用科学知识与技能,同时在运用的过程中,还应注意正确处理科学、技术与社会之间的关系,遵循科学伦理与道德规范等,这些均需要建立在对科学本质的理解和认识的基础之上。

---

① 韩国教育部. 과학과 교육과정(科学与教育课程)[EB/OL]. (2015-09-23)[2021-03-05]. https://www.moe.go.kr/boardCnts/view.do?boardID=294&dev=0&statusYN=C&s=moe&m=0204&opType=N&boardSeq=60753.

六、新西兰科学课程中的科学本质内容分析

2007年,新西兰颁布了《新西兰课程》(*The New Zealand Curriculum*),是新西兰旨在培养学生核心素养而开展课程改革的关键性文件。针对科学课程的标准中,将科学本质的内容对接核心素养,直接列为科学课程的目标和内容,同时将1—13年级分为八个水平,分水平设置学习内容,其中水平1—3对应小学阶段(1—6年级)。

(一) 课程目标方面

新西兰科学课程标准将对科学本质的理解列为第一个重要的课程目标,设置在生命世界、地球与宇宙、物理世界和物质世界等领域之前,其目的是以对关于自然科学的知识——科学的本质为统一指导,促使学生在学习科学的过程中,建立对科学整体及其所包含的各个领域的深刻理解和认识。课程目标将科学本质分为四个维度:关于科学的理解(understanding about science)、科学中的调查研究(investigating in science)、科学中的交流(communicating in science)、参与和贡献(participating and contributing)。

(二) 课程内容方面

新西兰科学课程标准在课程内容设置方面,也将科学本质的相关内容设置在各个水平的最前列,其水平1至水平3的具体内容要求见下表1.8,各个水平相对应的科学本质内容,既有交叉又有不同,随着水平的递增而递进,即学习进阶,见下图1.6。

表1.8 新西兰科学课程标准小学阶段学生需要达到的科学本质理解水平

维度	水平1和2	水平3
关于科学的理解	知道科学家针对我们生活的世界提出问题从而进行科学研究;开放性思维是十分重要的,因为一个问题可能有多种解释	知道科学是一种解释世界的方式,科学知识会随着时间的推移而改变;分辨科学家们一起工作以提供证据支持其想法的相关方式
科学中的调查研究	通过探索、游戏、提问和讨论简单模型等方式,拓展学生的经验和对自然世界的个人解释	以先前的经验为基础,一起合作分享和检验自己和他人的知识;提出问题,寻找证据,探索简单的模型,并进行适当的调查以得出简单的解释

(续表)

维度	水平 1 和 2	水平 3
科学中的交流	建立自己的语言,理解自然世界可以有多种表现方式	开始使用科学符号、术语和词汇;接触一些科学文献并开始询问其目的意义
参与和贡献	探索并阐释解决与科学学习有关的日常生活问题	运用不断积累的科学知识来审视与之有关的议题;探索议题的不同方面,针对可能的行动做出决定

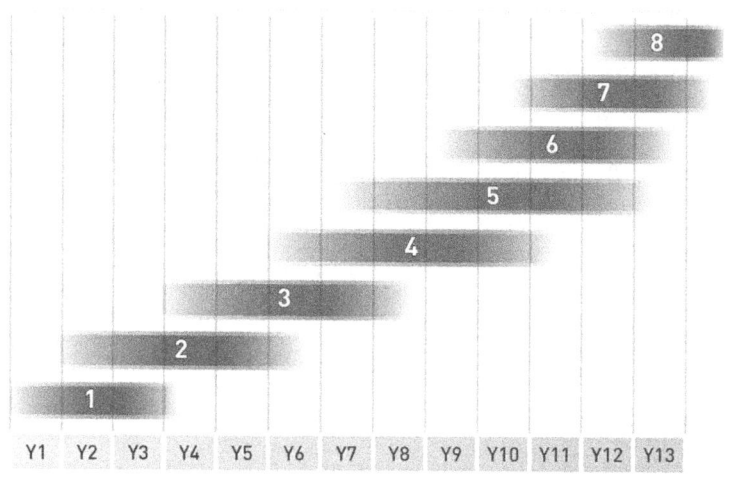

图 1.6　新西兰科学课程标准年级与水平之间的递进关系示意图

(资料来源:New Zealand Ministry of Education. The New Zealand Curriculum Achievement objectives by level[EB/OL]. (2017-12-08)[2021-03-06]. https://nzcurriculum.tki.org.nz/The-New-Zealand-Curriculum.)

(三) 分析结果

对新西兰科学课程标准进行分析可知,其中科学本质相关内容呈现如下特点:

第一,明确将科学本质相关内容设置为课程目标并对接核心素养。对新西兰科学课程标准中课程目标和科学内容的分析结果可知,新西兰科学课程是以建立学生对科学本质的理解为总目标,并以此统整各学段的科学课程。

第二,设置对科学整体、调查、表达交流和参与应用的理解为主体内容。新西兰科学课程的目标和内容均以科学的理解、科学中的调查研究、科学中的交流、参与和贡献四维度为基础。一是重视对科学整体的理解。对科学的理解要求学生对科学建立一个整体系统的宏观认识,能够认识到科学是一种解释世界的方式,解释是多种多样的,且会随着时间的推移而发展改变。二是强调科学调查研究。科学中的调查研究对应科学探究,重在学生提出问题、探寻证据、建立模型、得出解释。三是关注科学表达与交流。新西兰科学课程格外重视学生掌握科学话语、术语和词汇等,因为它们是进行科学表达与交流的基础,不管是口头表达还是书面呈现,运用准确而简明的科学词汇、术语概括出自己所发现的问题、开展的调查研究、获得的证据以及得出的结论等,都是科学研究的基本功,也是与其他科学家进行正常交流的基础。四是注重科学应用与实践。要求学生发现和解决现实生活中的问题,并运用所学关于科学的知识做出正确的解释和准确的判断。

第三,构建螺旋上升式的科学本质学习进阶路径。新西兰科学课程标准设置八个学习水平,涵盖1至13年级,相邻学习水平之间并不是完全割裂的,而是相互交叉联系,同时又随着水平的提升而进一步加深对科学本质的理解,以此构建了一种螺旋式上升的学习进阶路径,帮助学生逐步深入地建构对科学本质的理解和认识。

七、中国《义务教育小学科学课程标准(2017年版)》中的科学本质内容分析

2017年,我国颁布了《义务教育小学科学课程标准(2017年版)》(简称《标准2017》),明确指出科学本质是科学素养重要的组成部分,虽然没有对科学本质的内涵介绍和内容设定等,但已将科学本质的相关内容渗透进科学课程的目标和内容设置中[①]。此外,《标准2017》中"倡导探究式学习"是课程基本理念之一,并将科学探究设置为科学课程四大课程目标之一,由此可见,科学探究能力的培养亦是科学素养中的核心内容。

(一)课程性质和理念方面

《标准2017》规定了我国小学科学课程的基本性质,即小学科学课程具有基础性、实践性和综合性等三大基本特性,在具体要求方面体现了对科学知识和科学探究的理解,以及科学能力和科学态度的培养。第一,理解基本的科学

---

① 刘恩山,曹保义. 义务教育小学科学课程标准解读[M]. 北京:高等教育出版社,2017.

知识。知识方面包含两个层面：一是自然科学各学科领域的知识，是人们认识和解释自然世界各种现象的基础；二是关于自然科学的知识，即自然科学领域的知识是如何产生与发展的，是人类求真的过程。第二，理解科学探究并提高科学能力。科学探究是科学家工作的基本方式，学生需要认识和理解科学探究过程中所使用的具体方法和技能，能够基于观察发现并提出简单的科学问题，并运用所学习的科学知识和科学方法、技能等尝试解决问题。在进行科学探究和实践活动中，提升科学探究能力、科学问题发现与解决能力、科学思维水平等综合能力。第三，注重同伴交流与合作。在科学态度的培养方面，要注重交流、合作等。学生需要理解科学研究离不开交流与讨论，研究的过程与结果需得到其他科学家或研究者的认可。科学研究不是一个人的单打独斗，而是需要人们的合作与互助。

课程基本理念方面，科学本质体现在：一方面，基于探究式教学和学习促进学生理解科学探究。我国小学科学课程"倡导探究式学习"，《标准2017》指出，学生需要认识到科学探究是人们认识自然、解释自然，获得科学知识的重要方法。此外，还需要认识到科学探究的主要特点：一是科学是以证据为基础的，科学探究的过程需要搜集数据和证据；二是要结合先前的研究经验，在此基础上，对各种数据和证据进行综合分析，运用逻辑推理得出结论；三是科学研究的结果需要向科学研究领域的其他科学家公开，接受质疑，进行不断地改进和优化。另一方面，基于科学主题培养学生对科学本质的理解和认识。通过设置学生喜欢的学习情境，将科学本质的内容融入的科学教学过程中，使学生始终保持对科学的好奇心和求知欲，在此基础上，开展科学探究与实践活动，提高科学能力，掌握科学知识，培养科学态度，理解科学本质。

（二）课程目标方面

我国科学课程的总目标是培养学生的科学素养。理解科学的本质是发展科学素养的重要部分，表现在：了解科学知识，发展科学探究能力，运用科学语言进行交流和沟通，尊重事实与证据，与他人合作互助，了解科学、技术、社会和环境的关系等。在课程分目标层面，科学本质的主要内容集中分布在科学探究这一课程分目标范畴。

第一，科学知识的确定性与暂定性。《标准2017》指出，学生"初步了解通过科学探究达成共识的科学知识在一定阶段是正确的，但是随着新证据的增加,会不断完善和深入,甚至会发展变化"体现了科学知识的"确定性"和"暂定性"特点。

第二,科学探究是问问题和解决问题的过程。《标准2017》指出,科学探究需要围绕已提出和聚焦的问题设计研究方案,暗含了科学探究起始于科学问题的提出,基于科学问题进行研究假设,进而设计研究方案。因此,学生们需要理解科学探究开始于科学问题。另外,科学探究的过程是运用科学研究方法搜集和寻找各种证据的过程,科学家需要对证据进行分类处理,通过归纳与概括,逻辑推理分析,得出结论,进而解决问题。在此过程中,还应充分发挥人们的创造力和想象力。

第三,科学研究方法是多种多样的。开展科学探究所运用的研究方法有许多,其中观察和实验是最基本的研究方法。在探究的过程中,需要依据具体的情况,合理选用研究方法,而不是局限于某一种研究方法。

第四,科学表达和交流是必要的。科学家通过科学探究获得的结论,需要对外公布以接受来自同行的质疑与评价,其基础是使用准确的科学话语将探究过程、结果和结论等有效地表达出来,使同行能够理解。通过交流与评价,对不足的地方进行进一步的研究,直至达成共识。

第五,正确对待科学、技术、社会与环境之间的关系。《标准2017》指出,学生应该理解科学知识在日常生活中的应用,给人们的生活带来的便利,以及推动了社会、经济等的发展;同时人们的活动也会对生活条件、自然环境以及社会发展等产生巨大的影响。在此过程中,应注意科学与技术的应用可能带来的伦理道德问题,科学应遵循社会道德规范,而不是无所限制的。

此外,在课程分目标的设置上,我国小学科学课程分为三个学段并给出具体的目标要求,即设置与1至2年级、3至4年级和5至6年级各学段对应的课程分目标,体现了学习进阶的设计理念。

(三)课程评价方面

《标准2017》给出了评价建议,指出评价的内容除了科学知识的掌握以外,还应考查学生对科学探究的方式的理解情况、科学探究能力以及科学态度等。第一,进行科学观察与提问。学生应该掌握科学的观察方式,基于科学观察,提出科学问题。作为科学本质理解的基本内容,提出科学问题是开展科学探究的基础,是评价学生的要点。第二,开展科学调查。基于科学问题,设计研究方案,选择合适的研究方法开展调查研究,以此搜集证据。评价应重视学生对于证据的搜集与处理分析,以此显示其对科学基于证据的理解。第三,注重科学交流与讨论。学生能够顺利地表达出自己进行科学探究的过程与结果,这也是进行科学探究的重要组成部分。此外,评价建议还要求评价学生对科学、技术、社会与环境四者之间的相互关系的理解。

综合上述,针对美国、澳大利亚、英国、新加坡、韩国、新西兰和中国等七个国家科学课程标准的分析,聚焦小学阶段科学本质的主要内容及其呈现特征,关注其在课程目标与课程内容中的表现,其主要内容见下表1.9。七国小学阶段科学课程对科学本质内容的设计表现出如下特点:其一,重点关注小学生对科学知识和科学调查(探究)的理解。此方面主要包括科学知识的获得需要基于证据,科学探究包括提出科学问题、作出相关假设、开展科学调查、收集数据等,科学研究的方法有许多种。其二,强化小学生对科学与技术、社会之间关系的认识。即正确理解科学的应用所带来的影响,并在遇到相关问题时,能运用所学科学知识与技能做出合理的判断与决策。其三,不同国家对科学本质内容设计的侧重点不同。如英国以"科学地工作"为统领,新加坡以"探究"为中心,新西兰强调"科学中的交流"。概言之,设置与小学生发展相适应的科学本质相关内容是小学阶段科学课程的重要内容。

表1.9 七国科学课程标准中的科学本质主要内容(小学阶段)

科学本质相关内容	美国	澳大利亚	英国	新加坡	韩国	新西兰	中国
科学家研究自然和物质世界的各种现象	√	√				√	
科学既是一种知识体系,又是增长新知识的过程体系	√					√	
科学家们寻找因果关系来解释自然现象	√					√	
科学知识帮助人们认识世界	√	√		√			√
科学是一种认识事物的方式	√	√				√	
科学模型、定律、机制和理论等解释自然现象	√					√	
科学家在观察世界时寻找模式和秩序	√	√				√	√
科学知识是基于经验证据的	√	√		√	√	√	

（续表）

科学本质相关内容	美国	澳大利亚	英国	新加坡	韩国	新西兰	中国
科学知识不是绝对真理，会基于新证据而发生改变	√					√	√
科学假定自然系统具有秩序和一致性	√						
科学知识在个人或团体做决定时提供信息			√		√	√	
运用不断积累的科学知识来审视与之有关的议题						√	
科学探究是科学家工作的基本方式							√
科学调查始于一个问题	√		√			√	√
科学问题可以有不同的回答			√			√	
科学调查的方法多种多样，科学家使用不同的方法研究世界	√	√	√	√		√	√
科学解决自然世界和物质世界的问题		√	√		√	√	
科学假设现在发生的自然事件和过去是一样的	√						
收集并识别科学证据			√			√	√
科学研究的过程与结果需要与其他科学家及时交流和沟通					√		
科学家们用图示、示意图和模型作为交流的一种方式	√		√				
使用科学符号、术语和词汇；接触一些科学文献并开始询问其目的意义						√	
科学需要人类共同的努力	√	√					
科学家和工程师大多是以团队来进行工作	√				√	√	√
科学影响日常生活	√						√
人们在日常生活中使用科学			√		√		√
创造力和想象力对科学很重要	√				√	√	
不同性别、不同背景的人都可以成为科学家和工程师	√						
识别与简单科学思想和过程相关的差异、相似之处或变化			√				
科学与技术、社会、环境之间要形成可持续发展					√	√	√
科学要遵循伦理道德规范					√		√

第三节 国际科学教育大型测评项目中科学本质内容分析

PISA、TIMSS 和 NAEP 是全球范围内三大主要教育质量评估项目,其测评结果也备受各国重视,被作为各个国家教育改革相关政策、制度制定和实施的重要参考。科学本质在各测评项目中如何体现?基于该问题,本研究聚焦科学本质内容分析三大测评的框架。

一、PISA 中的科学本质内容分析

国际学生评估项目(PISA)是 OECD 负责开展的大型国际测评项目,主要测评学生的阅读素养、数学素养和科学素养,该项目也会关注教育整体环境以及教育公平等方面,其研究对象是即将完成义务教育的平均年龄在 15 岁的学生。PISA 在 1995 年被提出,OECD 经过近五年时间的酝酿和准备,于 2000 年正式进行了第一轮测评,在此以后 OECD 每隔三年开展一次测评,每次聚焦测评一个素养,但其余两个素养也会同时进行测评,至今已经成功进行了 7 次,具体见下表 1.10。

表 1.10 PISA 测评开展年份及主要测评的素养

年份	2000	2003	2006	2009	2012	2015	2018
聚焦测评素养	阅读	数学	科学	阅读	数学	科学	阅读

评估的内容也在不断演化,2000 年涉及生物、物理、化学、地理、宇宙等科学知识,2003 年涉及的内容增加了基因控制、生态系统、地球及其在宇宙中的地位等,2006 年将这些知识统一为关于自然界和科学的知识,到 2009 年将评估的内容设置为关于自然世界和科学自身。可以看出 PISA 对于科学素养的测评重心从具体的科学知识测评逐渐转移到对于科学本质的测评。在 PISA 的测评框架中的能力部分以及科学知识(内容性知识、程序性知识、认识性知识)部分较多的涉及科学本质。但 PISA 不是专门针对科学本质的评估项目,而且对于研究对象的年龄有限制,不能普遍用于学生科学本质测评。

本研究选择 PISA 2006 和 PISA 2015 的测评框架进行分析，主要是因为 PISA 2006 和 PISA 2015 重点测评学生的科学素养，其他年份的测评虽然也进行科学素养方面的测评，但是其框架与 PISA 2006 和 PISA 2015 相似。此外，PISA 2015 在科学素养测评框架方面进行了较为明显的改革和创新，体现了国际科学教育领域对科学素养研究的最新研究动态和成果。

（一）PISA 2006 测评框架中科学本质内容分析

PISA 2006 在制定有关科学素养的测评框架时，首先对科学素养的内涵进行界定，对于 15 岁的学生所要发展的科学素养，重点关注这样一个问题："在当今科学和技术潮流中，学生需要知道、重视和能够做什么？"该问题涉及学生的知识、价值观和能力，即学生应该能够：识别科学议题（identify scientific issues）、科学地解释现象（explain phenomena scientifically）、使用科学证据（use scientific evidence）。上述三点要求学生在应对与科学相关的议题时，能展现其知识和认知能力，此外还应体现出正确的态度、价值观和动机等。

PISA 2006 对个人所应具备的"科学素养"做出如下四点具体要求：具备科学知识，并运用这些知识识别问题、获取新知识、解释科学现象，得出科学相关议题的循证结论；理解科学的典型特征，即一种人类知识和探索的形式；意识到科学技术如何塑造我们的物质、理智和文化环境；作为具有反思意识的公民，愿意参与科学相关议题和科学思想活动。进一步归纳为四个方面：一是情境（context），认识到科学和技术融入生活各个方面；二是知识（knowledge），基于科学知识认识自然世界，科学知识既包括关于自然世界的知识，也包括关于科学本身的知识；三是能力（competencies），展现各种能力，包括识别科学议题、科学地解释现象以及根据证据得出结论；四是态度（attitudes），体现在对科学所产生的兴趣，对科学探索的应用与实施，对自然环境等所应承担责任的各种行为。情境、知识、能力与态度四者之间的关系，见下图 1.7。

"科学知识"（scientific knowledge）一词在 PISA 2006 框架中包含两个方面："科学的知识"和"关于科学的知识"。其中，科学的知识是指物理、化学、生物科学、地球与空间科学、工程技术等自然科学领域的主要知识；"关于科学的知识"是指有关科学研究和探索所采用的方法以及所要达成的目标的知识，也就是指科学本质。

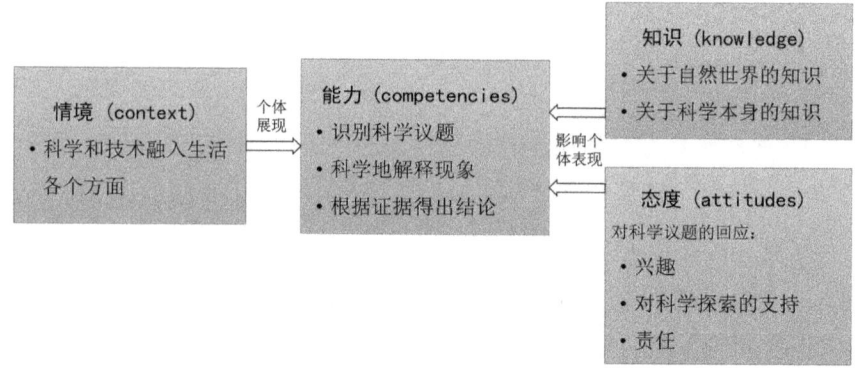

图 1.7 PISA 2006 测评框架

测评框架对"关于科学的知识"的描述主要从"科学探索"(scientific enquiry)和"科学解释"(scientific explanations)两个类别展开：第一，科学探索，探索（探究）是科学过程的中心，是科学过程各个构成要素的核心，科学家采用合适的研究方法开展科学探索，从而获得所需要的数据；第二，科学解释，即科学家综合分析科学探索过程中所获得的数据，形成证据，并基于多方证据得出结论。

PISA 2006 测评框架对科学本质的测评表现出如下特点。

第一，科学本质在科学素养测评中占据重要地位。理解科学本质是科学素养测评的具体指标。因此，PISA 2006 测评框架将科学本质内容纳入科学素养测评框架，以学生对科学的理解和认识来衡量学生科学素养发展水平。

第二，以显性方式设置科学本质的测评模块。PISA 2006 测评框架中将科学本质相关内容以"关于科学的知识"的形式置于"知识"方面的测评，占"知识"方面整体比例的 35%～40%，同时编制针对科学本质内容的测评题目。由此可见，科学本质在科学素养测评中所占据的重要地位。

第三，聚焦科学探索和科学解释两个内容维度。在具体内容上，PISA 2006 测评框架主要关注科学本质的两个方面，即科学探究和科学解释，在"知识"方面分别占 15%～20%。PISA 2006 在科学本质方面测评的侧重点在于学生对科学探究过程与方法、科学研究过程所取得的数据证据的处理以及结果分析等。

（二）PISA 2015 测评框架中科学本质内容分析

PISA 2015 测评框架对科学素养的界定仍然从"三维度四方面"来展开，在具体的表述上发生了变化。首先,总体描述方面,框架指出"科学素养是作为具有反思意识的公民参与科学相关议题和科学思想活动所应具有的能力"。其次,内涵维度方面,包括:科学地解释现象、评估和设计科学探究、科学地解释数据和证据。在制定科学素养测评的框架时,PISA 2015 依然分为情境、知识、能力和态度四个方面(图 1.8)。

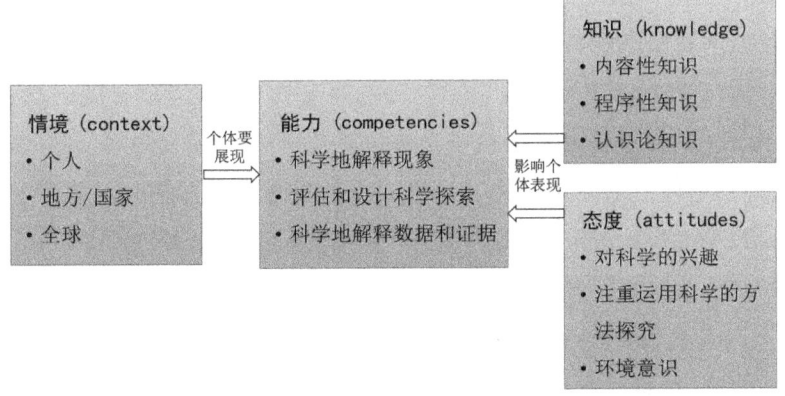

图 1.8　PISA 2015 测评框架

PISA 2015 测评框架对科学本质的测评表现出如下特点。

第一,以科学认识论作为科学本质测评的指导理念。PISA 2015 测评框架依然将理解科学本质看作发展科学素养的重要内容,在对科学本质的认识方面,以科学认识论作为理论指导,聚焦科学作为一种认知方式。学生理解科学本质的重要体现在于能够掌握这种科学认知方式,以此指导其参与各项科学活动、应对科学方面的议题。

第二,以融合方式测评科学本质相关内容。PISA 2015 测评框架中,科学本质内容不单独设置为测评模块,而是将其融入"知识"维度进行统一测评,其中认识论知识对应科学本质相关内容。在占比方面,程序性知识占 19%～31%,认识论知识占 10%～22%,可见,对于科学的认识方面仍是 PISA 2015 科学素养测评的重要内容。

第三,聚焦科学结构和定义特征两个方面内容。在具体内容上,PISA 2015 测评框架主要聚焦科学的结构和定义特征。科学的结构关注科学的构成要素的本质,包括观察、事实、假设、模型和理论的本质,此方面同样重视科学方法和科学解释。科学的定义特征则强调科学区别于技术以及其他方面的本质特征，科学的价值及其在解决社会议题方面所发挥的作用。概括来说，PISA 2015 测评框架对科学本质的测评，除了关注科学方法和科学解释外，增添了科学与技术、社会等方面的关系。

二、TIMSS 中的科学本质内容分析

国际数学和科学教育趋势评估（TIMSS）是由国际教育成就评价协会发起并组织的国际学生学业评估项目，自 1995 年起实施，每四年开展一次，最近一次为 2019 年。TIMSS 主要评估义务教育阶段学生科学和数学两门学科的学业成就，测评结果反映四年级和八年级学生的科学素养和数学素养发展水平。

TIMSS 科学素养评测分为两个领域，科学内容领域（science content domains）和科学认知领域（science cognitive domains）。关于科学本质的测评，TIMSS 在科学素养测评框架中也有明确规定，重点关注学生对科学探究和科学实践的理解，在具体实施中该部分内容主要融入内容和认知两领域。

TIMSS 2007 和 TIMSS 2011 聚焦学生对科学探究的理解，测评框架指出，四年级和八年级的学生需要掌握关于科学本质和科学探究的一般知识，包括科学知识会发生改变，验证科学知识时使用不同类型的科学调查的重要性，基本"科学方法"的使用，结果的交流，以及科学、数学和技术之间的相互作用。除上述常识外，学生还需要展示科学探究过程中所应具备的技能和能力，包括：提出问题和作出假设（formulating questions and hypotheses）、设计调查（designing investigations）、处理数据（representing data）、分析和解释数据（analyzing and interpreting data）、得出结论并发展解释（drawing conclusions and developing explanations）[1][2]。自 2013 年美国公布《新一代科学教育标准》，TIMSS 由关注科学探究转向科学实践，在 TIMSS 2015 和 TIMSS 2019 测评框架中明确列出科学实践的主要测评内容。这些科学实践是在科学内容领域情境下进行评估的，主要集中于认知领域中特定的思维过程开展评估。TIMSS

---

[1] TIMSS & PIRLS International Study Center. TIMSS 2007 Assessment Frameworks [EB/OL]. [2020-12-29]. https://timssandpirls.bc.edu/TIMSS2007/frameworks.html.

[2] TIMSS & PIRLS International Study Center. TIMSS 2011 Assessment Frameworks [EB/OL]. [2020-12-29]. https://timssandpirls.bc.edu/timss2011/frameworks.html.

2015 和 TIMSS 2019 主要关注科学实践的五个方面的内容,即依据观察提出问题(asking questions based on observations)、生成证据(generating evidence)、处理数据(working with data)、回答研究问题(answering the research question)和基于证据形成论点(making an argument from evidence)。

TIMSS 测评框架对科学本质的测评表现出如下特点。

首先,体现对学生关于科学本质的理解的测评,聚焦对科学探究(科学实践)的理解。TIMSS 重在反映学生科学学习的学业质量水平,因此其测评框架聚焦科学内容和认知两大领域,对于科学本质理解的测评主要融合在两个领域的内容中,尤其是认知领域的推理维度。而在具体内容方面,虽然框架中提出学生需要理解科学知识的本质等,但重点还是落脚于对科学探究的理解,涵盖了问题、假设、证据和解释等重要维度。

其次,由重视科学探究转向强调对科学实践的理解。这主要是因为美国《K—12 科学教育框架》和《新一代科学教育标准》强化了学生参与"科学与工程实践"的重要地位[1]。虽然"科学探究"变成了"科学实践",但是科学实践是对科学探究的传承与发扬,科学探究的构成要素也是科学实践的重要组成部分[2]。在内涵上,虽然都包含五个指标,但指标发生了变化,科学探究注重探究步骤的完整性,其弊端是容易使教师和学生落入僵硬化的操作步骤中而忽略探究本身的意义内涵。科学实践注重基于证据的解决问题,使学生聚焦问题与证据,而不是局限于程序步骤。

最后,更加关注学生对科学家所做科学研究的理解和认同。科学实践指标内涵主要是以科学具体的行为来表述,即科学家是如何做的,例如"收集数据后,科学家会用各种可视化的呈现方式总结数据,描述或解释数据中的模式,探索各个变量之间的关系。"这种方式拉近了学生与科学家之间的距离,使学生明白自己所做的,包括观察、实验、数据收集和分析等,与科学家进行科学研究时所做的是一样的,帮助学生深入理解科学家开展科学研究的具体方法与步骤及其内涵意蕴,从而理解科学本质。

---

[1] 李秀菊. TIMSS 2003—2019 科学评估框架的变化、特点与启示[J]. 外国中小学教育,2018(5):9-16.

[2] 薛松,肖芮,王梦倩,等. 指向"基于科学探究的实践"的馆校结合项目设计[J]. 自然科学博物馆研究,2019,4(5):5-14+92.

三、美国 NAEP 中的科学本质内容分析

美国"国家教育进步评价"(NAEP)是由美国国家教育评测中心(National Center for Education Statistics)发起的,目的在于全面掌握学生的学习表现。NEAP 的测评内容聚焦于各学科的核心原理,主要测评学生知道什么和应该能做什么。NAEP 的科学评估部分旨在测评学生在物理科学、生命科学、地球与空间科学三个主要内容领域的知识和以下四个方面的科学实践:识别科学原理、运用科学原理、运用科学探究和运用技术设计。通过测评他们能够运用科学内容做什么,以四种实践来描述学生如何使用他们所学习的科学知识[①]。最近一次有关科学的评估是在 2015 年,此次评估测评了约 115 400 名 4 年级学生、110 900 名 8 年级学生和 11 000 名 12 年级学生[②]。

NAEP 于 1991 年制定了科学评估框架,对科学评价的内容和形式做出了详细的规定,该框架在 1996 年、2000 年以及 2005 年的科学评估中使用。同时,在此过程中,NAEP 综合科学教育研究领域、认知科学研究领域以及教育测量与评价领域的成果,对科学评估框架进行修订,并于 2006 年发布[③]。该框架在 2009 年进行的 NAEP 科学评估中使用,并在接下来的 2011 年和 2015 年科学评估中继续使用[④]。基于此,本研究将 NAEP 科学评估发展历程中使用的两版框架进行对比分析,其中 1996 年、2000 年以及 2005 年使用的框架称为"NAEP 1996—2005 框架",2009 年、2011 年和 2015 年使用的框架称为"NAEP 2009—2015 框架"。

关于科学本质内容的测评,NAEP 1996—2005 框架和 NAEP 2009—2015 框架的不同主要表现在:NAEP 1996—2005 框架将科学本质内容设置在"科学

---

① National Assessment of Educational Progress. What does the NAEP science assessment measure? [EB/OL]. (2016-12-19)[2020-12-26]. https://nces.ed.gov/nationsreportcard/science/whatmeasure.aspx.
② National Assessment of Educational Progress. The nation's report card 2015 science [EB/OL]. (2018-11-15)[2020-12-26]. https://nces.ed.gov/nationsreportcard/science.
③ 林静. 美国 NAEP 科学素养评价新趋向:基于美国 2009NAEP 科学评价框架的分析研究[J]. 课程.教材.教法, 2009, 29(8): 92-96.
④ National Assessment of Educational Progress. What does the NAEP science assessment measure? [EB/OL]. (2016-12-19)[2020-12-26]. https://nces.ed.gov/nationsreportcard/science/whatmeasure.aspx.

内容"部分,要求评估提出了关于科学本质的问题。NAEP 2009—2015 框架则将科学本质内容放置在"科学实践"部分,要求将科学本质内容融入科学实践,特别是"使用科学原理"和"使用科学探究"两个方面。NAEP 2009—2015 框架重点关注:科学调查的设计或批判方面(如对照组的设置、样本的充分性);使用适当的工具和技术开展科学调查(如选择一种仪器以适当的精度测量长度、体积、重量、时间间隔和温度等);识别数据模式和(或)将数据模式与理论模型关联起来;使用经验证据来验证或批判解释和预测结论(如检查论证的前提是否明确、及时发现结论与证据不符合逻辑的情况)。NAEP 2009—2015 框架指出,科学探究比简单的制作、总结或解释观察到的现象等复杂得多,比通常被称为"科学方法"的一套固定步骤具有更大的灵活性,探究超越了"作为过程的科学",包括对科学本质的理解。

NAEP 2009—2015 框架设定,学生使用科学探究时可以体现他们对科学本质的理解,主要包括以下四个方面的内容:第一,当事实和观点混淆时,或者结论与证据不符合逻辑时,论点会出现缺陷;第二,单个例子无法证明关于真理的推断,但有时单个例子可以证明某事并不总是正确的推断;第三,如果在一个实验中同时有多个变量,实验结果可能不能明确归因于其中任何一个变量;第四,样本的选择会影响其反映总体情况的效果。样本越大,对总体的推断误差越小。然而,大样本并不一定保证具有代表性,特别是在没有随机抽样的情况下。

NAEP 2009—2015 框架中有关科学本质内容的测评表现分析:

第一,框架涵盖了科学的本质,将科学本质内容融入科学实践的使用科学原则和科学探究维度。框架的修订是以《国家科学教育标准》和《科学素养的基准》为依据的,两者要求将科学作为探究、理解科学的本质以及运用科学知识改变世界。框架的制定其意图之一是促进上述要求在科学教育中的落实,使学生理解科学的本质和实践,科学是一个不断自我修正的过程即一种认知方式。科学理论依据新证据持续修改和精确,具体表现在:依据证据做出合理的推论;利用证据证明基于科学调查的结论;在应用科学内容和理解科学概念之间的联系方面展示推理技能;在评估、使用和筛选数据时保持怀疑态度;理解和使用模型来描述科学;应用内容知识和技能解决自然世界中出现的各类问题;理解和应用各个领域内科学知识的关联性和共通性。

第二，框架明确列出科学本质内容项目，运用多种方式评价学生对科学本质的理解。框架指出，当评估项目被写进特定的内容情境中时，它们就会被限定在科学内容部分，科学本质内容的评估也是如此。因此，NAEP 2009—2015框架将科学本质内容融入科学实践中，并规定了多元评价方式。例如，实作任务：设计动手操作任务，学生通过操作选定的物体，尝试解决涉及这些物体的科学问题，以此来考查学生将科学知识和调查技能相结合的能力，从而展现他们对科学本质的理解水平。

第二章　小学生对科学本质的理解模型建构

基于人的认知发展规律,小学生能够理解科学本质哪些方面的内容,具体可以理解到什么程度,是研究小学生对科学本质理解情况的基础。在综述了国内外科学教育相关研究的基础上,本研究结合我国小学科学教育基本情况、文化背景等,建构了我国小学生对科学本质的理解模型,并采用专家问询的方法修正模型。

第一节　小学生对科学本质的理解模型假设

英国教育家怀特海在其论著《教育的本质》(The Aims of Education)提出两点教育原则:不要教授太多学科和将教学内容讲透[①]。"不要教授太多学科"是从知识的价值论视角来思考教育,教育并不是教给学生的知识数量越多、种类越繁就越好,而是应该聚焦那些经典的、必须具备的知识,即各门学科中的核心概念。"将教学内容讲透"则要求教育要帮助学生建立对知识的理解、综合和应用,而不是停留在简单的知道与再现,在教学过程中不是机械记忆与被动接受,更重要的是对核心概念的内化与升华,是学生与知识的相遇、交互与对话,从而建立一种"人—知"互动关系[②]。科学本质在本体论层面,既可以说是一种科学认识论,又可以说是关于科学的知识。对于科学认识论,回答的是科学是什么、具有何种价值等方面的问题,其答案指向的依然是有关科学的知识。因此,将科学本质的内涵转化为与之对应的知识,并进一步细化为具体概念,对于帮助学生理解科学本质具有十分重要的意义。下面将探讨小学生能够理解的科学本质的基本内容。

[①] 阿尔弗雷德·诺思·怀特海. 教育的本质[M]. 刘玥, 译. 北京: 北京航空航天大学出版社, 2019.
[②] 郭元祥. 论学科育人的逻辑起点、内在条件与实践诉求[J]. 教育研究, 2020, 41(4): 4-15.

一、关于科学本质的大概念

"大概念"一词的英文表述为"big idea",一般情况下,大多数人认为"大概念"指向基础概念或重要概念。但有研究者指出,大概念的"大"并非"庞大""基础"的意思,而是意指"核心"[1],更进一步指"高位"或"上位"。中心性、可持久性、网络性和可迁移性是大概念的本质属性。[2] 对于"概念"的涵义,《现代汉语词典》(2002年增补本)和《辞海》(第六版)中对"概念"的注释为:反映客观事物的一般的本质的特征,是人类在认识过程中把所感觉到的事物的共同点抽出来加以概括而成,英语中 concept 或 conception 通常译为"概念"。在认知心理学领域,"概念"的形成是指辨识出一组物体、事件、关系或性质的共同属性的过程。布鲁纳、古德诺和奥斯汀(Bruner, Goodnow 和 Austin, 1956)提出了概念形成的假设检验理论(hypothesis-testing theory),认为人是在不断地提出假设和验证假设的过程中形成逻辑概念的[3]。因此,大概念的特征表现为核心、可迁移、具有一定的持久性、能够孕育概念网络。

2009年,来自美国、中国、英国、加拿大、法国等国家的科学教育专家举办了一次研讨会,会议的焦点是解决存在于科学课程与教学中的一个重要问题,即科学课程内容较为繁琐并表现为碎片化。专家们认为,科学教育应该帮助学生理解"大概念"或者"核心概念"[4]。到了2014年,这些专家再一次审视当初确立的科学教育的"大概念",进一步进行优化调整和丰富,其中对于遴选"范围",专家一致认为科学教育并不仅仅只关注科学概念的理解,除了科学知识以外,还应理解科学的本质,具备参与科学的活动的能力,形成科学的态度和对科学所持有的观点,支持科学和其他学科的联系,尤其是技术、工程和数学[5]。关于理解科学的本质,即认识科学知识、概念等是如何得出的,专家们讨论归纳了四个关于科学本身的大概念,见下表 2.1。同时,针对 5—7 岁、7—11 岁、11—14 岁和 14—17 岁等四个不同年龄段的学生分别给出了其所要理解的概念内涵。

---

[1] 格兰特·威金斯,杰伊·麦克泰格. 追求理解的教学设计[M]. 上海:华东师范大学出版社,2017.
[2] 李刚,吕立杰. 国外围绕大概念进行课程设计模式探析及其启示[J]. 比较教育研究,2018,40(9):35-43.
[3] Bruner J S, Goodnow J J, Austin G A. A study of thinking[M]. NewYork:Wiley,1956.
[4] 温·哈伦. 科学教育的原则和大概念[M]. 韦钰,译. 北京:科学普及出版社,2011.
[5] 温·哈伦. 以大概念进行科学教育[M]. 韦钰,译. 北京:科学普及出版社,2016.

表 2.1 关于科学本身的大概念

序号	大概念
1	科学是在究其所以,或是发现自然现象的原因
2	科学上的解释、理论和模型都是在特定的时期内与可获得的实证最为吻合的
3	将科学研究中得到的知识运用于工程和技术,以创造服务于人类的产品
4	科学的运用常常会对伦理、社会、经济和政治产生影响

对上述所列四个大概念进行分析可知,四个大概念的确立是以学科交叉与融合为基本理念的,对科学知识的本质、科学探究的本质以及科学事业的本质进行了综合,具体表现在,首先,大概念 1 和 2 是对科学知识与科学探究的本质的阐述,其中大概念 1 更多的是从整体宏观的角度对科学本身进行概括与归纳,其内涵包括:科学知识的产生是基于经验证据的,并需要进行逻辑推理和论证;科学研究需要采用一定的方式和方法。大概念 2 的内涵包括:科学知识在一定的时期内可以保持持久性和稳定性,但不是绝对真理,当新的证据出现时,需要对原有理论进行修正。其次,大概念 3 和 4 是对科学事业的本质的阐述,涉及科学与工程技术之间的关系,科学对人类社会生活、生产等所起到的作用,主要是积极的影响,但有时也会有不好的影响。

美国《K—12 科学教育框架》和《新一代科学教育标准》列出了 K—12 年级学生所应理解的科学本质内容,包括八个主题(具体内容见下表 2.2)[①]。所列八个主题相当于科学本质的大概念,每个主题又按照不同学段设定学生所要理解的具体内容,是以学习进阶理念进行统整设计的。

表 2.2 美国《新一代科学教育标准》中关于科学本质的核心主题

序号	主题
1	科学调查使用多种多样的方法
2	科学知识是基于经验证据的
3	科学知识是基于新证据而进行修订的
4	科学模型、定律、机制和理论等解释自然现象

---

① NGSS Lead States. Next generation science standards:For states, by states[S]. Washington, DC: National Academies Press Available online at https://www.nextgenscience.org/search-standards, 2013.

(续表)

序号	主题
5	科学是一种知道事物的方式
6	科学知识假定自然系统具有秩序和一致性
7	科学是一种人类的努力
8	科学解决自然世界和物质世界的问题

(资料来源：NGSS Lead States. Next generation science standards：For states, by states. Washington, DC：National Academies Press Available online at https://www.nextgenscience.org/search-standards, 2013.)

对美国《科学素养的基准》和 NGSS 中所设置的有关科学本质的内容进行分析可知，美国 K—12 科学教育领域，科学本质基本内容的处理是由高度概括的三个维度——科学世界观、科学探索和科学事业，细化为较为细致而具体的八个大概念主题。经过具体化处理后，更有利于将科学本质的内容融入科学学科核心概念、跨学科概念以及科学与工程实践中，这一点在《新一代科学教育标准》中已明确体现。《新一代科学教育标准》中科学本质八个大概念，表现出科学本质大概念的具体化、大概念之间的交叉融合化以及深度融于科学课程等特点。

综合科学本质大概念的相关研究可以发现，现阶段多数研究主要从三个方面确立科学本质的大概念，即科学知识的本质、科学探究的本质以及科学事业的本质。本研究在此基础上，基于《以大概念进行科学教育》一书中第一个大概念"科学是在究其所以，或是发现自然现象的原因"，确立一个大概念，即对科学整体的理解和认识，共凝练出四个关于科学本质的大概念。

第一，对科学整体的理解。科学可以解释自然世界和物质世界的各种现象。我们所生活的世界是可以被认识的，科学的主要目标是解释自然世界和物质世界中所存在的以及所发生的各种现象，人们在解释现象的过程中逐步获得了经验、证据，并由此产生了科学知识，积累了科学研究方法，并将科学知识应用于生产生活中，带来了诸多便利。科学不仅仅是一种知识体系，同时也是产生知识的过程系统，即科学认识论[①]。同时，在此过程中需要人类的想象和创造。

[①] Akerson V L, Buck G A, Donnelly L A, et al. The importance of teaching and learning nature of science in the early childhood years[J]. Journal of Science Education and Technology, 2011, 20(5)：537–549.

第二,对科学知识的理解。科学知识的产生要基于证据,且需要随着新证据的发现而不断修正。科学知识与结论的产生是基于经验与证据的[①]。科学知识具有一定的确定性,是因为经过了严格的论证,所以在一定时间里可以保持不变。但科学知识不是绝对真理,科学知识是可以改变的,随着时间的推移,新的证据有可能会出现,科学知识要与之相适应进行改变和调整。

第三,对科学探究与实践的理解。科学探究是科学研究的基本方式,其方法和程序是多种多样的。科学研究始于科学问题的提出,研究过程应包含提出问题和解决问题的过程。科学研究过程需要人类的想象力和创造力[②]。科学研究方法是多种多样的,应根据具体研究选择合适的方法[③]。科学受科学家文化背景、信仰和看待事物方式等的影响,具有一定的主观性。

第四,对科学事业的理解。科学是人类共同的事业,应用科学于工程和技术能造福人类社会,但有时也会产生危害。不同文化背景与行业的人都能对科学有贡献。科学家应公开自己的成果,让别人来评判和学习。科学家的工作和研究过程应该是别人可以重复的。科学应受社会伦理道德的约束,要遵守道德规范。科学家的工作必须正确记录并经过科学共同体的确认。

二、小学生对科学本质理解的基本内容

在前期国内外文献梳理的基础上,结合我国小学科学教育现况,本研究初步确立小学生对科学本质理解的基本内容。

(一) 大概念1——科学解释自然世界和物质世界

科学是在究其本源、究其所以,科学的研究对象是大自然,包括自然世界和物质世界的各种现象。

第一,科学解释自然世界和物质世界的各种现象。科学模型、定律、机制和理论等都是为了解释自然世界各种各样的现象。科学的主要任务是解决自然

[①] Akerson V, Donnelly L A. Teaching nature of science to K-2 students: What understandings can they attain? [J]. International Journal of Science Education, 2010, 32(1): 97-124.
[②] Akerson V, et al. What third-grade students of differing ability levels learn about nature of science after a year of instruction[J]. International Journal of Science Education, 2014, 36(2): 244-276.
[③] Bakirci H, et al. The effect of the common knowledge construction model-oriented education on sixth grade students' views on the nature of science[J]. Journal of Baltic Science Education, 2017, 16(1): 43-55.

世界和物质世界的问题。科学解释各种现象的基础是人们对自然世界和物质世界所设定的两个基本假设：一是自然世界和物质世界是可以被认识的，人们通过一定的方法和途径，可以获得现象背后的规律准则与作用机理；二是事物运行的规律准则与作用机理等是相同的，是在自然世界和物质世界不同角落、不同地方维持稳定和一致的。

第二，科学是一种认识事物的方式。科学既可以说是一种知识体系，又可以说是能够不断获得新知识的过程体系。科学在解释自然世界和物质世界各种现象的过程中，发展成了一种认识世界的方式，形成了科学认识论和方法论[1]。科学作为一种认识事物的方式被许多人认可和使用，人们利用科学大大提高了生产力，加速了人类文明的进程。为了把握对科学的整体认识，需要小学生在接触科学伊始建立初步的理解，同时在学习科学的过程中，不断深化对科学的整体理解。

（二）大概念2——科学知识的产生要基于证据，且需要随着新证据的发现而不断修正

知识是人类智慧的结晶，也是人类文明传承的载体。科学知识是人们解释自然世界和物质世界各种现象的成果和结论，小学科学课程与教学中所涉及的科学知识，均是小学生的成长与发展所必需的，学生有必要认识知识的产生与发展特征。

第一，科学知识的产生是基于证据的。科学知识要让人们信服，必须给出足够的证据解释还要符合逻辑关系与运算规律。一方面，科学知识的产生过程是一个严谨而翔实的论证过程，科学家针对某一现象，进行不断地观察、测量、调查、实验等，全面而细致地搜集各类信息、资料。例如，天文学家在研究天体运行规律的过程中，需要对目标天体的运行情况进行持续观察与记录，有时甚至要持续几年乃至数十年之久。另一方面，科学知识的产生过程是一个逻辑严密的推理过程，在获得足够资料和证据的前提下，科学家需要对所获得的数据结果等进行综合分析、演绎推理、归纳概括，从而发现其本质属性、运行规律与发展脉络。与此同时，结合以往研究基础，获得新的发现和

---

[1] Lederman N G, Abell S K. Handbook of research on science education[M]. Mahwah, New Jersey: Lawrence Erlbaum Associates, 2007.

结论,形成新的科学知识。

第二,科学知识具有一定的确定性和持久性,但不是绝对真理,是可以改变的。科学知识既具有确定性和持久性,也具有暂定性,二者相互矛盾但又对立统一。一方面,科学知识具有确定性和持久性。确定性和持久性与科学知识的产生是一个严谨而翔实的论证过程相对应,绝大多数科学知识的背后,都是科学家们开展大量的研究工作所积累下来的各种证据和逻辑推理,这些证据的存在支撑着科学知识,能够在一定的时间内保持正确。另一方面,科学知识又具有暂定性,这也与论证过程有关,因为限于研究设备、条件等,科学家们先前所搜集的证据会存在片面性,也有可能是错误的。随着新的研究开展,新的证据不断产生,原有科学知识的论证过程需要进行调整和修正,形成新的科学知识、理论,并与新的证据相适应。此外,即使原有科学知识仍然适用,也有可能产生一种更加适用的新知识、新理论。例如"日心说"取代"地心说",而太阳仅仅是太阳系的中心,不是银河系的中心,这一认识的转变过程是基于新的证据,修订了原有科学知识,进而使科学知识进行不断发展与变化的过程。

第三,科学知识的形成过程受人们文化背景、信仰和看待事物方式等影响,具有一定的主观性。人类是科学知识产生与发展的作用主体,不同的人因为所处的地区、环境、社会等不同,具有不同的文化、信仰、思维、认知方式和行为习惯等,即便是同一环境下的人,其性别、年龄以及生活阅历等也各不相同。因此,人们从事科学研究工作的方式,看待科学问题的出发点,解决科学问题的落脚点,针对相关证据、数据等推理分析过程等都是有所不同的,那么产生的理论、知识等也会有不同,带有研究者的主观色彩。例如,针对恐龙灭绝的原因,不同的科学家提出了不同的理论,包括:小行星撞击地球、火山爆发等。不仅如此,在科学课上进行科学探究活动,不同小组也经常会得出不同的结果。认识科学知识的主观性能够合理解释上述问题,帮助学生更好地理解科学。

(三) 大概念 3——科学探究是科学研究的基本方式,其方法和程序是多种多样的

科学家开展科学研究的基本方式是科学探究,科学探究也是科学课程目标之一。

第一,科学探究要从提出一个科学问题开始,包含提出问题和解决问题的过程。科学探究是以问题为导向的,其起点是提出科学问题。人们在观察自然世界和物质世界的过程中,会发现诸多无法解释的现象,产生许多疑问。科学家们会对这些疑问进行分类处理,结合已有经验,进而提出科学问题。基于科学问题,作出研究假设,制定研究方案,开展研究,以便获得证据,解决问题。因此,科学探究包含了提出科学问题和解决科学问题的过程。

第二,科学探究所使用的方法是多种多样的,应根据具体研究选择合适的方法。开展科学研究的过程中,可以选用的研究方法多种多样,包括观察、测量、调查、实验等,其中观察与实验是最基本的研究方法。科学家需要依据研究问题、研究对象以及研究过程等选择合适的研究方法。

第三,科学探究没有固定步骤,按照相同程序开展的研究有可能得出不同结论。科学探究包含一些最基本的要素,如问题、假设、证据、交流等,但是在实际情况中,科学家在开展科学探究的过程中是不需要遵循固定步骤的,具有一定的灵活性。另外,按照相同的程序或过程开展研究,也有可能获得不同的结论,这与科学知识的主观性相对应。

第四,科学研究过程要准确记录并积极与他人交流讨论。科学研究的过程需要被准确记录,作为发展新知识的证据,并且需要公开,积极与其他科学家或研究者交流。在交流讨论的过程中,可以充分获得其他科学家的看法和建议,从而进一步调整和优化研究。此外,科学研究过程只有获得了科学共同体的认可,才能发展为科学知识。

(四) 大概念4——科学是人类共同的事业,应用科学于工程和技术能造福人类社会,但有时也会产生危害

科学不是空中楼阁,而是与人们的生活、社会的发展、文明的进步密切关联的。人们发展科学、应用科学,将其纳入共同的事业,科学、技术与社会已经成为全人类共同关注的话题。

第一,科学促进社会的发展,给人类带来福祉,但也会产生危害。科学知识应用于工程与技术领域,可以创造出各种方便人类生活的产品,尤其是生活在21世纪的我们,更能体会科学技术的发展与应用所带来的巨大便利与福祉。但是,科学也会带来一些危害,例如,塑料制品在给人们的生活带来便利的同时,也因其难以降解等特性,产生了严重的环境污染问题。

第二,科学需要人类的想象力和创造力。科学依赖于人类的想象和创造,

想象力和创造力贯穿于科学发展与进步的各个环节与角落,科学知识的产生、科学范式的形成、科学方法的革新等都离不开人类的想象和创造。科学家在工作的过程中,需要发挥想象和创造,以便发现新的现象,提出新的问题,获得新的证据,产生新的理论等。

第三,不同国家、不同背景的人都能对科学有贡献。科学是人类共同的事业,全世界各个地区的人们,不分种族、性别、年龄、职业等都可以从事科学研究工作,都可以为科学的发展与进步做出贡献。

第四,科学受社会伦理道德的约束,要遵守道德规范。科学研究并非没有限制和约束,科学应该遵循基本的社会伦理道德、法律规范等。例如,克隆技术不能应用于人类本身,因为会产生伦理道德问题。科学的发展和进步需要放置于有利于人类社会可持续发展的大前提下,有悖于该前提的研究应该被禁止。

三、小学生对科学本质的理解模型初步建构

通过对小学生能够理解的科学本质相关内容的分析,并借鉴国际大型测评项目框架,如国际学生评估项目(PISA)、国际数学和科学教育趋势评估(TIMSS)等,同时借鉴美国科学教育领域政策、文件标准等,如《科学素养的基准》《K—12科学教育框架:实践、跨学科概念与核心概念》、NGSS 等,在此基础上结合我国小学科学教育现况,充分考虑我国传统文化背景以及科学教育未来发展之动向,初步建构小学生对科学本质的理解模型。该模型属于结构模型,是小学生完成小学阶段科学课程学习后,应初步建立的对科学本质相关内容的理解模型。

本研究从四个方面,包括对科学的整体理解、对科学知识的理解、对科学探究与实践的理解以及对科学事业的理解。凝练小学生对科学本质理解的大概念,其对应的模型见下表 2.3。第一,对科学的整体理解,即科学解释自然世界和物质世界,对其中所出现或发生的各种现象给出回答,是关于科学的宏观认识和把控,是将科学与其他学科或领域进行区分的直接回应。第二,对科学知识的理解,科学知识是人们解释自然世界和物质世界各种现象的结晶与载体。第三,对科学探究与实践的理解,科学探究与实践是人们解释自然世界和物质世界的各种现象的主要方式。第四,对科学事业的理解,科学事业是人们解释自然世界和物质世界的各种现象所发挥的作用以及所产生的影响。

表 2.3　小学生对科学本质的理解模型

模型分部	大概念	内涵指标	
对科学的整体理解	1 科学解释自然世界和物质世界	1-1	世界是可以被认识的,科学解释自然世界和物质世界的各种现象
		1-2	科学是一种被许多人认可和使用的认知方式
对科学知识的理解	2 科学知识的产生要基于证据,且需要随着新证据的发现而不断修正	2-1	科学知识的产生是基于证据的
		2-2	科学知识具有一定的确定性和持久性,但不是绝对真理,是可以改变的
		2-3	科学知识的产生受人们文化背景、信仰和看待事物方式等影响,具有一定的主观性
对科学探究与实践的理解	3 科学探究是科学研究的基本方式,其方法和程序是多种多样的	3-1	科学探究始于科学问题的提出,包含提出问题和解决问题的过程
		3-2	科学探究所使用的方法是多种多样的,应根据具体研究选择合适的方法
		3-3	科学探究没有固定步骤,按照相同程序开展的研究有可能得出不同结论
		3-4	科学研究过程要准确记录并积极与他人交流讨论
对科学事业的理解	4 科学是人类共同的事业,应用科学于工程和技术能造福人类社会,但有时也会产生危害	4-1	科学促进社会的发展,给人类带来福祉,但也会产生危害
		4-2	科学需要人类的想象力和创造力
		4-3	不同国家、不同背景的人都能对科学有贡献
		4-4	科学受社会伦理道德的约束,要遵守道德规范

第二节　小学生对科学本质理解模型的专家调查

上述小学生对科学本质的理解模型是在参考国内外相关研究的基础上初步建构而来的,模型所包含的各个维度以及各指标具体要求是否与我国小学科学教育相适合,是否符合我国小学生的认知发展规律与水平呢?为了解决这些问题,本研究选用德尔菲专家问询法,征询小学科学教育领域相关专家的意见,从而对模型进行修正以期满足本土化的需求。

一、调查的设计

(一) 调查工具

针对初步建构的小学生对科学本质的理解模型,本研究采用五点计分法,将各维度指标的具体要求编制成李克特量表,参与评分的专家需要依据自己的判断,对相应的维度指标进行评分。与此同时,还能够有针对性地提出修改建议。评分方面,采取五点计分,即 1 分代表"很不重要",2 分代表"不重要",3 分代表"一般",4 分代表"重要",5 分代表"很重要"。基于此,形成调查工具(见附录一),以便专家问询时使用。

(二) 专家选择

选择合适的专家,组建具有代表性的专家组是德尔菲法的重要基础和关键步骤。针对本研究,对专家的要求是:第一,专业功底深厚,具有系统而扎实的专业知识,在小学科学教育领域具有深入的研究、深度的见解并进行深刻的反思;第二,实践经验丰富,始终关注小学科学教育改革与发展动态,紧密对接小学科学课程与教学一线。在专家人数方面,有研究显示专家组人数多于 13 人时,研究误差的降低幅度就不明显了。

依据上述原则,本研究确定了三个层面的专家,包括:高校科学教育研究者、地方教育科学研究院或教研室小学科学教研员和小学一线科学教师。

最终选定专家组成员 15 人,其中高校研究者 5 人、教研员 5 人、科学教师 5 人,其基本信息见下表 2.4。

表 2.4 德尔菲法专家基本情况

类别	编号	基本信息
高校或研究机构科学教育研究者	A1	女,高校教师,博士,教授,主要从事生物学课程与教学、科学课程与教学、科学教育与科学传播等方面的研究工作
	A2	女,高校教师,博士,副教授,主要从事生物学课程与教学、科学教育与科学传播等方面的研究工作
	A3	女,研究所,博士,副研究员,主要从事科学教育、科学传播等方面的研究工作,包括政策制定、现状调研、对策建议等
	A4	男,高校教师,博士,讲师,主要从事生物学课程与教学、科学教育以及馆校结合等方面的研究工作
	A5	男,高校教师,博士,讲师,主要从事地理课程与教学、科学教育等方面的研究工作

(续表)

类别	编号	基本信息
地方教育科学研究院或教研室小学科学教研员	B1	男,教研员,高级教师,主要从事小学科学课程与教学研究工作
	B2	女,教研员,高级教师,主要从事小学科学课程与教学研究工作
	B3	男,教研员,高级教师,主要从事小学科学课程与教学研究工作
	B4	男,教研员,高级教师,主要从事小学科学课程与教学研究工作
	B5	男,教研员,高级教师,主要从事科学课程与教学研究工作
小学一线科学教师	C1	男,小学科学教师,博士研究生,专业为科学课程与教学论,小学一级教师,主要从事小学科学教学工作
	C2	女,小学科学教师,博士研究生,专业为地理科学与教学论,小学一级教师,主要从事小学科学教学工作
	C3	女,小学科学教师,硕士,专业为科学教育与科学传播,小学初级教师,主要从事小学科学教学工作
	C4	女,小学科学教师,硕士,专业为科学教育与科学传播,小学初级教师,主要从事小学科学教学工作
	C5	女,小学科学教师,硕士,专业为生物学科教学,小学初级教师,主要从事小学科学教学工作

二、调查的实施

由于德尔菲法要求专家组成员之间不进行面对面接触交流,避免专家之间相互影响,为此,调查实施的过程是由研究者与各位专家单独联系征询意见。本研究共进行了两轮意见征询和修订完善,最终专家们的意见趋于一致。

(一)第一轮专家问询

第一轮专家问询需要专家对初步建构的模型所包含的指标进行评分。在给专家评分工具的同时,需要提供一些附件材料,包括:模型建构的详细说明以及主要参考资料,方便专家快速建立对模型的整体认识,理解各个维度指标设计意图等。按照预定计划方案,向各位专家发放问询表,填好后回收,并将专家评分表和反馈意见汇总。

(二)第二轮专家问询

经过第一轮专家问询后,对模型进行修正和调整。第二轮问询与第一轮的程序相同,但需要为每位专家提供第一轮问询的结果以及对模型修正和调整的具体情况。由于本研究第一次专家问询后,评分结果已经趋于一致,因此在第二轮专家问询的过程中,主要是对修改后的模型框架进行评阅,给出相应的意见。

三、调查结果分析

经过两轮德尔菲专家问询,依据专家组各位专家的意见,对小学生关于科学本质的理解模型进行了调整和修正并达成共识。因此,可以结束专家问询调查。下面针对专家问询结果反馈,对模型进行修正。

(一) 评分部分

针对指标评分,有研究者认为当专家在某一指标评分的平均分大于3.6或者众数为5时,就可以认定专家在该指标上达成了共识[①]。本研究以此为标准,对各指标评分进行统计分析。

计算评分的平均分和众数,见下图2.1。结果显示,有1个指标没有达成共识,即指标3-3,其评分的平均分为4分,大于3.6分,但是评分的众数为3,说明专家在该指标没有达成共识,需要对该指标进行修正。

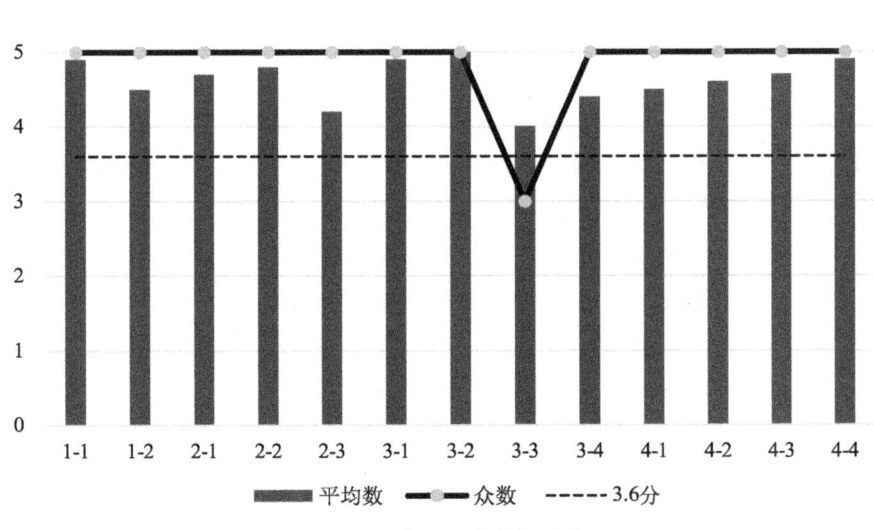

图2.1 专家问询数据分析

---

① Osborne J, Collins S, Ratcliffe M, et al. What "ideas-about-science" should be taught in school science? a delphi study of the expert community [J]. Journal of Research in Science Teaching, 2003, 40(7): 692-720.

除此以外,其余各指标得分的平均分均大于 4,符合平均分大于 3.6,众数均为 5 分,符合达成共识的标准。

(二) 意见反馈部分

综合分析专家反馈意见,可知专家的意见集中于各个指标所涉及的内容以及表述是否能够被小学生所理解。

第三节　小学生对科学本质理解模型的修订与确定

依据专家问询反馈结果,对模型进行修订和调整,最终确定小学生对科学本质的理解模型。

一、小学生对科学本质理解模型的修订

针对评分部分,主要是确定相应指标的取舍。针对意见反馈部分,则主要依据具体的意见进行调整和修改,对专家所提出的意见进行综合处理,调整相应维度指标的内容表述。

(一) 指标 1-1

针对"1-1 世界是可以被认识的,科学解释自然世界和物质世界的各种现象。"专家意见如下:

专家 A5:"科学解释自然世界和物质世界的各种现象",这句表述好像不太严谨,毕竟现在世界上还有很多现象科学无法解释。

专家 B1:"科学是解释自然世界和物质世界的"这样的描述需要调换一下,从科学哲学、科学史及现代对科学的理解的角度。

专家 B5:学生对自然世界和物质世界可能区分不清楚,是否有必要在这里进行分类,建议改成"科学解释自然界的各种现象"

专家 C3:"物质世界"需要界定一下,学生尤其是小学生不能理解物质世界。

专家的意见集中在小学生对"物质世界"难以区分和理解,尤其是低年级小学生,更不易理解,因此可以考虑将"物质世界"删除,仅保留"自然世界"。对于小学生而言,能够认识自然世界即可,因此将"物质世界"这一表述删除。本条指标修改为"世界是可以被认识的,科学解释自然世界的各种现象"。

（二）指标 1-2

针对"1-2 科学是一种被许多人认可和使用的认知方式。"专家意见如下：

专家 A4：感觉"科学是一种认知方式"的论述有些片面。我更倾向于认为，"科学是一种实践活动，有的科学方法提供了一种认知方式"。

专家 A5：我没有深究，但是说科学是一种认知方式，还是要慎重，这与一般接触的对科学的描述好像有所出入。

专家 B5：隐去"认知"两个字，认知方式和方式对小学无差别的。

专家 C3：小学阶段的科学更多是一种科学知识，一种工具，感觉作为认知方式有一点高。

专家的意见集中于科学作为一种"认知方式"是否可行，本条指标主要参考美国《新一代科学教育标准》的相关表述，其原文为"Science is a way of knowing"，针对"knowing"的翻译为"知道的""认知的"，"认知"一词更多地被用于心理学研究范畴，因此将"认知"进一步具体化，修正为"科学是一种被许多人认可和使用的认识事物的方式"。

（三）指标 2-1

针对"2-1 科学知识的产生是基于经验与证据的。"专家意见如下：

专家 B1："科学知识是基于经验与证据产生的，且需要依据新证据而进行修正"中，"逻辑"要放进去。

科学知识的产生的确需要在经验证据的基础上进行逻辑推理，但是"逻辑"对于小学生而言思维水平较高，大部分学生不易理解。此外"经验"一词同样难以理解，因此本条指标修改为"科学知识的产生是基于证据的"。

（四）指标 2-3

针对"2-3 科学知识的产生受人们的文化背景、信仰和看待事物方式等影响，具有一定的主观性。"专家意见如下：

专家 C3：小学生对文化、信仰可能并不理解，更别说是把它作为影响因素。这一点可否改为"科学研究成果应及时交流？"这样更符合小学生认知。

对于"信仰"一词，小学生难以理解，因此删去该词，修改为"科学知识的产生受人们的文化背景、看待事物的方式等影响，具有一定的主观性。"

（五）指标 3-3

针对"3-3 科学探究没有固定步骤，按照相同程序开展的研究有可能得出不同结论。"

评分部分,多数专家评分为 3 分,即认为本条指标可有可无,可以删除,对小学生而言,不需要理解。

专家反馈意见如下:

专家 A2:"科学探究没有固定步骤,按照相同程序开展的研究有可能得出不同结论。"小学生是否能够准确理解,小学阶段更多的是按照固定步骤获得相同结果。

专家 A5:没有固定的步骤这样的表述是否严谨,没有固定的步骤但是有基本的步骤吧。建议改为:相同或相似的结果。

专家 B5:3-2 括号内增加例如两个字(例如:观察是……)3-3 与 3-4 好像有点矛盾,3-4 与 3-3 得出不同结论有矛盾,这里指的是相同结果。

专家的意见集中于小学生是否能够正确理解指标 3-3,以及本指标与"3-4 科学研究过程要被正确记录并公开,若他人重复研究过程应能得出相同结果"能否保持一致性的问题。综合专家意见,将 3-4 与 3-3 合并处理,去除 3-3"按照相同程序开展的研究有可能得出不同结论"相关表述。

(六) 指标 4-1

针对"4-1 科学家会运用科学知识来解决现实问题。"专家意见如下:

专家 C4:这句话主要强调的是科学探究的过程吗?与"3-1 科学探究始于科学问题的提出,包含提出问题和解决问题的过程"有相似的内容。

两句表述中虽然都出现了"问题",但是"3-1 科学探究始于科学问题的提出,包含提出问题和解决问题的过程"中的问题(question)指向理论探索研究领域,而"4-1 科学家会运用科学知识来解决现实问题。"中的问题(problem)指向工程实践应用领域。由于科学课程与教学中增设"工程与技术领域",将科学与工程实践融为一体,因此,将 3-1 与 4-1 进行融合,删除 4-1,统一归入 3-1。

(七) 指标 4-2

针对"4-2 科学需要人类的想象力和创造力。"专家意见如下:

专家 A1:"科学需要人类的想象力和创造力"这一表述放置于科学事业的维度,虽然也可以,但是总体上会造成第四个维度的指标偏多,因此也可以考虑放置在其他维度,例如第一个或第三个大概念里。

专家 B4:第四个大概念:科学是人类共同的事业,应用科学于工程和技术能造福人类社会,但有时也会产生危害。更多的是讨论科学、技术与社会,以及科学道德伦理等,"科学需要人类的想象力和创造力"与其他指标放置一起,层级上有些不顺。

依据专家的意见,对本指标进行修改,调整至大概念1下。

二、小学生对科学本质理解模型的确定

通过上述研究,对初步建立的科学本质理解模型进行修订和完善,最终确定了模型。模型聚焦对科学的整体认识、科学知识、科学探究和科学事业四个维度,以大概念的形式建构小学生对科学本质理解的测评框架,包括如下指标,可以作为小学生对科学本质理解现状调查的框架,见下表2.5。

表2.5 小学生对科学本质的理解模型框架

大概念	指标	
1 科学可以解释自然世界的各种现象	1-1	世界是可以被认识的,科学解释自然世界的各种现象
	1-2	科学是一种被许多人认可和使用的认识事物的方式
	1-3	科学需要人类的想象力和创造力
2 科学知识的产生要基于证据,且需要随着新证据的发现而不断修正	2-1	科学知识的产生是基于证据的
	2-2	科学知识具有一定的确定性和持久性,但不是绝对真理,是可以改变的
	2-3	科学知识的产生受人们的文化背景、看待事物的方式等影响,具有一定的主观性
3 科学探究是科学研究的基本方式,其方法和程序是多种多样的	3-1	科学探究始于科学问题的提出,包含提出问题和解决问题的过程
	3-2	科学探究所使用的方法是多种多样的,应根据具体研究选择合适的方法
	3-3	科学研究过程要准确记录并积极与他人交流讨论
4 科学是人类共同的事业,应用科学于工程和技术能造福人类社会,但有时也会产生危害	4-1	科学促进社会的发展,给人类带来福祉,但也会产生危害
	4-2	不同国家、不同背景的人都能对科学有贡献
	4-3	科学受社会伦理道德的约束,要遵守道德规范

第三章　小学生对科学本质的理解现状研究

科学课程是义务教育阶段的必修课程,尤其是小学阶段,科学教育在学校教育中越来越受重视,科学已经逐渐成为与语文、数学等具有相同地位的重要学科。自 2017 年起,科学课程的开设已经从三年级提前至一年级。对小学生而言,通过学习科学课程,培养其对自然世界的好奇心和求知欲固然重要,除此之外还应面对"科学是什么"这一根本问题,即认识科学的本质。对"科学是什么"的回答体现了人们对科学的看法,聚焦小学生对该问题的回答,引出如下问题:小学生对科学本质的理解情况如何?在科学本质各个指标维度上的具体表现情况如何?具有哪些特点?目前,有关我国小学生对科学本质理解现状的研究不多见,相关实证研究不足。我们仍然无法对我国小学生关于科学本质的理解现状做出精准回应,而掌握小学生对科学本质的理解情况,是更好地开展科学教学的基础,因此开展小学生对科学本质的理解现状研究十分必要。

第一节　小学生对科学本质理解的测评工具设计

开发一套具有良好信度和效度的测评工具,是研究小学生对科学本质的理解情况的基础。本节内容聚焦小学生对科学本质理解测评工具的开发,从工具题目设计、预测试的开展以及工具修订等几个方面具体展开。

一、测评工具初步设计

本研究基于第二章建构的小学生对科学本质的理解模型,结合国际科学本质测评研究中已经开发的测评工具,选择与本研究模型相对应的测评题目并进行修改,使其与我国小学科学教育现状相适应且与我国传统文化背景相吻合,以符合我国小学生的认知发展规律,初步设计并编制了测评工具。

（一）测评题目编制

编制一份质量高、信度和效度好的工具，是准确测评小学生理解科学本质具体情况的基础。通过文献梳理可知国外研究者在此方面已经开展了大量研究，编制了多种测评工具，探索了多样化的测评手段与方法，积累了丰硕的研究成果。我国研究者开展相关研究所使用的工具大多是借鉴和改编国外已有研究中开发的工具，鲜有自主编制测评工具的研究。本研究在编制测评题目的过程中，也是以借鉴国外相关研究工具为主，同时依据我国小学科学教育的现实情况进行相应的改编处理。

1. 情境设置

在题目编制过程中，应创设合适的情境，让学生在熟悉、轻松、有趣的氛围中回答问题，有利于充分调动其学习经历和生活经验，从而展现其对科学本质理解的真实情况。具体而言，一是对接科学教材，选择科学教材上的事例、材料、活动等，易于学生联想科学课堂所经历的各类学习活动场景、科学教师的教学现场等，使学生在回答问题的过程中能够合理运用所学科学内容，以便更好地体现对科学的理解。例如：在设置对科学整体理解的题目时，引用教科版《科学》教材的卷首语"现在，科学发展迅速并已融入生活的方方面面，科学家通过研究大气、云、风和各种形式的降水——雨、雪、冰雹等，可以预测未来一段时间的天气变化，还可以实施人工降雨；通过研究地球、月球和太阳的运动规律，认识到月食是月球运行至地球的阴影里，太阳光被地球所遮蔽……"，该情境方便学生回忆科学课上所学习的内容，使其迅速进入问题情境。二是结合现实生活，设置的题目情境与学生们的生活实际紧密联系，是科学与生活、社会等的紧密融合，便于展现学生对科学的理解情况。此外，情境选择还注重科学性、趣味性等。例如，以学生们都会接触到的篮球、足球和乒乓球为情境编制题目，使学生注重科学与生活的联系。

2. 题目表述

各个题目以与小学生对话的语气进行表述，便于学生接受，具有较强的可读性和亲和性。第一，注重问题分解。因为题目多为问答题，且每道题目有若干小问题，若集中呈现，小学生容易漏答，即只回答题目中的某个或某几个小问题，忽略了其余小题。因此，在设置上，对各个问题进行分解，并且针对每个小问题设置专门的答题区域，尽量避免上述疏漏的产生。第二，搭配合适图片。

小学生正处在形象思维占据优势的阶段,若题目均为文字表述,容易产生疲惫状态,在题目中添加合适的图片,图文并茂,容易引起学生的兴趣,使其保持良好的状态,高质量地回答各个题目。第三,答题形式多样。对小学生而言,除了文字描述外,还可以用绘画、图示等形式来表达自己的想法,以免因为年龄较低、语言文字水平不够而不能准确表达。

3. 题目编制

在进行小学生对科学本质理解测评工具的国际比较基础上,本研究主要借鉴美国伊利诺伊理工学院的诺曼·莱德曼(Norman G. Lederman)教授及其所在研究团队研制的测评工具。莱德曼教授是国际科学教育领域,尤其是科学本质研究方向的专家,自 20 世纪 80 年代起,开始研究科学本质内涵、理解科学本质在科学教育中的价值意义以及人们对科学本质的理解情况等,取得了丰厚的研究成果。莱德曼教授及其所在数学与科学教育学院的研究团队,在综合已有研究成果的基础上,充分考虑以往测评工具与测评方法等存在的各类不足和缺陷,开发了系列针对不同年龄阶段人群的测评工具。其中,针对低龄儿童对科学的理解情况测评工具主要有"低龄儿童对科学的理解测量问卷"(Young Children's Views of Science Questionnaire,简称 YCVSQ),主要针对低龄儿童对科学的理解[①];"科学本质观 B(修正版)"(Modified Views of Nature of Science — Form B,简称 Modified VNOS-B),主要针对低年级小学生对科学本质的理解,聚焦暂定性、观察与推论、想象力和创造力等维度的测评[②];"科学探究观"(views about scientific inquiry / views of scientific inquiry questionnaire,简称 VASI/VOSI),主要测评人们对科学探究的理解情况[③][④];"对科学-技术-社会的理解"(Views on Science-Technology-Society,简称 VOSTS),主要测评

---

① Bartels S L, Lederman J S. A cross-sectional study of elementary students' understandings of nature of science and scientific inquiry [C]. A paper presented at the annual meeting of the National Association for Research in Science Teaching conference, San Antonio, TX, 2017.

② Lederman N G, Abd-El-Khalick F, Bell R L, et al. Views of nature of science questionnaire (VNOS): Toward valid and meaningful assessment of learners' conceptions of nature of science[J]. Journal of Research in Science Teaching, 2002, 39(6): 497-521.

③ Schwartz R, Lederman N. What scientists say: Scientists' views of nature of science and relation to science context[J]. International Journal of Science Education, 2008, 30(6): 727-771.

④ Schwartz S, Lederman N G, Lederman J S. An instrument to assess views of scientific inquiry: The VOSI questionnaire[C]//A paper presented at the annual meeting of the National Association for Research in Science Teaching, March 30-April 2. Baltimore, MD, 2008.

人们对科学、技术和社会之间的关系以及相互作用的理解和认识[①]。除此以外，也有其他研究者开发了类似的测评工具，为本研究测评工具的开发提供了坚实的支撑。

上述针对小学生对科学本质理解情况的测评工具，目前是被广泛认可的，在国际科学教育研究期刊，例如《科学与教育》(Science & Education)《科学教学研究杂志》(Journal of Research in Science Teaching)《国际科学教育杂志》(International Journal of Science Education)等发表的众多研究论文中被使用，它们表现出一些共同特征。首先，题目主要以开放性问题为主，需要进行质性分析。测评对象需要对工具中所包含的问题，发表自己的看法，研究者通过分析测评对象的回答来评判其对科学本质相应指标维度的理解情况。在此过程中，研究者需要把握评判标准，从而准确判断测评对象的理解水平。其次，对于低年级儿童主要采取面对面访谈的形式开展测评。低龄儿童的书面语言表达能力还在发展过程中，许多儿童还不能完全通过书面语言表达出自己的观点和看法，因此通过交流谈话的形式，让儿童说出自己的想法，能够较好地解决这一问题。面对面访谈方法的缺点是会给研究者带来一些不便，主要表现在对测评规模和进度等方面的限制。但是随着年龄的增长，例如四年级以上的小学生，其书面语言表达能力已经初步满足要求，可以考虑采用纸笔测验的方式来进行测评，不过仍然需要进行一定比例的面对面访谈，以确保测评的信度。本研究主要是参考上述测评工具中相关题目，在其基础上进行适当改编，编制出测评工具。

针对大概念1"科学可以解释自然世界的各种现象"的题目设计，主要是从学生对科学和科学家的整体认识入手设置问题，例如：科学是什么？科学与你学到的其他东西有什么不同？你心目中的科学家是做什么的？他们是如何工作的？你认为科学家在工作的时候有创造力和想象力吗？请说明原因或举例。该类问题主要来自YCVSQ。

针对大概念2"科学知识的产生要基于证据，且需要随着新证据的发现而不断修正"的题目设计，主要有两组问题：一是"科学知识在将来会发生改变吗？"学生需要对此做出判断，同时为了避免随意做出选择，在进行判断后还需

[①] Aikenhead G S, Ryan A G. The development of a new instrument: "views on science-technology-society" (VOSTS)[J]. Science Education, 1992, 76(5): 477-491.

要说明原因或举出相应的例子加以阐释。二是科学家关于恐龙的研究,包括如何确定恐龙曾经生活在地球上,如何判断恐龙的形态结构和生理特性等,关于恐龙灭绝的原因,科学家们为什么会有不同的解释等。学生们对于恐龙都非常感兴趣,在科学课程与教学中会涉及恐龙,在课外书籍中有许多关于恐龙的介绍,在生活中有诸多与恐龙有关的玩具,在博物馆中有关于恐龙的主题展厅。此外,也有许多以恐龙为主题的电视节目、电影等。以恐龙作为情境设计问题切合学生的兴趣点,是经典的题目,该类题目来自 YCVSQ 和 Modified VNOS-B。

针对大概念3"科学探究是科学研究的基本方式,其方法和程序是多种多样的"的题目设计,包括正反两组问题。第一,正向题组:某同学在观察鸟类时发现它们的喙形状大小各不相同,还观察到鸟类的食物种类也不相同,该同学是在进行科学探究吗?是在进行一个实验吗?如何解决该同学所提出的问题。第二,反向题组:展示足球、篮球和乒乓球三种不同的球,如果一个同学拿起其中一个球丢向地面让它弹起来,他是在做科学探究吗,请解释原因,同时描述一个能用这些球做的科学探究。两组题目是关于科学探究开始于问题的提出,包括问问题和解决问题的过程,具有多种多样的研究方法,遵循一定的研究步骤但又不囿于特定的程序步骤等。该类题目来自于 VASI/VOSI。

针对大概念4"科学是人类共同的事业,应用科学于工程和技术能造福人类社会,但有时也会产生危害"的题目设计,本研究主要是设计李克特五点量表,让学生对其进行判断,从而了解其理解情况,包括:科学研究对人类社会都是有好处的,不会产生坏的影响(反向题);科学不会受社会、文化等的影响,因为科学家不受它们的影响(反向题);科学家的研究过程若被其他科学家重复,应该能得到相同结果;不同国家或文化背景下,科学家都是以同样的方式进行研究的(反向题);不同文化背景与行业的人都能对科学有贡献。

4. 测评题目评分标准

由于题目均为主观题,因此评分偏重于质性分析,对于研究者而言,需要严格掌握评分标准。结合 YCVSQ 在评分标准上给出的相关指导和建议,本研究确立了三级评分标准:其一,理性水平(informed level),学生所给出的回答与科学本质理解模型所设置的内涵相吻合或一致性较高;其二,质朴水平(naive level),学生所给出的回答与科学本质理解模型所设置的内涵完全不相吻合或一致性很低;其三,中间水平(mixed level),学生所给出的回答与科学本质理解模型所设置的内涵有一部分相吻合,介于理性水平和质朴水平之间,并显示由质朴水平向理性水平转换,如果学生对相关问题没有回答,则记录为没有回答(No answer)。

(二) 测评工具设计

在编制各项题目的基础上,研究者遵循小学生的思维习惯和认知规律,对题目进行合理组织和分配,以使学生顺利完成问题回答。初步设计的测评工具主要包含6个题组(见附录二),各题组对应测评框架中相关大概念及其具体指标维度,见下表3.1。

表3.1 测评框架与工具对应关系

测评框架		测评工具
大概念	指标	
1 科学可以解释自然世界的各种现象	1-1 世界是可以被认识的,科学解释自然世界的各种现象	题组1: 现在,科学发展迅速并已融入生活的方方面面…… (1)你觉得科学是什么呢? (2)说一说你心目中的科学家是做什么的?他们是如何工作的?
	1-2 科学是一种被许多人认可和使用的认识事物的方式	题组6: 科学是认识大自然的,是解释自然现象的
	1-3 科学需要人类的想象力和创造力	题组5: 你认为科学家在工作的时候有创造力和想象力吗?请回答"是"或"否"。举例说明科学家在什么时候有创造力和想象力。 题组6:科学知识的产生与发展要依赖于人的想象和创造
2 科学知识的产生要基于证据,且需要随着新证据的发现而不断修正	2-1 科学知识的产生是基于证据的	题组4: 恐龙曾经在地球上生活过,但是在很久以前就灭绝了,没有人见过恐龙。 (1)科学家是如何知道恐龙真的在地球上存在过呢? (2)下图是科学家经过研究所确定的三种恐龙,科学家为什么认为恐龙是这个样子的? (4)如果你的同学或朋友说他知道为什么恐龙全部灭绝了,他该做些什么才能让科学家相信他?为什么

(续表)

测评框架		测评工具
大概念	指标	
2 科学知识的产生要基于证据,且需要随着新证据的发现而不断修正	2-2 科学知识具有一定的确定性和持久性,但不是绝对真理,是可以改变的	题组 2: 你认为科学观点将来有可能发生改变吗?说一说你的理由并举一个例子。 题组 6: 我们在科学课上学习到的知识永远不会改变
	2-3 科学知识的产生受人们的文化背景、看待事物的方式等影响,具有一定的主观性	题组 4: 恐龙曾经在地球上生活过,但是在很久以前就灭绝了,没有人见过恐龙。 (2) 下图是科学家经过研究所确定的三种恐龙,科学家为什么认为恐龙是这个样子的? (3) 科学家们研究恐龙灭绝的原因,他们所掌握的资料和证据是相同的,但是得出的结论却不同,有的科学家认为是小行星撞击地球,而另外一些科学家则认为是大规模的火山爆发导致恐龙灭绝。你觉得为什么不同科学家对恐龙灭绝的原因会有不同的解释呢? 题组 6: 不同国家或文化背景下,科学家都是以同样的方式进行研究的
3 科学探究是科学研究的基本方式,其方法和程序是多种多样的	3-1 科学探究始于科学问题的提出,包含提出问题和解决问题的过程	题组 3: 某位同学十分喜欢鸟儿,他在观察鸟类时发现它们的喙(huì,即鸟的嘴巴)形状大小各不相同,有的长而细,有的大而尖,有的小而短,如下图。他还观察到鸟类的食物种类也不相同,有的吃昆虫,有的吃植物种子。 (1) 你认为该同学是像科学家一样在进行科学探究吗?说一说你的理由。 (2) 你认为他所做的工作是一个实验吗?为什么是或者为什么不是?
	3-2 科学探究所使用的方法是多种多样的,应根据具体研究选择合适的方法	题组 6:科学探究和调查要从提出科学问题开始科学研究过程中所使用的研究方法是多种多样的科学研究的过程包括问题和解决问题的过程科学家在进行一项研究时只能使用一种研究方法。 科学研究的步骤不是固定的,是可以调整的
	3-3 科学研究过程要准确记录并积极与他人交流讨论	题组 6: 科学家的研究过程若被其他科学家重复,应该能得到相同结果。 按照相同的程序开展研究,有可能得出不同的结论

(续表)

测评框架		测评工具
大概念	指标	
4 科学是人类共同的事业，应用科学于工程和技术能造福人类社会，但有时也会产生危害	4-1 科学促进社会的发展，给人类带来福祉，但也会产生危害	题组6： 科学家会运用科学知识来解决现实问题。 科学研究对人类社会都是有好处的，不会产生坏的影响
	4-2 不同国家、不同背景的人都能对科学有贡献	题组6： 不同文化背景与行业的人都能对科学有贡献
	4-3 科学受社会伦理道德的约束，要遵守道德规范	题组6： 科学不会受社会、文化等的影响，因为科学家不受它们的影响

二、测评工具专家评审

为确保测评工具具有良好的信度和效度，在测评工具编制完成后，本研究选择科学教育领域专家、小学科学教研员与一线教师等，对测评工具进行了评审，根据反馈意见对测评题目进行修正。

（一）运用 SOLO 分类理论

SOLO 是"可观察的学习成果结构"(structure of the observed learning outcome)的英文缩写，是由澳大利亚学者约翰·彼格斯(John B. Biggs)建立的一种分类理论。彼格斯认为，人的总体认知结构可以看作是一个理论性的概念，无法被准确地测评出来。人在回答某一问题所表现出来的思维结构与总体认知结构没有直接关联，但却是可以检测的。SOLO 分类理论的基础是皮亚杰所建立的儿童认知发展阶段理论，它将人的思维水平分为五个层次：前结构、单点结构、多点结构、关联结构和拓展抽象结构，分别对应认知发展各个阶段，即前运算阶段(4 至 6 岁)、初级具体运算阶段(7 至 9 岁)、中级具体运算阶段(10 至 12 岁)、概括型具体运算阶段(13 至 15 岁)和形式运算阶段(16 岁以上)[1]。学生由低向高逐级发展至 SOLO 各层次，其能力、思维操作、一致性与

---

[1] 约翰 B. 彼格期,凯文 F. 拜利斯. 学习质量评价：SOLO 分类理论：可观察的学习成果结构[M]. 高凌飚,张洪岩,译. 北京：人民教育出版社,2010.

收敛以及回答结构也随之提升,本研究聚焦小学四至六年级阶段,学生正处于初级和中级具体运算阶段,对应 SOLO 单点结构和多点结构,具体见下表 3.2①。

表 3.2 小学生所处 SOLO 分类水平特征

SOLO 层次	发展阶段	能力	思维操作	一致性与收敛
单点结构	初级具体运算阶段	能力为低水平:问题线索 + 单个相关素材	只能联系单一事件进行"概括"	没有一致的感觉,迅速收敛,只接触到某一点就立刻得到结论,因此结论非常不一致
多点结构	中级具体运算阶段	能力为中水平:问题线索 + 多个孤立的相关素材	只根据几个有限的、孤立的事件进行"概括"	虽然想达到一致,但由于基本上只注意孤立的素材而使回答收敛太快,从而导致用同样的素材得出不同结论

基于 SOLO 分类理论对人们所处认知发展阶段特征的描述,小学生所表现出的能够被检测的学习成果结构仍处于较低水平,回答问题所能调动的经验素材较少,得出结论的一致性程度较低。因此,在测评小学生的学习成果时需要进行多点支撑,即针对一个测评指标设计多个题目,若仅对应一个测评题目,测量误差会大大增加。本研究在设计测评工具时,对每个测评指标均设置 2 至 3 个题目(详见下表 3.3),以此减少测评误差。

表 3.3 测评工具多点支撑矩阵

大概念	指标	各题评分			汇总
1 科学可以解释自然世界的各种现象	1-1 世界是可以被认识的,科学解释自然世界的各种现象	1(1)	1(2)	6①	
	1-2 科学是一种被许多人认可和使用的认识事物的方式	1(1)	1(2)	1(3)	
	1-3 科学需要人类的想象力和创造力	5	6④		

---

① 张沿沿,冯友梅,顾建军,等. 从知识结构与思维结构看思维评价:基于皮亚杰发生认识论知识观的演绎[J]. 电化教育研究,2020,41(6):33-38.

(续表)

大概念	指标	各题评分		汇总
		4(1)	4(2)	
2 科学知识的产生要基于证据,且需要随着新证据的发现而不断修正	2-1 科学知识的产生是基于证据的			
	2-2 科学知识具有一定的确定性和持久性,但不是绝对真理,是可以改变的	2	6②	
	2-3 科学知识的产生受人们文化背景、信仰和看待事物方式等影响,具有一定的主观性	4(3)	4(2)	6⑨⑬
3 科学探究是科学研究的基本方式,其方法和程序是多种多样的	3-1 科学探究始于科学问题的提出,包含提出问题和解决问题的过程	3(1)	6③⑥⑦	
	3-2 科学探究所使用的方法是多种多样的,应根据具体研究选择合适的方法	3(2)	3(3)	6⑤⑧
	3-3 科学研究过程要准确记录并积极与他人交流讨论	4(4)	6④⑨⑫	
4 科学是人类共同的事业,应用科学于工程和技术能造福人类社会,但有时也会产生危害	4-1 科学促进社会的发展,给人类带来福祉,但也会产生危害	6⑩	6⑦	
	4-2 不同国家、不同背景的人都能对科学有贡献	6⑭		
	4-3 科学受社会伦理道德的约束,要遵守道德规范	6⑪		

(二) 关注学生理解

能够准确理解问题表述的意义是回答问题的基础,否则容易出现偏差。由于小学生接受科学教育还处于初级阶段,对于一些专有名词,如科学知识、科学观点、科学探究、真理、文化、信仰、宗教、政治、创造与发明等的理解可能不完全到位。因此,专家建议题目表述应切合学生认知水平,便于其理解。基于此,对测评题目进行修改,如下。

题组 2:大多数学生对"科学观点"一词不甚了解,或理解比较片面,认为是科学家的一些想法。因此,题目情境修改为"我们从科学书籍中可以学习到许多科学知识,你认为这些科学知识将来有可能发生改变吗?"以"科学知识"替换

“科学观点”，同时添加“科学书籍中学到的”范围限制，以此方便学生准确理解问题的目标指向。

题组 4：多数学生在面对“如果你的同学或朋友说他知道为什么恐龙全部灭绝了，他该做些什么才能让科学家相信他?”这一问题时，容易回答科学家不相信小学生。因此，可以修改为“他该做些什么才能让你或科学家相信他?”将题目中涉及目标人群拉进至小学生本身，使其更容易回答。

题组 6：添加两条内容，“科学研究的步骤不是固定的，是可以调整的”“按照相同的程序开展研究，有可能得出不同的结论”；另一方面，主要是修改不易理解的词语，包括：去除“科学不会受社会、文化、宗教、信仰等的影响，因为科学家不受它们的影响”中的“宗教”“信仰”等词语，仅保留“社会”和“文化”。

（三）规范问卷格式

遵循小学生的作答习惯，尽量减轻学生的书写负担。一是为是非选择题目设置选项；二是为每道试题设置答题区域横线，同时将问题分解，每一个小问题单独设置作答区域，以免漏答，例如题组 2 的题目设置如下图 3.1。

3.某位同学十分喜欢鸟儿，他在观察鸟类时发现它们的喙（huì，即鸟的嘴巴）形状大小各不相同，有的长而细，有的大而尖，有的小而短，如下图。他还观察到鸟类的食物种类也不相同，有的吃昆虫，有的吃植物种子。

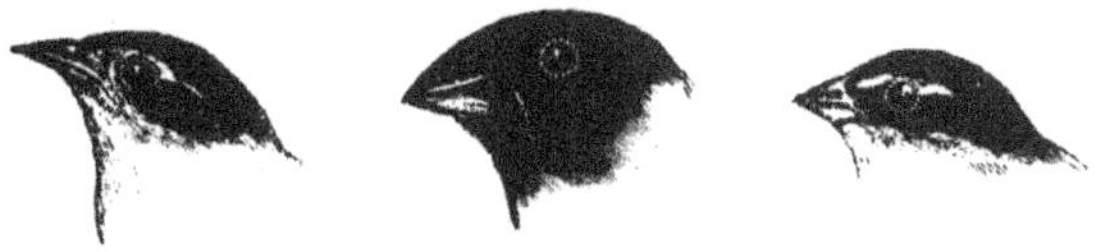

（1）你认为该同学是像科学家一样在进行科学探究吗？

请选择：□是　□否（在方框中打√）

说一说你做出选择的理由：________________________________

____

图 3.1　测评工具例题

三、测评工具预测试

经过专家评审并对测评工具进行修订后，本研究对测评工具进行两轮预测试，从两个方面评判试题：一是题目的适答性与做题体验，包括小学生对测评题目的做题反应、所需时间、具体感受等，主要通过观察学生的做题过程、完成题目后对学生进行访谈等方式完成;二是工具的信度与效度,主要应用项目反应理论(Item Response Theory,简称 IRT)的 Rasch 测量模型对预测试结果进行分析,并依据分析结果,主要是数据与模型是否拟合,对测评工具进行修正。

(一) 第一轮预测试

1. 测试目的

本轮预测试的主要目的是检验测评题目的适答性,了解学生的做题体验,对测评结果进行初步处理和分析,基于此对题目进行调整。

2. 测试对象

小学四年级学生,因为此次预测试是在下半年学期开始时进行,考虑到新晋四年级学生实为刚完成三年级课业学习的学生,因此本研究选择新晋五年级学生开展预测试。选择杭州市一所小学,随机抽取五年级一个班,共 45 人,其中男生 24 人,女生 21 人。

3. 测试流程

本测评工具以学生独立作答为主,访谈为辅。答题时间为 60 分钟,并依据学生们答题时的具体情况进行灵活调整。作答完毕后,研究者在作答过程中对学生进行观察,记录第一位完成、约半数学生完成以及所有同学完成三个时间点,并据此抽取测评总人数的 20% 依据访谈提纲所列问题开展访谈,每位同学约用时 10 分钟,可以以两位同学为一组同时进行。

4. 测试结果

测试完成后,依据评分标准对学生的回答进行评分,遵循如下原则:首先,分题组评分,即将所有同学对题组 1 的回答集中评完后,再评题组 2,依次进行其他题组评分。其次,先浏览所有学生的回答情况,形成整体把握后,再依次评分,评分过程中注意记录不易评判的回答,将其集中在一起反复比较分析。同时注意请教相关专家,综合专家的建议,最终给出公正的评分。

5. 题目修改

依据学生在做题过程中的各项表现、做题后的访谈反馈以及依据评分标准对学生的作答情况所进行的评判等三方面的因素,对测评题目进行修改和调整。

题组 1:分解并进一步细化问题以便于回答。若直接以"你认为科学是什么?"这一问题来囊括所有设问,学生在回答过程中容易找不到答题的落脚点,因此,在此题后面再设计一道题目,即"你认为科学与你学习到的其他东西有什么不同?"该题目设计的目的是让学生从科学的独特之处角度来回答问题,是对第一个问题的拓展和补充。上述两个问题共同支撑学生对科学的整体认识和理解。

题组3:主要聚焦学生对科学探究始于科学问题的提出,以及区分观察与实验,认识到科学方法是多种多样的。在题目设计时,将问题情境设计为一个非科学探究的案例,即某同学仅进行了观察,并没有提出问题,因此不是像科学家一样进行科学探究,该设计是由原题目的正向问题反向化设计。第二个小问题是对该同学所做工作是否是进行科学实验的判断并给出理由。

题组6:主要是针对科学事业大概念维度,考虑到通过试题的形式难以开展,设计为测评量表,通过学生对科学事业相关维度的同意程度来判断其理解水平。在维度陈述方面,以简明扼要的语句客观表述,每一个陈述仅仅对应一个论述点,例如,将"科学研究的过程是多样的,以相同程序进行科学研究有可能得出不同结论"分解为两个点:"科学研究的步骤不是固定的,是可以调整的"和"按照相同的程序开展研究,有可能得出不同的结论"。同时贴近学生实际生活和课堂情境,例如,我们在科学课上学习到的知识永远不会发生改变。

(二) 第二轮预测试

1. 测试目的

本轮测试的主要目的是检测测评工具的信度与效度。与此同时,与第一轮测试相同,也抽取部分学生进行访谈,继续搜集学生对题目的意见反馈。

2. 测试对象

小学四年级和六年级学生。遵循分层抽样原则,选择武汉市的三所小学,教育质量水平分别为高中低的学校各一所,每所学校各随机抽取四年级和六年级各一个班进行测试,详见下表3.4。

表3.4 第二轮预测试学校基本情况

序号	地区	教育质量水平	学校编号	四年级学生人数/个	六年级学生人数/个
1	武汉市	低	WH1	48	38
2		中	WH2	41	/
3		中	WH3	/	43
4		高	WH4	46	49

注:其中一所学校为九年一贯制学校,四年级所在校区仅至五年级,其六年级在初中校区,因联系不便,六年级另选一所学校。

3. 测试结果及分析

依据评分标准对学生的回答进行评分,并在此过程中,继续完善评分标准。本研究选用项目反应理论对测评工具进行质量分析,IRT 能够有效弥补经典测试理论(Classical Testing Theory,简称 CTT)的不足,例如对测量样本的依赖性较高,测评工具信度的准确性较低,对测评题目反应组型的忽视等。IRT 所包含的统计学模型有多种,Rasch 是这些模型中被广泛应用的模型[①]。

本研究开发的测评试题主要是主观题和李克特五点量表。主观测评题目需要对测评对象的回答进行评分,且分为三个水平,宜采用 Rasch 模型中的分部评分模型(Partial Credit Model,简称 PCM),PCM 是美国学者杰夫·N. 马斯特斯(Geoff N. Masters)基于评定量表模型扩展而来,以便分析评分超过两个有序类别的认知项目[②]。评定量表模型(Rating Scale Model,简称 RSM)由澳大利亚学者大卫·安德里希(David Andrich)开发,可以对测评量表进行质量分析[③]。

目前科学对 Rasch 模型进行数据分析的软件有 Conquest、Winsteps、Facets 和 R 语言等,其中 Conquest 是一款功能强大的 Rasch 模型分析软件,可以进行多维度多方面的分析。本研究主要选用 Conquest 软件对测评工具进行质量分析。

(1) 单维性和局部独立性分析

单维性假设和局部独立性假设是项目反应理论的两个基本假设,单维性假设指在一套测验测评单一能力,测验对象的能力表现或心理特质对应一个主要因素,局部独立性假设指测验对象正确回答某一问题的概率是独立的,与正确回答其他问题的概率不相关或相关性低。可以采用验证性因素分析的方法检验测评工具的单维性,多数研究者使用的模型适配指标值为卡方(χ^2)、自由度(df)、适配度指标值(GFI)、规模适配度指标(NFI)、比较适配度指标(CFI)、渐进残差均方和平方根(RMSEA),$\chi^2/df \leqslant 3.0$,适配度指标值(GFI)$\geqslant 0.90$,规模适配度指标(NFI)$\geqslant 0.90$,适配度指标值(GFI)$\geqslant 0.90$,渐进残差均方和平方根(RMSEA)$\leqslant 0.08$,表示模型适配良好,满足单维性假设[④]。本研究测评小学生对科学本质的理解情况,开发的测评工具所包含的各个题目均指向学生对科学

---

① 沈甸,徐佳敏. 基于 Rasch 模型分析测评工具质量的研究述评[J]. 中国考试,2020(2):65-71.
② Masters G N. A Rasch model for partial credit scoring[J]. Psychometrika, 1982(47):149-74.
③ Wright B D, Masters G N. Rating Scale Analysis: Rasch Measurement[M]. Chicago: MESA Press, 1982.
④ 吴明隆. 结构方程模型:AMOS 实务进阶[M]. 重庆:重庆大学出版社,2016.

本质不同方面的理解,即对科学本质四个大概念的理解。基于此,可以从两个角度来看待测评工具,一是指向科学本质的理解,即测评工具各个题目整体具有单维性;二是指向科学本质四个大概念,各个大概念之间彼此相联系又具有一定的独立性,因此又具有多维结构。预测试工具验证性因素分析结果见表(进行模型修正过程中,由于样本较小,题组1、3和4的第1题没有计算在内,题组6的第6和8题项也需要删除),由表3.5可知,除NFI值为0.888(试题)、0.737(量表),但也处于可接受范围,其余均符合拟合指数。总体上,测评工具基本符合单维性假设。另一方面,依据残差协方差矩阵可得,各残差之间的相关系数均小于0.20[①],因此局部独立性假设也成立。本研究同时进行单维模型和多维模型数据分析,根据数据的拟合结果来确定,单维模型的最终偏差(Deviance)值为3 785.402 86,多维模型的最终Deviance值为3 952.065 86,单维模型的最终Deviance值较低。综合看来,宜采用单维模型进行质量分析。

表 3.5　测评工具验证性因素分析拟合结果(预测试)

	χ^2	df	χ^2/df	GFI	NFI	CFI	RMSEA
试题	16.548	14	1.182	0.981	0.888	0.980	0.029
量表	69.409	54	1.285	0.951	0.737	0.922	0.036

(2) 数据与模型拟合情况分析

数据与模型之间的拟合情况是测评题目在测试过程中实际表现出来的特征与模型的期望特征的吻合程度,吻合度越高说明测评题目的质量越高。可以根据题目的实际特征与期望特征的差异,对题目进行适当修正或删减。使用Conquest软件进行分析,测评工具各个题目的拟合指数主要包括MNSQ(Mean Square Residual)值和T值,MNSQ是模型期望值和观察值(即被试的实际得分)相减后的标准化残差平方和的平均数,MNSQ遵循卡方检验分布,其范围从0到正无穷,期望值是1。一般情况下,MNSQ期望值设置95%的置信区间,如果拟合值在该区间范围内,表明数据与模型拟合,若不在该范围内,则显示数据与模型不拟合。运行Conquest软件可获得两类MNSQ值,即unweighted fit MNSQ和weighted fit MNSQ,其中unweighted fit MNSQ指

[①] 王玥,常淑娟,韩晓玲,等. 基于项目反应理论的题库构建及其有效性检验:以"现代教育技术"公共课为例[J]. 现代教育技术,2019,29(10):41-47.

未加权的残差均方，weighted fit MNSQ 为加权后的残差均方，未加权的 MNSQ 对极端值更为敏感，而加权的 MNSQ 对项目难度和被试能力水平相当的数据更为敏感。本研究关注加权的 MNSQ，重点聚焦项目难度和被试能力水平相当的数据。关于 MNSQ 取值范围，利纳克尔（Linacre）认为 MNSQ 在 0.8 到 1.4 之间较为合理[①]，通常认为 MNSQ 取值范围在 0.75—1.3 之间为拟合良好。MNSQ 可转换为近似正态化 T 值，如果 MNSQ 拟合统计量位于区间之外，则相应的 T 值的绝对值大于 2.0。

本研究的数据与模型拟合情况见下表 3.6 和表 3.7。分析各个拟合指标可知，试题难度的估计值（estimate）位于 -1.331 与 1.615logit 之间，试题难度估计的标准差（error^）位于 0.064 与 0.214 之间，加权的 MNSQ 值位于 0.86 与 1.04 之间，T 值位于 -2.2 至 0.5 之间。结果表明，除第 1-1 题的 T 值为 -2.2（绝对值大于 2.0），测评工具的其余题目在预测试过程中的数据与模型的拟合良好。量表第 7 项的加权 MNSQ 值为 1.35，第 8 项的加权 MNSQ 值为 1.31，其余均位于 0.75—1.3 之间，另外，第 4、7、8、12 和 13 题的 T 值绝对值大于 2.0，需要进行调整，其余题项拟合良好。

表 3.6 预测试数据与模型的拟合情况（试题）

TERM 1：item

变量		估计值	标准差	未加权拟合			加权拟合		
	item			MNSQ	CI	T	MNSQ	CI	T
1	2	0.624	0.071	1.02	(0.81, 1.19)	0.3	1.03	(0.85, 1.15)	0.4
2	3(1)	1.037	0.075	1.07	(0.81, 1.19)	0.7	1.04	(0.82, 1.18)	0.5
3	3(2)	-0.721	0.068	1.17	(0.81, 1.19)	1.7	1.03	(0.84, 1.16)	0.4
4	4(1)	1.615	0.082	0.92	(0.81, 1.19)	-0.8	0.96	(0.69, 1.31)	-0.2
5	4(2)	0.369	0.065	1.02	(0.81, 1.19)	0.3	1.03	(0.87, 1.13)	0.5
6	4(3)	-1.331	0.077	1.09	(0.81, 1.19)	0.9	1.04	(0.74, 1.26)	0.4
7	4(4)	-0.117	0.070	0.94	(0.81, 1.19)	-0.6	0.95	(0.87, 1.13)	-0.8
8	5	-0.134	0.064	0.99	(0.81, 1.19)	-0.1	0.99	(0.88, 1.12)	-0.2
9	1-1	-0.410	0.068	0.84	(0.80, 1.20)	-1.7	0.86	(0.86, 1.14)	-2.2
10	1-2	-0.930*	0.214	1.01	(0.81, 1.19)	0.1	1.00	(0.82, 1.18)	-0.0

[①] Linacre J M. Many-facet rasch measurement. Chicago[M]. Array Chicago：MESA Press, 1994.

(续表)

An asterisk next to a parameter estimate indicates that it is constrained
Separation Reliability = 0.994
Chi-square test of parameter equality = 1139.10, df = 9, Sig Level = 0.000
^ Quick standard errors have been used

表 3.7 预测试数据与模型的拟合情况(量表)

TERM 1: item

	变量	估计值	标准差	未加权拟合			加权拟合		
	item			MNSQ	CI	T	MNSQ	CI	T
1	WH01	-0.591	0.046	1.19	(0.82, 1.18)	1.9	1.18	(0.80, 1.20)	1.7
2	WH02	0.705	0.042	1.02	(0.82, 1.18)	0.2	1.00	(0.84, 1.16)	0.0
3	WH03	-0.665	0.047	0.90	(0.81, 1.19)	-1.1	0.89	(0.79, 1.21)	-1.1
4	WH04	0.258	0.041	1.18	(0.81, 1.19)	1.8	1.18	(0.86, 1.14)	2.4
5	WH05	-1.152	0.051	0.89	(0.81, 1.19)	-1.1	0.90	(0.73, 1.27)	-0.7
6	WH06	-0.820	0.048	0.92	(0.81, 1.19)	-0.9	0.95	(0.77, 1.23)	-0.4
7	WH07	1.246	0.047	1.30	(0.81, 1.19)	2.9	1.35	(0.79, 1.21)	3.0
8	WH08	-0.148	0.042	1.37	(0.81, 1.19)	3.5	1.31	(0.84, 1.16)	3.6
9	WH09	-0.549	0.045	0.97	(0.82, 1.18)	-0.3	0.94	(0.81, 1.19)	-0.6
10	WH10	0.716	0.043	0.84	(0.82, 1.18)	-1.7	0.85	(0.84, 1.16)	-2.0
11	WH11	0.342	0.041	0.89	(0.81, 1.19)	-1.1	0.90	(0.86, 1.14)	-1.4
12	WH12	0.428	0.042	0.81	(0.81, 1.19)	-2.1	0.81	(0.86, 1.14)	-2.7
13	WH13	0.520	0.042	0.77	(0.81, 1.19)	-2.6	0.78	(0.85, 1.15)	-3.2
14	WH14	-0.291*	0.160	1.05	(0.81, 1.19)	0.5	1.06	(0.83, 1.17)	0.8

An asterisk next to a parameter estimate indicates that it is constrained
Separation Reliability = 0.996
Chi-square test of parameter equality = 2977.45, df = 13, Sig Level = 0.000
^ Quick standard errors have been used

(3) 题目信度

分离信度(separation reliability)指题目在实际测评中的观察变异可以被 Rasch 模型解释的比例,是评判题目信度的重要指标。预测试的结果显示,测评工具的分离信度为 0.994,EAP/PV 信度为 0.615,表明工具的信度较高。

（4）怀特图

Rasch 模型将测评项目和测评被试按照难度、能力高低分别放置在同一量尺的两边,清晰地展示出项目与被试的分布情况,同时显示两者之间的对应关系,即怀特图(wright map)。如下图 3.2 所示,试测工具的怀特图显示,每个 X 代表 1.5 个被试,学生回答各个维度的题目所展现出来的能力基本上符合正态分布,即能力属于居中水平的学生最多,高水平和低水平的学生人数分布较少。在试题分布层面,绝大部分题目的难度分布于 1 至 -1 之间,第 4 个项目对应的题目为较简单,第 6 个项目对应的题目较难,因此可以对两个题目进行修改。总体来看,学生能力和试题难度两个方面均处于 2 至 -2 之间,说明题目能够较好地反映出学生的能力水平。

4. 工具修改

经过上述分析,需要对工具所包含的题目进行修正,主要是进行个别题目的调整。

（1）题组 4 的第 1 小题

预测评结果显示该题较为简单,但是题目的设计意图在于判断被试者是否理解科学知识的产生基于证据,是一个经典的题目,大多数学生能够回答出来,说明我国小学生对恐龙已经不陌生,且测评工具中也需要较为容易的题目,因此题目不做改动。但是在评分标准方面,需要适当严格一些。

（2）题组 3 的第 1 小题

该题目未能准确达到预设要求,在访谈的过程中,学生对该题的反馈表现聚焦到三种鸟类的喙形与所吃食物的关系,而忽视了题目的本意,说明在工具初稿设计过程中所做的改动不能满足要求,因此,需要将问题进行还原。

初稿：3.某位同学十分喜欢鸟儿,他在观察鸟类时发现它们的喙(huì,即鸟的嘴巴)形状大小各不相同,有的长而细,有的大而尖,有的小而短,如下图。他还观察到鸟类的食物种类也不相同,有的吃昆虫,有的吃植物种子。

```
                    Terms in the Model (excl Step terms)
                                  +item
                         |                          |
       2                 |                          |
                         |                          |
                         |                          |
                         |                          |
                         |                          |
                         |4                         |
                         |                          |
                         |                          |
                         |                          |
                       X |                          |
                         |                          |
                       X |                          |
       1             XX |2                          |
                       X |                          |
                      XX |                          |
                    XXXX |                          |
                     XXX |                          |
                    XXXX |1                         |
                     XXX |                          |
                   XXXXX |                          |
                    XXXX |                          |
                 XXXXXXX |5                         |
                 XXXXXXX |                          |
                XXXXXXXXX|                          |
                 XXXXXXX |                          |
             XXXXXXXXXX  |                          |
       0         XXXXXXX |                          |
                   XXXXX |7                         |
                  XXXXXX |8                         |
                 XXXXXXX |                          |
                 XXXXXXX |                          |
                XXXXXXXXX|9                         |
                  XXXXXX |                          |
                  XXXXXX |                          |
                     XXX |                          |
                     XXX |                          |
                    XXXX |3                         |
                     XXX |                          |
                      XX |                          |
                      XX |10                        |
      -1              XX |                          |
                       X |                          |
                         |                          |
                       X |                          |
                       X |6                         |
                         |                          |
                         |                          |
                         |                          |
                         |                          |
                         |                          |
                         |                          |
       2                 |                          |
                         |                          |
                         |                          |
                         |                          |
Each 'X' represents   1.5 cases
```

图 3.2 测评工具预测试怀特图

a. 你认为该同学是像科学家一样在进行科学探究吗？

修改稿：3. 某位同学十分喜欢鸟儿，他在观察鸟类时发现它们的喙（huì，即鸟的嘴巴）形状大小各不相同，有的长而细，有的大而尖，有的小而短，如下图。他还观察到鸟类的食物种类也不相同，有的吃昆虫，有的吃植物种子。

于是，他问道："鸟类的喙形和它们吃的食物种类之间有联系吗？"

a. 你认为该同学是像科学家一样在进行科学探究吗？

与此同时，对于"科学探究始于科学问题的提出"以及"科学研究的方法和程序是多种多样的"等指标维度的测评新增加一组题目进行多点支撑，即如下题组6：下图展示三个不同的球：足球、篮球和乒乓球。

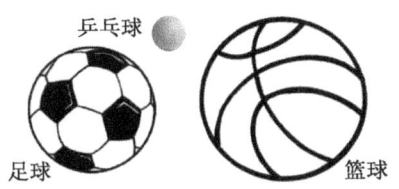

a. 如果一个同学拿起其中一个球丢向地面让它弹起来，他是在做科学探究吗？请解释为什么是或为什么不是？

b. 描述一个你能用这些球做的科学探究。

(3) 题组4的第3小题

该题为最难的一道，学生对"恐龙灭绝的原因具有多种解释"进行评判，从而显示其对科学具有主观性的认识。降低题目难度方面，将从调整评分标准入手，适当放宽评分标准，对于能够表达出科学家在进行科学研究的过程中，有时会受到来自个人文化、信仰、习惯等影响，从而得出不同的结论，即能够达到理性的水平。

(4) 量表题部分

量表题项修改如下：一是删除部分题项，主要是与数据拟合不佳的题项以及专家建议删除的题项,包括第 2、8、9、13 题;二是将反向问题改为正向,以免引起学生的错选;三是对原有题项进行整合调整,同时修改拟合情况不好的第 4、7、8、12 和 13 题。修改后的量表包含十个题项:①科学是认识大自然的,能解释自然现象;②我们学习的绝大多数科学知识能在很长一段时间内保持不变;③科学知识的产生与发展要依赖于人的想象和创造;④科学家的研究过程若被其他人重复,应该能得到相同结果;⑤科学家会运用科学知识来解决现实生活中的问题;⑥按照相同的程序开展研究,有可能得出不同的结论;⑦科学研究有时也会对人类社会产生危害;⑧科学会受社会、文化、伦理道德等的影响;⑨不同国家或文化背景下,科学家进行研究的方式会有所不同;⑩不同文化与行业的人都能对科学有贡献。

5. 评分标准

在两轮测评的基础上,形成本研究的评分标准,如下表 3.8。将用于正式测评时,对学生的回答进行评分。

表 3.8 测评题目评分标准

测评题目	评分标准		
	理性水平	中间水平	质朴水平
题组 1	(1) 你觉得科学是什么呢? (2) 你认为科学与你学到的其他东西有什么不同? (3) 说一说你心目中的科学家是做什么的?他们是如何工作的	回答体现出科学解释自然界各种现象和问题,科学需要证据;科学需要提出问题、做出假设、寻找证据、得出结论等。科学家进行科学探究、调查,研究自然世界的各类现象	回答展现出科学是研究大自然的某一方面,如研究动物、天文、宇宙等的奥秘;科学包含许多知识;科学家不断探索未知,辛勤工作	回答仅体现科学对提升生活水平所起的作用,或者在工程技术等方面的应用,没有涉及对科学本身的认识;科学很有趣,不用背诵。科学家很辛苦
题组 2	我们在科学书籍中可以学到许多科学知识。你认为这些科学知识将来有可能发生改变吗?说一说你的理由并举例说明	回答"是"并举例说明原因,表达出科学知识会随着新的研究发现而得到不断修正,如哥白尼的日心说取代地心说,伽利略的铁球实验	回答"是",但所给出的原因比较笼统,如随着科学的发展,科学知识就会变化;举例不当,如以前是 3G,现在到了 5G	仅回答"是"或"否",没有说明原因或举例,或者所给出的原因与此没有关联

(续表)

测评题目		评分标准		
		理性水平	中间水平	质朴水平
题组3	(1) 你认为该同学是像科学家一样在进行科学探究吗？说一说你的理由	回答"是"并给出原因，因为该同学提出了一个问题，然后进行观察来尝试回答该问题	回答"是"，没有明确指出提出了问题，仅仅说明科学家也是这样进行科学研究的	仅回答"是"或"否"，或给出的原因不当，如科学家也要认真观察
	(2) 你认为他所做的工作是一个实验吗？为什么是或者为什么不是	回答"否"并给出原因，该同学是在调查、观察，不是实验，因为他没有设置控制变量	回答"否"并给出原因，他没有动手做，只是在观察；此外，此年龄段学生大多用"实验"一词来代表所有科学工作，所以如果回答"是"，并且讨论"提出问题、进行观察（记录或描绘等）以回答"	仅回答"是"或"否"，没有给出原因；或者给出的原因为该同学就是像科学家一样进行实验
	(3) 他接下来应该怎样做才能回答他所提出的问题	回答体现根据具体情况选择研究方法，包括继续细致观察，如鸟的喙如何获取相应食物；设计实验等，比如给鸟提供不同种类的食物，观察鸟选择哪种食物，获取的过程有什么特点	回答体现出继续观察，但不明确具体	回答比较简单、笼统，如继续观察、问老师、上网查资料等
题组4	(1) 科学家是如何知道恐龙真的在地球上存在过呢	科学家找到了化石和骨头，通过他们知道恐龙曾经在地球上存在过	科学家从一些证据得知，但是没有说明是哪些证据以及具体为什么原因	科学家从远古传说中知道的，或者通过查阅资料、去博物馆调查等知道的
	(2) 下图是科学家经过研究所确定的三种恐龙，科学家为什么认为恐龙是这个样子的（如：形态大小、体表颜色等）	科学家利用恐龙化石，进行拼接，同时依据对现有动物的生理解剖认知，进行推测，综合得出恐龙的形态	仅说出科学家拼接化石，或者依据现有知识推测，如牙齿尖尖的为肉食性	从书中、电视里、电影里看到图片，恐龙就是这样子的

(续表)

测评题目	评分标准		
	理性水平	中间水平	质朴水平
题组4 (3) 科学家们研究恐龙灭绝的原因时,他们所掌握的资料和证据是相同的,但得出的结论却不同,有的科学家认为是小行星撞击地球,而另外一些科学家则认为是大规模的火山爆发导致恐龙灭绝。你觉得为什么不同科学家对恐龙灭绝的原因会有不同的解释呢	科学家的想法、观点不同,看待问题的角度不一样	科学家都是猜测的,目前所掌握的证据不足	恐龙灭绝的原因包括题干中所指出的几种;没有人知道恐龙是如何灭绝的
(4) 如果你的同学或朋友说他知道为什么恐龙全部灭绝了,他该做些什么才能让你或科学家相信他?为什么	学生的回答应体现提供证据,向我和科学家们详细说明原因	学生的回答没有出现证据,但是表达出说明原因	科学家不会相信我们的;到网络上查找资料;去博物馆看看恐龙化石
题组5 你认为科学家在工作的时候有创造力和想象力吗?请回答"是"或"否"。举例说明科学家在什么时候有创造力和想象力	回答"是"并给出原因,举出例子,如科学家在解决问题提出猜想时有创造力,如牛顿被苹果砸到,从而获得启发,发展出了万有引力	回答"是"给出的例子不恰当,如科学家在工作的时候有创造力	仅回答"是"或"否",没有给出原因;或给出的原因不当
题组6 (1) 如果一个同学拿起其中一个球丢向地面让它弹起来,他是在做科学探究吗?请解释为什么是或为什么不是	回答"否",因为这仅仅是一个动作,没有提出问题;如果选择"是",然后添加了一个问题,并说出调查以解答问题	回答"否",给出的原因表现出比较的意思,如他可能在比较球的弹力大小	仅回答"是"或"否",没有给出原因;回答"否",给出的原因不恰当,如他只是在玩球
(2) 描述一个你能用这些球做的科学探究	学生的回答体现出提出探究问题并能进行研究。如,不同球的弹力大小有何不同?从同一高度下落,测量三种球弹起的高度,比较不同球的弹力大小;或球的弹力大小与充气量有何关系	学生的回答没有体现出问题,仅仅是描述过程,如同一力度拍三种球,比较三种球的反应	学生的回答与科学探究没有关系

下面给出学生回答相关问题的案例,主要是针对"你认为科学是什么?"这一问题的回答,分为三个水平呈现。

理性水平的回答案例:

WH-H-6-06:我觉得科学可以帮助人们更好、更方便的生活,使人们了解更多的、肉眼不能看到的知识;科学家是研究、观察生活中的问题、现象,他们会用仪器和实验来证明。

WH-H-6-06:我觉得科学是对未知世界的一种认知和学习,也是探索一些未知的或已知的事物,一种最精准的认知;我眼中的科学家是在做坚持不懈的研究,他们应该拿着显微镜寻找细胞的奥秘,或是拿滴管调配新的基因。

WH-H-6-18:生活处处有科学,科学可以让我们的生活更方便,也可以让我们了解大自然的奥秘,想要生活更方便,就需要人们不停地去探究。了解大自然,也需要学会发现。我眼中的科学家是探究大自然,想方设法,推测、观察、去尽力解决所有问题,还会经常做各种可证明的实验。

WH-H-6-19:我觉得科学是去探索未知的事情,并进行研究以明白其中的奥秘,难的地方可以通过做实验得知结果,还可以预测未来的变化。我认为(科学家)是在做各种各样的实验,不分昼夜,只为了获得一个个结果,有的实验还要花几年才能成功,十分伟大。

中间水平的回答案例:

WH-H-6-09:我认为科学可以是现在的科技工具,也可以是研究某一事件发生变化的原因;我眼中的科学家都是疯狂的,比如阿基米德,他们常常为了研究一件事情而废寝忘食,十分辛苦,而且他们不论遇到了什么困难,也绝不会轻言放弃。

WH-H-6-32:科学是包括生活中的许多事物,比如天气、太空、交通工具等,与我们的生活息息相关。科学家是研究关于生活中的许多现象,他们会做实验,开会讨论某个事情。

WH-H-6-33:科学是研究人类不知道的东西。(科学家)是天天把自己关在实验室里闷着研究东西的。

WH-H-6-35:我觉得科学就是观察、观测大自然的一些变化和神奇的地方。然后做一些相应的小实验,探索一些我们平常不知道、不确定的东西。我眼中的科学家是观察大自然的。他们每天可能会定点去观察、看大自然到底会有哪些变化,再做一些相应的实验。

质朴水平的回答案例：

WH-H-6-09：科学是无处不在的,比如摩擦力等;(科学家)是做一些危险实验的。

WH-H-6-25：科学就是根据世界上所有奇妙知识与生活中的不可思议小细节的一门学科。我眼中的科学家是研究一个物体的特异功能。他们可以利用这个物体的特异功能去做有趣的实验。

WH-H-6-28：我觉得科学能让我们的生活变得更安全,让我们分得清对错,可帮我们满足好奇心。(科学家)学问非常高,研发药品、卫品,他们工作的时候非常精细。

WH-H-6-36：我觉得科学很重要,和之后在初中学习地理、化学等科目都很有帮助。现在的科技发展,也与科学息息相关。三百六十行,行行出状元,但每一行都有它的难处,科学家在我眼中有很高的地位,一些知识上的原理,和国家的科技发展都由科学家来完成。

综合上述工具修订情况,各个题组所包含的测评题目对应测评模型的各个大概念下的指标,见下表3.9,正式测评工具见附录三。

表3.9 题目对应测评模型各指标情况

大概念	指标	各题评分			汇总
1 科学可以解释自然世界的各种现象	1-1 世界是可以被认识的,科学解释自然世界的各种现象	1(1)	1(2)	7①	
	1-2 科学是一种被许多人认可和使用的认识事物的方式	1(1)	1(2)	1(3)	
	1-3 科学需要人类的想象力和创造力	5	7③		
2 科学知识的产生要基于证据,且需要随着新证据的发现而不断修正	2-1 科学知识的产生是基于证据的	4(1)	4(2)		
	2-2 科学知识具有一定的确定性和持久性,但不是绝对真理,是可以改变的	2	7②		
	2-3 科学知识的产生受人们文化背景、信仰和看待事物方式等影响,具有一定的主观性	4(3)	4(2)	7⑨	

(续表)

大概念	指标	各题评分			汇总
3 科学探究是科学研究的基本方式，其方法和程序是多种多样的	3-1 科学探究始于科学问题的提出，包含提出问题和解决问题的过程	3(1)	6(1)	6(2)	
	3-2 科学探究所使用的方法是多种多样的，应根据具体研究选择合适的方法	3(2)	3(3)	7⑥	
	3-3 科学研究过程要准确记录并积极与他人交流讨论	4(4)	7④		
4 科学是人类共同的事业，应用科学于工程和技术能造福人类社会，但有时也会产生危害	4-1 科学促进社会的发展，给人类带来福祉，但也会产生危害	7⑤	7⑦		
	4-2 不同国家、不同背景的人都能对科学有贡献	7⑩			
	4-3 科学受社会伦理道德的约束，要遵守道德规范	7⑧	7⑨		

第二节 小学生对科学本质理解现状的测评实施

通过预测试对测评工具进行调整和修正，测评工具基本满足各项要求，能够测评小学生对科学本质的理解情况，本研究组织实施正式测评。

一、研究对象的选择

本研究选择浙江省杭州市、湖南省长沙市和重庆市为抽样地区，分别覆盖我国东部、中部和西部地区，每个地区按照教育质量水平将学校分为高水平、中水平和低水平三个类别，每个水平随机抽取一所学校进行测试，具体操作过程主要是通过小学科学教研员联系样本学校。共抽取9所样本学校，学生总人数为825，四年级410人（男生202人，女生208人），六年级415人（男生216人，女生199人），详见下表3.10。

表 3.10 正式测评样本学校基本情况　　　　　　　　　　单位：人

序号	地区	教育质量水平	学校编号	四年级学生			六年级学生		
				总数	男	女	总数	男	女
1	长沙市	高	CS1	49	22	27	52	28	24
2		中	CS2	44	21	23	37	20	17
3		低	CS3	44	21	23	51	26	25
4	杭州市	高	HZ1	35	18	17	43	23	20
5		中	HZ2	42	23	19	39	18	21
6		低	HZ3	34	16	18	34	18	16
7	重庆市	高	CQ1	54	26	28	47	22	25
8		中	CQ2	49	27	22	49	27	22
9		低	CQ3	59	28	31	63	34	29
合计				410	202	208	415	216	199

二、调查数据的收集与处理

对调查对象实施调查后,对调查问卷进行处理和分析,包括：一是问卷有效性审验与筛选,去除无效问卷；二是问卷评分,按照评分标准对学生的回答进行评分,然后依据各个维度指标所对应的题目综合判断小学生对科学本质的理解水平；三是依据项目反应理论运用 Rasch 模型进行数据与模型的拟合分析。

（一）样本基本信息

使用测评工具对研究对象进行测评,采用纸笔测试的形式,规定时间为 60 分钟,在此过程中,观察学生的作答情况,并随时解答疑问。学生完成后,随机抽取 5—10 位同学进行访谈,确保回答的准确性。测评工具回收后,按照预测试确立的评分标准进行评分。同时对无效问卷进行剔除,主要包括如下情况：一是大范围题目为空白的试卷；二是随意作答的试卷,即答案与试题没有关系；三是工具第二部分的漏答情况,该部分将在第四章说明。最终有效问卷数量为 761 份,其中四年级 376 份(男生 188 人,女生 188 人),六年级 385 份(男生 203 人,女生 182 人),有效率为 92.2%,详见下表 3.11。

表 3.11　正式测评有效问卷情况　　　　　　　　　　　单位：人

序号	地区	教育质量水平	学校编号	四年级学生			六年级学生		
				总数	男	女	总数	男	女
1	长沙市	高	CS1	36	21	15	46	26	20
2		中	CS2	37	16	21	34	17	17
3		低	CS3	42	20	22	44	23	21
4	杭州市	高	HZ1	35	18	17	40	23	17
5		中	HZ2	42	23	19	38	17	21
6		低	HZ3	32	14	18	34	18	16
7	重庆市	高	CQ1	53	26	27	40	21	19
8		中	CQ2	46	24	22	46	24	22
9		低	CQ3	53	26	27	63	34	29
合计				376	188	188	385	203	182

(二) 单维性和局部独立性检验

通过验证性因素分析检验工具的单维性假设和局部独立性假设，单维性检验结果见下表 3.12，各拟合指数均达到标准值，可知数据模型拟合，符合单维性假设。此外，依据残差协方差矩阵可得各残差之间的相关系数均小于 0.20，局部独立性假设也成立。

表 3.12　测评工具验证性因素分析拟合结果（正式测评）

	χ^2	df	χ^2/df	GFI	NFI	CFI	RMSEA
试题	153.923	65	2.368	0.970	0.900	0.939	0.042
量表	34.910	24	1.455	0.990	0.900	0.965	0.024

(三) 数据与模型拟合情况分析

正式测试数据与模型拟合情况见下表 3.13 和表 3.14，分析各个拟合指标可知，试题难度的估计值位于 -1.796 与 1.120 logit 之间，试题难度估计的标准差位于 0.038 与 0.143 之间，加权的 MNSQ 值位于 0.90 与 1.15 之间。量表部分，加权的 MNSQ 值位于 0.82 与 1.25 之间。结果表明，测评工具的题目在测试过程中的数据与模型的拟合良好。

表 3.13　正式测试数据与模型拟合情况（试题）

ConQuest: Generalised Item Response Modelling Software　　Sun Jan 10 17:06 2021
TABLES OF RESPONSE MODEL PARAMETER ESTIMATES

TERM 1: item

	变量 item	估计值	标准差	未加权拟合			加权拟合		
				MNSQ	CI	T	MNSQ	CI	T
1	1-1	0.690	0.043	1.27	(0.90, 1.10)	4.9	1.12	(0.89, 1.11)	2.0
2	1-2	1.120	0.046	0.95	(0.90, 1.10)	-1.0	0.96	(0.89, 1.11)	-0.6
3	2	-0.380	0.039	0.97	(0.90, 1.10)	-0.5	0.96	(0.93, 1.07)	-0.9
4	3-1	-0.091	0.039	0.98	(0.90, 1.10)	-0.3	0.96	(0.92, 1.08)	-1.0
5	3-2	0.080	0.039	1.20	(0.90, 1.10)	3.6	1.13	(0.91, 1.09)	2.8
6	3-3	0.356	0.042	0.89	(0.90, 1.10)	-2.1	0.90	(0.91, 1.09)	-2.1
7	4-1	-1.796	0.043	1.21	(0.90, 1.10)	3.8	1.11	(0.87, 1.13)	1.6
8	4-2	0.723	0.044	0.88	(0.90, 1.10)	-2.5	0.90	(0.90, 1.10)	-2.2
9	4-3	-0.273	0.038	1.17	(0.90, 1.10)	3.1	1.15	(0.92, 1.08)	3.8
10	4-4	-0.679	0.038	0.90	(0.90, 1.10)	-1.9	0.93	(0.93, 1.07)	-1.8
11	5	-0.832	0.039	0.95	(0.90, 1.10)	-1.0	0.95	(0.92, 1.08)	-1.4
12	6-1	0.601	0.043	0.88	(0.90, 1.10)	-2.4	0.93	(0.90, 1.10)	-1.5
13	6-2	0.480*	0.143	0.90	(0.89, 1.11)	-1.9	0.93	(0.90, 1.10)	-1.5

An asterisk next to a parameter estimate indicates that it is constrained
Separation Reliability = 0.997
Chi-square test of parameter equality = 4058.47, df = 12, Sig Level = 0.000
^ Quick standard errors have been used

表 3.14　正式测试数据与模型拟合情况（量表）

TERM 1: item

	变量 item	估计值	标准差	未加权拟合			加权拟合		
				MNSQ	CI	T	MNSQ	CI	T
1	LB01	-0.528	0.027	0.93	(0.90, 1.10)	-1.4	0.95	(0.89, 1.11)	-0.9
2	LB02	0.324	0.024	0.92	(0.90, 1.10)	-1.6	0.91	(0.91, 1.09)	-2.0
3	LB03	0.260	0.025	1.26	(0.90, 1.10)	4.7	1.25	(0.91, 1.09)	5.2

(续表)

变量		估计值	标准差	未加权拟合			加权拟合		
	item			MNSQ	CI	T	MNSQ	CI	T
4	LB04	0.876	0.024	0.94	(0.90, 1.10)	-1.1	0.94	(0.92, 1.08)	-1.4
5	LB05	-0.693	0.028	0.84	(0.90, 1.10)	-3.3	0.82	(0.88, 1.12)	-3.2
6	LB06	-0.484	0.027	0.88	(0.90, 1.10)	-2.5	0.86	(0.89, 1.11)	-2.5
7	LB07	0.035	0.025	1.13	(0.90, 1.10)	2.5	1.11	(0.91, 1.09)	2.1
8	LB08	0.586	0.024	1.16	(0.90, 1.10)	2.9	1.15	(0.92, 1.08)	3.3
9	LB09	-0.353	0.027	0.97	(0.90, 1.10)	-0.6	0.93	(0.89, 1.11)	-1.2
10	LB10	-0.024*	0.077	1.07	(0.90, 1.10)	1.4	1.06	(0.90, 1.10)	1.2

An asterisk next to a parameter estimate indicates that it is constrained
Separation Reliability = 0.998
Chi-square test of parameter equality = 3688.97, df = 9, Sig Level = 0.000
^ Quick standard errors have been used

(四) 信度与怀特图

正式测评的结果显示,测评工具试题部分的分离信度为0.997,EAP/PV信度为0.754,表明工具的信度较高。怀特图如下图3.3,每个X代表4.4个被试者,学生回答各个维度的题目所展现出来的能力基本上符合正态分布,但是呈现中间凹两侧各有一个突起峰值的特点,这与本研究所选取的样本为四年级和六年级学生有关。在试题分布层面,绝大部分试题的难度分布于2至-2之间。总体来看,学生能力和试题难度均处于2至-2之间,说明试题能够较好地反映出学生的能力水平。

三、调查数据统计

通过上述数据分析可知,测评结果可以如实反映学生的理解情况,对数据进行统计分析可获得小学生对科学本质的理解情况,包括整体理解情况以及分年级、性别、学校水平等不同维度的理解情况。

(一) 小学生对科学本质的整体理解情况

四年级和六年级学生对科学本质各个大概念所包含指标的理解水平人数

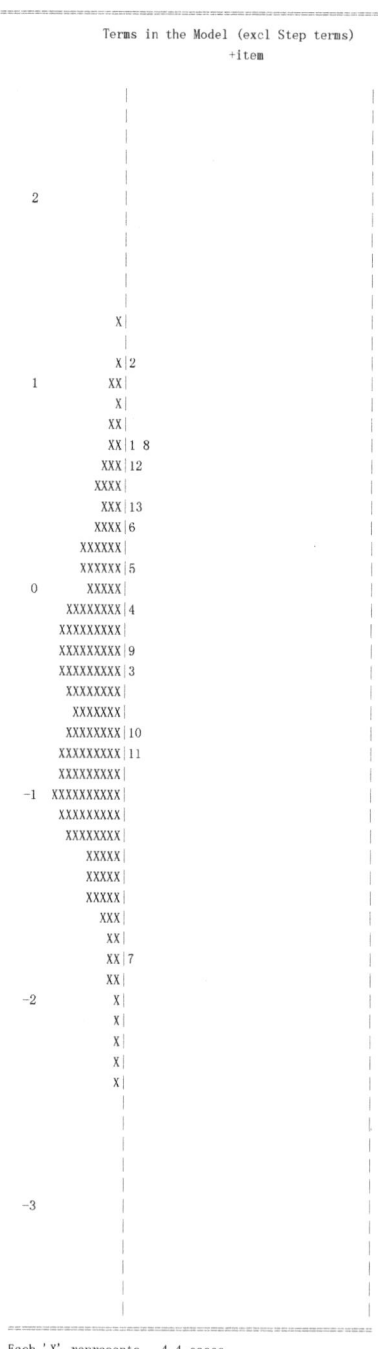

图 3.3 正式测评数据怀特图

分布情况见下表3.15和表3.16(由于大概念1-3主要是由测评试题获得结果,大概念4则是由测评量表获得结果,因此需要分别呈现,下同)。

表3.15 小学生对科学本质的整体理解情况(N=761,%)

大概念	维度	N	M	I
1 科学可以解释自然世界的各种现象	1-1	66.5	23.5	10.0
	1-2	67.1	28.0	4.9
	1-3	26.5	47.8	25.6
2 科学知识的产生要基于证据,且需要随着新证据的发现而不断修正	2-1	31.8	44.2	24.0
	2-2	46.3	38.8	15.0
	2-3	35.7	50.7	13.5
3 科学探究是科学研究的基本方式,其方法和程序是多种多样的	3-1	45.6	42.3	12.1
	3-2	58.5	30.6	10.9
	3-3	29.7	49.0	21.3

注:I=理性水平(informed level),M=中间水平(mixed level),N=质朴水平(naive level),表头中N指样本数。

表3.16 小学生对科学本质的整体理解情况(N=761,%)

大概念	维度	测评指标	非常不同意	不同意	不确定	同意	非常同意
4 科学是人类共同的事业,应用科学于工程和技术能造福人类社会,但有时也会产生危害	4-1	科学实践与应用	0.4	1.6	10.2	41.8	46.0
		科学也会带来危害	6.6	5.7	24.7	37.5	25.6
	4-2	科学需要人类共同的努力	3.4	9.2	27.5	27.7	32.2
	4-3	科学受社会文化等因素影响	16.4	13.7	34.3	19.6	16.0
		不同背景的科学家研究方式有差异	1.7	4.1	17.1	40.3	36.8

(二)小学生对科学本质的理解情况分维度呈现

本研究的研究样本涉及四年级和六年级小学生,此外,学生的性别以及学生所在学校的教育水平等也是研究的基本关注点,因此分别以年级、性别和学校水平等分维度进行数据呈现。

1. 不同年级小学生对科学本质的整体理解情况

四年级和六年级小学生对科学本质的整体理解情况见下表3.17、表3.18

和表 3.19,其中表 3.17 针对大概念 1、大概念 2 和大概念 3,表 3.18 和表 3.19 针对大概念 4。

表 3.17 不同年级小学生对科学本质的整体理解情况

大概念	维度	四年级(%)N=376			六年级(%)N=385		
		N	M	I	N	M	I
1 科学解释自然世界和物质世界	1-1	68.4	22.1	9.6	64.7	24.9	10.4
	1-2	74.5	21.8	3.7	60.0	34.0	6.0
	1-3	38.3	41.0	20.7	15.1	54.5	30.4
2 科学知识的产生要基于证据,且需要随着新证据的发现而不断修正	2-1	41.8	47.3	10.9	22.1	41.0	36.9
	2-2	62.8	33.2	4.0	30.1	44.2	25.7
	2-3	44.1	47.6	8.2	27.5	53.8	18.7
3 科学探究是科学研究的基本方式,其方法和程序是多种多样的	3-1	58.5	34.3	7.2	33.0	50.1	16.9
	3-2	62.5	28.2	9.3	54.5	33.0	12.5
	3-3	39.4	45.5	15.2	20.3	52.5	27.3

注:I=理性水平(informed level),M=中间水平(mixed level),N=质朴水平(naive level)。

表 3.18 不同年级小学生对科学本质的整体理解情况(四年级)

大概念	维度	测评指标	N=376(%)				
			非常不同意	不同意	不确定	同意	非常同意
4 科学是人类共同的事业,应用科学于工程和技术能造福人类社会,但有时也会产生危害	4-1	科学实践与应用	0.5	1.9	12.2	42.6	42.8
		科学也会带来危害	6.6	4.8	24.7	37.5	26.3
	4-2	科学需要人类共同的努力	5.1	11.4	31.4	24.5	27.7
	4-3	科学受社会文化等因素影响	19.7	14.9	36.7	14.4	14.4
		不同背景的科学家研究方式有差异	1.3	4.5	18.4	39.4	36.4

表 3.19 不同年级小学生对科学本质的整体理解情况(六年级)

大概念	维度	测评指标	N = 385(%)				
			非常不同意	不同意	不确定	同意	非常同意
4 科学是人类共同的事业，应用科学于工程和技术能造福人类社会，但有时也会产生危害	4-1	科学实践与应用	0.3	1.3	8.3	41.0	49.1
		科学也会带来危害	6.5	6.5	24.7	37.4	24.9
	4-2	科学需要人类共同的努力	1.8	7.0	23.6	30.9	36.6
	4-3	科学受社会文化等因素影响	13.2	12.5	31.9	24.7	17.7
		不同背景的科学家研究方式有差异	2.1	3.6	15.8	41.3	37.1

2. 不同性别小学生对科学本质的整体理解情况

不同性别小学生对科学本质的整体理解情况见下表 3.20、表 3.21 和表 3.22，其中表 3.20 针对大概念 1—3，表 3.21 和表 3.22 针对大概念 4。

表 3.20 不同性别小学生对科学本质的整体理解情况

大概念	维度	男生(%)N = 392			女生(%)N = 369		
		N	M	I	N	M	I
1 科学解释自然世界和物质世界	1-1	63.8	24.2	12.0	69.4	22.8	7.9
	1-2	71.9	23.5	4.6	62.1	32.8	5.1
	1-3	28.3	48.0	23.7	24.7	47.7	27.6
2 科学知识的产生要基于证据，且需要随着新证据的发现而不断修正	2-1	32.1	44.6	23.2	31.4	43.6	24.9
	2-2	48.2	35.7	16.1	44.2	42.0	13.8
	2-3	41.8	48.0	10.2	29.3	53.7	17.1
3 科学探究是科学研究的基本方式，其方法和程序是多种多样的	3-1	47.4	41.8	10.7	43.6	42.8	13.6
	3-2	58.4	31.9	9.7	58.5	29.3	12.2
	3-3	31.6	46.9	21.4	27.6	51.2	21.1

注：I = 理性水平(informed level)，M = 中间水平(mixed level)，N = 质朴水平(naive level)。

表 3.21　不同性别小学生对科学本质的整体理解情况(男生)

大概念	维度	测评指标	N = 392(%)				
			非常不同意	不同意	不确定	同意	非常同意
4 科学是人类共同的事业,应用科学于工程和技术能造福人类社会,但有时也会产生危害	4-1	科学实践与应用	0.8	1.3	9.9	38.8	49.2
		科学也会带来危害	7.7	4.6	19.4	39.5	28.8
	4-2	科学需要人类共同的努力	4.8	8.4	25.8	27.8	33.2
	4-3	科学受社会文化等因素影响	18.4	13.8	29.3	19.9	18.6
		不同背景的科学家研究方式有差异	2.6	3.1	17.6	38.5	38.3

表 3.22　不同性别小学生对科学本质的整体理解情况(女生)

大概念	维度	测评指标	N = 369(%)				
			非常不同意	不同意	不确定	同意	非常同意
4 科学是人类共同的事业,应用科学于工程和技术能造福人类社会,但有时也会产生危害	4-1	科学实践与应用	0	1.9	10.6	45.0	42.5
		科学也会带来危害	5.4	6.8	30.4	35.2	22.2
	4-2	科学需要人类共同的努力	1.9	10.0	29.3	27.6	31.2
	4-3	科学受社会文化等因素影响	14.4	13.6	39.6	19.2	13.3
		不同背景的科学家研究方式有差异	0.8	5.1	16.5	42.3	35.2

3. 不同水平学校小学生对科学本质的整体理解情况

不同水平学校小学生对科学本质的整体理解情况见下表 3.23、表 3.24、表 3.25 和表 3.26,其中表 3.23 针对大概念 1-3,表 3.24、表 3.25 和表 3.26 针对大概念 4。

表 3.23　不同水平学校小学生对科学本质的整体理解情况

大概念	维度	高水平(%)N = 250			中水平(%)N = 243			低水平(%)N = 268		
		N	M	I	N	M	I	N	M	I
1 科学解释自然世界和物质世界	1-1	59.2	24.4	16.4	67.5	24.7	7.8	72.4	21.6	6.0
	1-2	62.4	29.2	8.4	68.7	27.6	3.7	70.1	27.2	2.6
	1-3	27.2	45.2	27.6	23.5	50.6	25.9	28.7	47.8	23.5

(续表)

大概念	维度	高水平(%)N=250			中水平(%)N=243			低水平(%)N=268		
		N	M	I	N	M	I	N	M	I
2 科学知识的产生要基于证据,且需要随着新证据的发现而不断修正	2-1	25.6	42.4	32.0	32.5	43.6	23.9	36.9	46.3	16.8
	2-2	40.0	42.0	18.0	49.8	35.8	14.4	48.9	38.4	12.7
	2-3	28.0	54.0	18.0	36.2	46.5	17.3	42.5	51.5	6.0
3 科学探究是科学研究的基本方式,其方法和程序是多种多样的	3-1	36.0	47.6	16.4	49.0	39.1	11.9	51.5	40.3	8.2
	3-2	57.6	26.0	16.4	52.3	36.2	11.5	64.9	29.9	5.2
	3-3	25.6	44.4	30.0	29.6	49.0	21.4	33.6	53.4	13.1

注:I=理性水平(informed level),M=中间水平(mixed level),N=质朴水平(naive level)。

表3.24 不同水平学校小学生对科学本质的整体理解情况(高水平)

大概念	维度	测评指标	N=250(%)				
			非常不同意	不同意	不确定	同意	非常同意
4 科学是人类共同的事业,应用科学于工程和技术能造福人类社会,但有时也会产生危害	4-1	科学实践与应用	0.4	2.0	10.4	42.4	44.8
		科学也会带来危害	2.8	4.4	23.2	38.8	30.8
	4-2	科学需要人类共同的努力	2.4	12.0	28.4	28.4	28.8
	4-3	科学受社会文化等因素影响	12.8	13.6	41.2	19.6	12.8
		不同背景的科学家研究方式有差异	1.6	4.0	18.8	40.0	35.6

表3.25 不同水平学校小学生对科学本质的整体理解情况(中水平)

大概念	维度	测评指标	N=243(%)				
			非常不同意	不同意	不确定	同意	非常同意
4 科学是人类共同的事业,应用科学于工程和技术能造福人类社会,但有时也会产生危害	4-1	科学实践与应用	0.4	0.8	9.1	44.9	44.9
		科学也会带来危害	5.3	5.8	28.0	36.2	24.7
	4-2	科学需要人类共同的努力	2.5	7.8	28.0	29.2	32.5
	4-3	科学受社会文化等因素影响	17.7	14.8	28.8	19.3	19.3
		不同背景的科学家研究方式有差异	0.8	2.9	16.9	41.6	37.9

表 3.26　不同水平学校小学生对科学本质的整体理解情况（低水平）

大概念	维度	测评指标	N = 268（%）				
			非常不同意	不同意	不确定	同意	非常同意
4 科学是人类共同的事业，应用科学于工程和技术能造福人类社会，但有时也会产生危害	4-1	科学实践与应用	0.4	1.9	11.2	38.4	48.1
		科学也会带来危害	11.2	6.7	23.1	37.3	21.6
	4-2	科学需要人类共同的努力	5.2	7.8	26.1	25.7	35.1
	4-3	科学受社会文化等因素影响	18.7	12.7	32.8	19.8	16.0
		不同背景的科学家研究方式有差异	2.6	5.2	15.7	39.6	36.9

第三节　小学生对科学本质理解现状的研究结果

本节内容对小学生理解科学本质的基本情况进行分析,主要从三个方面:一是小学生对科学本质理解的整体特征,即小学生群体对科学本质的理解情况;二是小学生对科学本质理解的差异分析,主要基于年级、性别和学校水平三个方面进行分析;三是小学生对科学本质理解的表现分析,主要基于学生回答测评工具各项试题的基本情况,归纳分析其对科学本质理解的表现特点。

一、小学生对科学本质理解的整体特征

针对大概念 1 科学整体认识、大概念 2 科学知识和大概念 3 科学探究与实践,能够达到理性水平的学生占比均没有超过 30%,其中"1-2 科学是一种被许多人认可和使用的认识事物的方式",仅有 4.9% 的学生达到理性水平。针对"1-1 世界是可以被认识的,科学解释自然世界的各种现象""1-2 科学是一种被许多人认可和使用的认识事物的方式"和"3-2 科学探究所使用的方法是多种多样的,应根据具体研究选择合适的方法",学生理解情况处于质朴水平的占比分别为 66.5%、67.1% 和 58.5%,超过一半学生未能建立对上述三个指标的认识;学生理解情况处于中间水平的占比位于 20% 至 50% 之间。综合可知,小

学生对"1-3 科学需要人类的想象力和创造力""2-1 科学知识的产生是基于证据的""2-3 科学知识的产生受人们文化背景、信仰和看待事物方式等影响,具有一定的主观性"和"3-3 科学研究过程要准确记录并积极与他人交流讨论"等维度理解情况优于其他维度。

与国外相关研究结果相比,Khishfe 和 Abd-El-Khalick 运用显性教学的方式进行科学本质的教学,后测结果显示六年级学生在"科学知识的暂定性"维度达到理性水平的比例为 52%,"科学知识基于经验证据"维度为 48%,"科学需要想象力与创力"维度为 34%,而采用隐性教学的结果分别为 7%、7% 和 4%[①]。本研究中六年级小学生对科学本质的理解,在上述三个维度达到理性水平的比例分别为 25.7%、36.9% 和 30.4%,均比隐性教学的结果高,但低于显性教学结果,尤其是"科学知识的暂定性"维度占比差距较大,其余两维度差距不大。莱德曼(Lederman)等针对刚入学的七年级学生关于科学探究的理解情况开展了国际联合调查,建立了国际平均基准,其中对"科学探究始于科学问题的提出"维度的理解达到理性水平的比例为 20.7%,处于中间水平的占 29.9%,"科学探究所使用的方法是多种多样的"维度的理性水平占 6.0%,中间水平占 33.8%,"科学知识的产生是基于证据的"维度的理性水平占 10.9%,中间水平占 37.9%。本研究所得结果,"科学探究始于科学问题的提出"维度达到理性水平为 16.9%,低于基准,但中间水平为 50.1%,高于基准;"科学探究所使用的方法是多种多样的"维度达到理性水平为 12.5%,中间水平为 33.0%,均高于基准;"科学知识的产生是基于证据的"维度的理性水平占 36.9%,中间水平占 41.0%,均高于基准。由此可见,我国小学生对科学本质相关维度的理解水平高于国际平均水平。

针对大概念 4 科学事业而言,非常同意或同意"科学家会运用科学知识来解决现实生活中的问题"和"不同背景的科学家研究方式有差异"的学生占比分别为 87.8% 和 77.1%,非常同意或同意"科学也会带来危害"和"科学需要人类共同的努力"的学生占比分别为 63.1% 和 59.9%,非常同意或同意"科学受社会文化等因素影响"的占比最少为 35.6%。综合看来,大多数小学生认同科学

[①] Khishfe R, Abd-El-Khalick F. Influence of explicit and reflective versus implicit inquiry-oriented instruction on sixth graders' views of nature of science[J]. Journal of Research in Science Teaching, 2002, 39(7): 551-578.

的实践与应用能给生活带来方便,不同科学家的研究方式不同;约60%的学生意识到科学不仅能带来好处,有时还会产生危害,以及科学是人类共同的事业,需要全体人类的共同努力;约65%的学生还不能认同"科学受社会文化等因素影响"。

二、小学生对科学本质理解情况的差异分析

进行理解水平差异分析前,需要对学生的理解水平进行赋分,本研究将试题部分的评分等级"理性水平"赋2分,"中间水平"赋1分,"质朴水平"赋0分,将量表部分的评分等级"非常不同意""不同意""不确定""同意""非常同意"按照李克特五点量表计分,分别赋1分、2分、3分、4分和5分。各测评指标赋分后的描述性统计结果见下表3.27。

表3.27 小学生对科学本质理解测评结果描述性统计

测评指标		最小值	最大值	平均值	标准差
1-1		0	2	0.43	0.024
1-2		0	2	0.38	0.021
1-3		0	2	0.99	0.026
2-1		0	2	0.92	0.027
2-2		0	2	0.69	0.026
2-3		0	2	0.78	0.024
3-1		0	2	0.66	0.025
3-2		0	2	0.52	0.025
3-3		0	2	0.92	0.026
4-1	7-5	1	5	4.31	0.027
	7-7	1	5	3.70	0.040
4-2	7-10	1	5	3.76	0.040
4-3	7-8	1	5	3.05	0.046
	7-9	1	5	4.06	0.033

(一)不同年级小学生对科学本质理解情况的差异分析

本研究的研究对象为四年级和六年级小学生,针对两个年级小学生对科学本质理解情况测评结果的差异表现进行独立样本T检验,见下表3.28。结果

显示,除"1-1世界是可以被认识的,科学解释自然世界的各种现象""4-1科学也会产生危害"和"4-3不同背景的科学家研究方式有差异"三个测评指标外,其余指标在四年级和六年级学生整体之间存在显著性差异,均为六年级学生的理解水平高于四年级学生。综合来看,在整体理解情况上,六年级小学生对科学本质的理解水平高于四年级。

表3.28 不同年级小学生对科学本质理解情况差异分析独立样本T检验结果

指标		年级	N	平均数	标准差	T值	显著性
1-1		四年级	376	0.41	0.660	-0.927	0.354
		六年级	385	0.46	0.676		
1-2		四年级	376	0.29	0.531	-4.045***	0.000
		六年级	385	0.46	0.607		
1-3		四年级	376	0.82	0.749	-6.430***	0.000
		六年级	385	1.15	0.657		
2-1		四年级	376	0.69	0.658	-8.890***	0.000
		六年级	385	1.15	0.754		
2-2		四年级	376	0.41	0.568	-11.315	0.000
		六年级	385	0.96	0.747		
2-3		四年级	376	0.64	0.629	-5.724***	0.000
		六年级	385	0.91	0.675		
3-1		四年级	376	0.49	0.628	-7.369***	0.000
		六年级	385	0.84	0.688		
3-2		四年级	376	0.47	0.661	-2.248*	0.025
		六年级	385	0.58	0.703		
3-3		四年级	376	0.76	0.699	-6.215***	0.000
		六年级	385	1.07	0.687		
4-1	7-5	四年级	376	4.25	0.781	-2.237*	0.026
		六年级	385	4.37	0.715		
	7-7	四年级	376	3.72	1.107	0.532	0.595
		六年级	385	3.68	1.113		

(续表)

指标	年级	N	平均数	标准差	T值	显著性
4-2	7-10 四年级	376	3.58	1.154	-4.458***	0.000
	7-10 六年级	385	3.94	1.022		
4-3	7-8 四年级	376	2.89	1.283	-3.505***	0.000
	7-8 六年级	385	3.21	1.252		
	7-9 四年级	376	4.05	0.921	-0.409	0.683
	7-9 六年级	385	4.08	0.927		

注：* $p<0.05$，** $p<0.01$，*** $p<0.001$。

（二）不同性别小学生对科学本质理解情况的差异分析

性别维度，男女小学生对科学本质理解情况的差异检验结果见下表3.29。由表可知，除"1-1 世界是可以被认识的，科学解释自然世界的各种现象""1-2 科学是一种被许多人认可和使用的认识事物的方式"和"2-3 科学知识的产生受人们的文化背景、看待事物的方式等影响，具有一定的主观性"三个指标存在显著性差异外，其余指标均不存在显著性差异。其中，男生对"1-1 世界是可以被认识的，科学解释自然世界的各种现象"的理解水平显著高于女生，而女生对"1-2 科学是一种被许多人认可和使用的认识事物的方式"和"2-3 科学知识的产生受人们的文化背景、看待事物的方式等影响，具有一定的主观性"的理解水平显著高于男生。综合来看，整体理解情况上性别不是影响小学生理解科学本质的因素。

表 3.29　不同性别小学生对科学本质理解差异分析独立样本 T 检验结果

指标	性别	N	平均数	标准差	T值	显著性
1-1	男生	392	0.48	0.701	2.019*	0.044
	女生	369	0.38	0.628		
1-2	男生	392	0.33	0.559	-2.499*	0.013
	女生	369	0.43	0.591		
1-3	男生	392	0.95	0.721	-1.446	0.149
	女生	369	1.03	0.724		
2-1	男生	392	0.91	0.740	-0.449	0.653
	女生	369	0.93	0.749		

(续表)

指标		性别	N	平均数	标准差	T值	显著性
2-2		男生	392	0.68	0.735	-0.344	0.731
		女生	369	0.70	0.699		
2-3		男生	392	0.68	0.649	-4.058***	0.000
		女生	369	0.88	0.671		
3-1		男生	392	0.63	0.669	-1.346	0.179
		女生	369	0.70	0.695		
3-2		男生	392	0.51	0.667	-0.480	0.631
		女生	369	0.54	0.703		
3-3		男生	392	0.90	0.722	-0.719	0.473
		女生	369	0.93	0.696		
4-1	7-5	男生	392	4.34	0.771	1.149	0.251
		女生	369	4.28	0.727		
	7-7	男生	392	3.77	1.143	1.896	0.058
		女生	369	3.62	1.069		
4-2	7-10	男生	392	3.76	1.144	-0.016	0.987
		女生	369	3.76	1.059		
4-3	7-8	男生	392	3.07	1.348	0.337	0.736
		女生	369	3.04	1.198		
	7-9	男生	392	4.07	0.953	0.138	0.890
		女生	369	4.06	0.892		

注：* $p<0.05$，** $p<0.01$，*** $p<0.001$。

（三）不同水平学校小学生对科学本质理解情况的差异分析

本研究所选取的样本学校，依据教育质量分为高、中、低三个水平，不同水平学校小学生对科学本质理解情况的描述性统计结果见下表3.30，运用单因素方差分析比较三种水平学校的学生对科学本质理解情况的差异表现，并运用事后比较Scheffe法和Tukey HSD法具体分析各水平之间的具体差异[①]，其结果见下表3.31。

---

① 吴明隆. 问卷统计分析实务：SPSS操作与应用[M]. 重庆：重庆大学出版社，2018.

结果可知,在测评指标"1-3科学需要人类的想象力和创造力""2-2科学知识具有一定的确定性和持久性,但不是绝对真理,是可以改变的""4-2不同国家、不同背景的人都能对科学有贡献"和"4-3科学受社会伦理道德的约束,要遵守道德规范"上,不同水平学校的小学生其理解情况不存在显著性差异。其余指标存在显著性差异,且差异主要表现在高水平学校和低水平学校之间,包括:"1-1世界是可以被认识的,科学解释自然世界的各种现象""1-2科学是一种被许多人认可和使用的认识事物的方式""2-1科学知识的产生是基于证据的""2-3科学知识的产生受人们的文化背景、看待事物的方式等影响,具有一定的主观性""3-1科学探究始于科学问题的提出,包含提出问题和解决问题的过程""3-2科学探究所使用的方法是多种多样的,应根据具体研究选择合适的方法""3-3科学研究过程要准确记录并积极与他人交流讨论"和"4-1科学促进社会的发展,给人类带来福祉,但也会产生危害"等八个测评指标。

综合来看,不同水平的学校其学生对科学本质的理解情况存在差异,传统意义上的好学校,其学生的理解水平要高于一般学校。学校水平背后可能与学校的科学教育质量、学生家庭的社会经济地位等有关,将在第四章重点研究讨论。

表3.30 不同水平学校小学生对科学本质理解情况的描述性统计量

指标		N	平均数	标准差	标准误
1-1	低水平	268	0.34	0.586	0.036
	中水平	243	0.40	0.631	0.041
	高水平	250	0.57	0.758	0.048
	合计	761	0.43	0.668	0.024
1-2	低水平	268	0.32	0.522	0.032
	中水平	243	0.35	0.550	0.035
	高水平	250	0.46	0.647	0.041
	合计	761	0.38	0.577	0.021
1-3	低水平	268	0.95	0.722	0.044
	中水平	243	1.02	0.704	0.045
	高水平	250	1.00	0.742	0.047
	合计	761	0.99	0.723	0.026

(续表)

指标		N	平均数	标准差	标准误
2-1	低水平	268	0.80	0.706	0.043
	中水平	243	0.91	0.747	0.048
	高水平	250	1.06	0.758	0.048
	合计	761	0.92	0.744	0.027
2-2	低水平	268	0.64	0.697	0.043
	中水平	243	0.65	0.720	0.046
	高水平	250	0.78	0.731	0.046
	合计	761	0.69	0.718	0.026
2-3	低水平	268	0.63	0.594	0.036
	中水平	243	0.81	0.708	0.045
	高水平	250	0.90	0.672	0.043
	合计	761	0.78	0.666	0.024
3-1	低水平	268	0.57	0.641	0.039
	中水平	243	0.63	0.688	0.044
	高水平	250	0.80	0.698	0.044
	合计	761	0.66	0.682	0.025
3-2	低水平	268	0.40	0.589	0.036
	中水平	243	0.59	0.688	0.044
	高水平	250	0.59	0.757	0.048
	合计	761	0.52	0.684	0.025
3-3	低水平	268	0.79	0.653	0.040
	中水平	243	0.92	0.711	0.046
	高水平	250	1.04	0.746	0.047
	合计	761	0.92	0.710	0.026
7-5	低水平	268	4.32	0.775	0.047
	中水平	243	4.33	0.709	0.045
	高水平	250	4.29	0.765	0.048
	合计	761	4.31	0.750	0.027

（续表）

指标		N	平均数	标准差	标准误
7-7	低水平	268	3.51	1.222	0.075
	中水平	243	3.69	1.072	0.069
	高水平	250	3.90	0.981	0.062
	合计	761	3.70	1.110	0.040
7-8	低水平	268	3.02	1.311	0.080
	中水平	243	3.08	1.351	0.087
	高水平	250	3.06	1.165	0.074
	合计	761	3.05	1.277	0.046
7-9	低水平	268	4.03	0.986	0.060
	中水平	243	4.13	0.850	0.055
	高水平	250	4.04	0.922	0.058
	合计	761	4.06	0.923	0.033
7-10	低水平	268	3.78	1.162	0.071
	中水平	243	3.81	1.054	0.068
	高水平	250	3.69	1.085	0.069
	合计	761	3.76	1.103	0.040

表 3.31　不同水平学校学生对科学本质理解水平的差异比较方差分析结果

指标		平方和	自由度	平均平方和	F 检验	事后比较 Scheffe 法	事后比较 HSD 法
1-1	组间	7.573	2	3.786	8.659***	H＞M H＞L	H＞M H＞L
	组内	331.457	758	0.437			
	合计	339.030	760				
1-2	组间	2.637	2	1.319	3.996*	H＞L	H＞L
	组内	250.125	758	0.330			
	合计	252.762	760				
1-3	组间	0.819	2	0.410	0.784	N.S.	N.S.
	组内	396.117	758	0.523			
	合计	396.936	760				

（续表）

指标		平方和	自由度	平均平方和	F检验	事后比较 Scheffe法	事后比较 HSD法
2-1	组间	9.145	2	4.573	8.427***	H>L	H>L
	组内	411.281	758	0.543			
	合计	420.426	760				
2-2	组间	3.211	2	1.605	3.133*	N.S.	N.S.
	组内	388.356	758	0.512			
	合计	391.566	760				
2-3	组间	9.513	2	4.756	10.993***	H>L M>L	H>L M>L
	组内	327.956	758	0.433			
	合计	337.469	760				
3-1	组间	7.700	2	3.850	8.437***	H>L H>M	H>L H>M
	组内	345.854	758	0.456			
	合计	353.553	760				
3-2	组间	6.092	2	3.046	6.602**	H>L M>L	H>L M>L
	组内	349.708	758	0.461			
	合计	355.800	760				
3-3	组间	8.035	2	4.018	8.130***	H>L	H>L
	组内	374.583	758	0.494			
	合计	382.618	760				
4-1 7-5	组间	0.190	2	0.095	0.168	N.S.	N.S.
	组内	427.750	758	0.564			
	合计	427.940	760				
4-1 7-7	组间	19.601	2	9.801	8.106***	H>L	H>L
	组内	916.488	758	1.209			
	合计	936.089	760				
4-2 7-10	组间	1.955	2	0.978	0.803	N.S.	N.S.
	组内	922.518	758	1.217			
	合计	924.473	760				

(续表)

指标		平方和	自由度	平均平方和	F检验	事后比较 Scheffe法	事后比较 HSD法
4-3	7-8 组间	0.480	2	0.240	0.147	N.S.	N.S.
	7-8 组内	1238.521	758	1.634			
	7-8 合计	1239.001	760				
	7-9 组间	1.438	2	0.719	0.843	N.S.	N.S.
	7-9 组内	646.406	758	0.853			
	7-9 合计	647.845	760				

注：* $p<0.05$，** $p<0.01$，*** $p<0.001$；N.S.表示无显著性差异；H代表高水平，M代表中水平，L代表低水平。

三、小学生对科学本质理解的表现分析

小学生对科学本质各个维度指标的理解情况是本研究的主要内容之一，主要聚焦其对科学本质理解情况具有何种特征，不同理解水平的具体表现如何。本研究依据分析框架，主要从四个大概念来分析小学生对科学本质理解情况，以学生的回答作为案例支撑。

（一）对大概念1——科学整体维度的理解

人们认识自己所处的世界，解释自然世界的各种现象，是对科学本质理解的基础。小学生对科学整体维度的理解大多还处于质朴水平，占比约为70%。达到理性水平的比例较低，处于中间水平的也比较低。下面分别从大概念1所包含的三个指标维度来进行分析。

1. 世界是可以被认识的，科学解释自然世界的各种现象。

人类所生活的世界，从不同层面来审视，无论是自然世界，还是物质世界，是可以被认识的，可以被解释的[1]。"科学"是对"如何看待自然世界和物质世界的各种现象"这一问题的回答。

理性水平的小学生对该维度的理解表现出如下特点：第一，科学是解释万物的道理和规律的。与我国传统文化相一致，即以"道"作为事物运行的机理，"科学"从西方引入我国后，在其演化过程中一直与"道"进行互动，在此过程中，

---

[1] 温·哈伦. 以大概念进行科学教育[M]. 韦钰，译. 北京：科学普及出版社，2016.

"道"的内涵也逐渐被完善①。万事万物运行的道理指向的是事物的基本原理、规律和准则,解释万物的道理就是解释自然世界各种事物的内在机理和外在表现。例如:万物有万物的道理,而对这些道理的解释就是科学(CS3617②);科学是一个研究万物,努力从万物中寻找规律,并且解释自然或人为制造现象的学科(CS3610);我觉得科学是一种对世间问题最为正确的解释,科学让人们从原始人进化到高级动物,到食物链的顶端的必经之路,而最为根本的便是它是哲学的一条枝干,属于哲学的一类,建立于哲学的与数学的地基之上(HZ3634);我觉得科学是让我们懂得大自然和宇宙还有对自己的认识(CQ1439)。此外,许多小学生对科学的整体理解表现为解谜,例如"我认为科学是研究自然现象还有至今人类未解出来的谜(CS1648)",这里所说的"谜"与"道""现象"等意义相近,是小学生对科学解释自然世界各种现象的另一种表达。

第二,科学具有严谨性和多样性。科学是一个严谨的逻辑体系,对自然世界和物质世界各种现象的解释需要遵循严格的逻辑思路,运用缜密的逻辑话语,需要经过精确的论证,能够经得起检验。同时,对现象的解释并不是唯一的,而是可能具有多种解释,每一种解释均能够符合逻辑论证。例如:科学知识具有其他东西没有的严谨性和多样性,一个现象可以有很多种解释,并且这些解释在目前的基础上都成立,而其他东西往往只有一个解释(CS3610);科学是一种研究世间万物关系的学问,是一种严格要求不出差错的学问(CS1642)。

第三,科学与生活紧密结合,给人们的生活带来诸多方便。现代科学已经渗透到生活的方方面面,在改善人类社会、提升生活水平方面发挥了重要作用。小学生身处其中,对该作用的发挥深有体会,因此对科学的理解会包含该方面的内容。例如:科学是大自然的结晶,是万物的定律以及新的发现,是一门深奥的学科,又是生活中处处常见的情景,还是使我们未来进步的台阶(CS1615)。这一点与大概念4中科学与社会之间的关系密切联系,在此不再赘述。

中间水平的小学生对该维度的理解表现出如下特点:首先,认识到科学是

---

① 马洁. 近代西方"科学"与传统儒家"道"之争辩:中国近现代中西体用视阈下的探究[J]. 自然辩证法通讯,2021,43(1):82-89.
② 注释:本节内容依据学生具体的回答总结其对科学本质相关维度的理解特征表现,需要引用学生的回答作为案例支撑,CS3617为测试学生的编号,在此统一说明,下同。

研究各种问题，解释一些东西，但是仅限于此，没有进一步深入地阐释。例如，（科学）研究各种问题(CS3616)；（科学）解释一些以前无法证明的东西和一些发明(CS3650)；科学家研究问题，动手做实验，可以得出几个不同的结论(CS3611)。其次，科学与大自然、地球有关，人们观察大自然，认识地球、宇宙等。例如，科学关系到大自然，观察大自然，人类智商的结晶(CS3608)；科学是可以知道地球……的秘密(CS3637)。最后，科学是一项方法，小学生对"科学方法"的理解表现为"技能"或"能力"，同时对科学方法具体细化为"观察""考察""实验"等动作，例如，我觉得科学是一项技能，有了科学这件技能，就可以知道世间万物的知识，觉得科学像一个知识的袋子，里面装了许许多多的知识，等待我们去发现并认识(CS3632)；我觉得科学是需要科学家来考察的，其实科学就是大自然的一种原理，也可以带给我们许多生活上的方便，科学和科技差不多，科学是可以判断生活中的某些事物(HZ3618)；我觉得科学是帮助我们进步，让我们了解更多事情，让我们做一些对人有帮助的事。科学与其他东西的不同点在于，科学可以让我们的生活变得更好，同时让我们获得比以前更多的知识。我心目中的科学家是不断去认识大自然的，他们在调查生物的同时还会去保护那些生物的，在观察生物的时候不会打扰它们的生活规律这样工作的(HZ1412)。

质朴水平的小学生对该维度的理解表现出如下特点：首先，科学是一门学科。对科学的认识表现为学校课程中的一门科目，与"语文""数学"等学科相同的一门科目，没有对科学的更进一步的认识。例如，科学是一门严谨的学科，对一些事情进行研究分析(CS3651)。其次，科学是一些事物，具体到自然界或生活中所遇见的物质、物品、工具等，可以给人们带来便利。例如，我觉得科学是空气，在我们的生活中无处不在，也必不可少，使用杠杆原理可以将力气省下，利用斜面也更加省力，科学给人带来便利；科学特别高深莫测，内容比较难懂，但是只要稍微认真一点点儿便能学会(CS3644)。最后，科学是绝对真理或神奇的东西。这一点是对科学本质理解处于质朴水平的典型表现，例如，我觉得科学就是世间万物的真理，探索一切未知事物，有了科学，人才感受到万物的神奇(CS3640)；科学是能提高生活质量的一种神奇的东西；可以发明许多新奇玩意(CS3641)。

2. 科学是一种被许多人认可和使用的认识事物的方式

认识和解释自然世界和物质世界的各种现象，需要运用一定的研究手段和方法,遵照合理的研究行为和准则,以便产生在一定时间、领域范围内能够适用的解释,该过程是形成一套认知结构或研究范式的过程[①]。科学作为一种认知方式,在实践中被人们广泛认可,已经成为当今世界的主流认知方式。以我国为例,自党的十六大以来,"科学发展观"成为国家发展的重要战略指导思想。

理性水平的小学生对该维度的理解表现出如下特点:第一,科学是一种探索事物的工具。小学生对"工具"的理解指向认知方式,通过这种"工具"认识自然万物,解释各种现象。例如,科学是人类探索事物的工具,也是造福于人类的事物,但是它也是一种"重要的知识理念"(CS3643)。第二,科学是发现问题、探索问题、解决问题的过程。该认识指向科学探究的一般过程,也是对科学作为一种认知方式的具象表达。例如,我觉得科学是通过提出问题、探究问题、解答问题而得到答案的一门学问。科学永远不知道正确答案,只有不断探索,才能更加接近真相。科学家的工作方式应该是发现问题、提出设想、实践检验、解决问题(CS3645)。此外,几乎没有小学生表现出对"科学能够发展知识体系"的认识。

中间水平的小学生对该维度的理解表现出如下特点:第一,科学包含各种各样的知识。科学作为一种知识体系,其所包含的各类知识是人们认识自然世界和物质世界、解释各种现象等过程所积累的成果。例如,科学是帮助人们的知识,是人们的"保护伞",使生活变得简单的工具(CS3646);科学是一门学科,包含了许多和生活有很大关系的知识(CS3636)。第二,科学是一种探究、技术。对科学的这种认识具有一定片面性和局限性,窄化了科学作为一种认知方式的意义内涵。例如,科学是一种探究,提出、解答问题的学科;科学探究自然(CS3623);我认为科学是一种技术,是一种对新事物或常见事物的一种探究和一种看法,并且对生活造成影响(CS3605);科学让我们学到了许多原理,各种实验方法(CS3613);他们先提出猜想,然后进行实验,最后分析(HZ3618)。第三,科学帮助人们探索未知世界。该认识与科学解释自然世界和物质世界一致,但是仅仅表达出了相应的意思,没有进行详细说明,与此同时,也表达出对人类社会进步所产生的巨大作用。例如,科学可以了解一个东西的原理(CS3602);科学是引领未来的一把火,带我们探索了世界的奥秘(CS3634);学

---

① 艾战胜.科学革命的本质:科恩与库恩的比较[J].自然辩证法研究,2008(4):86-90.

习科学可以让我们更加理解世间万物是怎么形成、转化而来的,可以使自己对世界的认识,以及对地球的认识更加深入(HZ3634);科学帮助人类进步,人类通过科学认识世界,我们离不开它(HZ3608)。

质朴水平的小学生对该维度的理解表现出的特点主要是认为科学是研究过程中的某一步骤或环节,没有对整体过程进行阐述。例如,(科学是)做实验(CS3649);(科学是)做发明,研究药水(CS3616);科学家在办公室里,研究着各种各样的科学原理(CS3648)。科学更有趣味性而耐人寻味些(CS3651);我心目中的科学家是在用一些仪器探索新事物,先探讨问题,然后进行实验,通过不断地实验得出结论(CS3640)。

3. 科学需要人类的想象力和创造力。

想象力在科学认知过程中发挥着重要作用,科学创新与进步的本质在于范式转化①。创造力的重心在于形成新的、有价值的产物,想象力和创造力的培养应从小开始②。在认识和解释自然世界和物质世界的各种现象的过程中,需要人们充分发挥想象,对各种现象的原理进行预设,同时还需要进行创造,对研究手段和方法、仪器和设备等进行适当的创新,从而获得新的科学知识。想象力和创造力对科学而言必不可少,是科学发展的基本条件和保障。针对小学生,其想象力和创造力的培养是小学阶段教育的重要目标,而对想象力和创造力的理解是该目标的重要组成部分。理解什么是想象力、什么是创造力能促进小学生在学习过程中培养和发展想象力和创造力,并发挥其应有的作用。

理性水平的小学生对该维度的理解表现出如下特点:首先,工作中心,即认为科学家在工作的时候具有想象力和创造力,同时给出相应的理由和示例,比如科学家在产生新观点的时候具有想象力和创造力。其次,理论先行,即解释某种现象时,先要通过想象力和创造力建构一种理论,然后依据理论再去验证,例如,科学家在有新观点时,应先想象观点,再用实验证明,如托勒密提出"地心说"前先有想象的成分在(HZ3634)。最后,自然为师,即科学家通过模仿自然界各类物体或生物,发挥想象和创造,研究出各种产品。例如,发明飞机之

---

① 李见恩,肖玲,杨汉超. 图尔敏论证理论中的科学创新本质[J]. 自然辩证法研究,2019,35(7):41-45.
② 孙冠贤. 中小学生创造力及其培养[J]. 课程·教材·教法,2019,39(1):66-71.

前,科学家看见蜻蜓,会想:如果我们人类能够像蜻蜓一样飞上天空,那该多好,于是科学家想发明一个能飞上天的机器,叫飞机(CQ1443)。对于创造力和想象力的区别,学生的回答中没有涉及,在进行访谈的过程中,学生的回答表现出两者之间存在一定的区别,但是具体为何种区别则未能给出清晰的回答,仅仅指出"想象力是要靠人大脑的想象,而创造力是在发明一种东西的时候用到"。

中间水平的小学生对想象力和创造力的理解表现为,认为科学家在工作的时候具有想象力和创造力,但是给出的理由或案例不足以说明原因。例如,科学家工作时有想象力和创作力,比如汽车就是科学家发明出来的,汽车里的发动机、空调……都是科学家想象出来的(HZ1424);有许多时候科学家的证据不足以找到答案,这时候就会有猜测,有想象(HZ3640)。

质朴水平的小学生对该维度的理解表现为,科学家工作不需要想象力和创造力,其理由主要是科学家进行的工作是严谨的、有理有据的,想象出来的东西不能符合该要求。例如:科学家不需要想象力和创造力,想象出来的东西不能得到证实(HZ3646)。

(二) 对大概念2——科学知识维度的理解

人们对自然世界各种现象进行探索所获得的认识和解释形成了各种成果、经验等,即产生科学知识。科学知识的产生需要证据作为支撑,证据的获得则依靠人们对各种现象的细致观察、准确测量以及开展合理的实验等,人们对收集到的结果进行归纳、概括、推理、演绎等,逐渐认识现象的本质、原理、规律,从而形成科学知识。大多数情况下,科学知识的产生需要经历漫长的过程,过程中所形成的科学知识是对在此之前所获得的证据的解释,但并不一定是精确的,随着时间的推移,新的观察、测量、实验结果不断产生,新的证据不断形成,原有科学知识需要依据新证据而不断被修正。因此,对科学知识的理解重点在于其持久性和暂定性的对立统一,小学阶段的学生需要认识到绝大多数科学知识在较长时间内是不变的,因为它们已经经过了众多科学家的检验和论证,但是也要认识到科学是发展变化的,科学知识会随着新证据的产生而发生变化。

1. 科学知识的产生是基于证据的

小学生要明白科学知识是需要系列证据作为支撑的,对相关问题的解释,不能局限于"老师就是这样说的,我们应该相信老师",而是要回答出该问题的关键证据,理解该维度能够促进小学生发展科学思维,提升其科学论证能力。

理性水平的小学生对该维度的理解表现出如下特点:第一,证据是科学知识的基础,没有证据,言论是难以让人信服的。绝大多数学生认识到科学家虽然没有看到过恐龙,但是可以通过恐龙的骨骼化石、恐龙蛋化石、印迹化石等证据确定恐龙曾经生活在地球上。绝大多数学生都能做出如是的回答,通过访谈得知,绝大多数学生在幼儿园或者小学一至三年级阶段就通过书籍、电影、电视、科技馆、博物馆等各类途径知道了恐龙,且在科学课程与教学过程中也会涉及恐龙方面的知识。例如,科学家在考古时,发现了恐龙的骨头和化石,科学家利用恐龙的骨头拼出一幅恐龙的样子,颜色是科学家根据恐龙蛋化石通过推测得出的,他该找到依据来说服我们相信他,因为所有事都要有证据,这样才能让别人心服口服(HZ1412);他该有一些理由和证据。因为有足够的充分的理由和证据,把科学家或我说得心服口服,我和科学家才会相信他(HZ1424)。

第二,科学知识的产生需要运用先验知识。先验知识是指人们已经获得的知识,在科学理论的发展和演进过程中发挥着结构性和功能性双重作用[①]。科学家在研究恐龙的过程中,依据恐龙化石、恐龙的生存环境,再参照现有生物的形态结构和生理特性等,综合确定恐龙的形态结构和生理习性。例如,首先通过化石还原出大概样子,同时结合当时环境,如沙漠地区会显黄,丛林地区显灰,高原地区显红(HZ3601);科学家通过骨骼形状,与肌肉内部系统的大致位置来勾勒恐龙的大致外貌,通过部分 DNA 来判断他的颜色及其他条件(HZ3634,注:关于 DNA 的论述主要是受电影的影响)。

第三,科学家需要通过研究、推理等得出结论。恐龙形态结构的确定还需要科学家的推理、猜测、想象等,恐龙真实的形态也许无从知晓。例如,可能是因为有部分恐龙灭绝后,他们的骨骼埋在土里变成了化石,科学家发现后历经研究并得到结论(HZ3634);他可以用实验或证据来证明他的观点,因为有了证明他的观点的方法,来证明这不是假说,而是事实(HZ3634);把所有可能会导致恐龙灭绝的原因都写下来,推理出合理的原因(CQ1443)。这一点与科学家的工作需要想象力和创造力维度相关。

---

① 贾向桐. 自然科学中先验知识何以存在:兼论当代构成主义先验论与科学实践哲学融合的可能性[J]. 哲学研究,2014(6):75-81.

中间水平的小学生对该维度的理解主要表现在，知道恐龙存在的证据是化石，科学家主要通过拼接骨骼化石最终确定了恐龙的形态结构等，而没有进一步的详细说明。例如，有化石，骨头，科学家还可以用现有生物判断（CS1642）；发现了化石，可以大概拼凑出来（CS1652）。

质朴水平的小学生对该维度的理解表现为：一是科学家所说的就是正确的。该部分小学生认为科学家给出的结论是绝对真理，应该相信，例如，科学家见过恐龙，所以知道恐龙的模样。二是认为只要研究就能得出结论，未能给出具体的原因。例如，因为科学家在不断地研究。因为科学家不断地研究之后，得出了结果，知道了恐龙的样子（CQ1446）。三是仅仅提到化石，没有再进行说明，例如，化石结构，大小及纤维（CS1651）。此外，还有部分学生认为，恐龙的存在是从远古人类那里得知的，科学家通过调查、询问远古人类，从而知道了恐龙曾经在地球上生存过以及恐龙的形态等，这些都是质朴水平的理解。

2. 科学知识具有一定的确定性和持久性，但不是绝对真理，是可以改变的

绝大部分科学知识能在很长一段时间内保持不变，因为这些科学知识已经经过科学家严格的科学论证和实践检验。但是科学知识不是绝对真理，随着新证据的产生，有些科学知识需要进行修正和改变。对小学生来说，科学知识的确定性和持久性是需要认识的，因为科学教材中所涉及的知识都是经典理论和原理，但是也需要认识到科学知识的暂定性，尤其是在进行科学调查、科学实验等过程中，依据所搜集到的数据、资料等得出的结论只是在当前的条件下最合适的，随着调查的深入，实验的进行，更多的数据和资料被发现，结论需要据此进行调整。

理性水平的小学生对该维度的理解表现出如下特点：第一，将科学史作为科学知识会发生改变的支撑。使用较多的例子包括：伽利略的"比萨斜塔铁球实验"推翻亚里士多德"重的物体先落地"的观点；哥白尼的"日心说"代替"地心说"。例如，在未来，任何的技术都是要比现在的精确，要高级，如今利用粗略技术计算的结果很有可能发生改变，例如，以前托勒密提出"地心说"时，众人都十分认可，而对他们来说是哥白尼提出"日心说"时，才发现"地心说"是错的，而我认为太阳也不是宇宙中心（HZ3634）；有可能将来科学家研究会有新的发现。比如，现在的疫苗，可能科学家还会研究出能治疗新冠肺炎的药物（CQ1443）。

中间水平的小学生对该维度的理解表现出如下特点：首先，学生们认为科学知识是可以发生改变的,但是没有给出恰当的例子,或者说明原因。例如,也许我们现在理解错了,举几个例子如下,人类过于局限自己的思想,自作主张地认为一些自认为不存在的东西不存在。古代认为天圆地方,过去人们认为地球是宇宙的中心,过去人们认为两个重量不同的球在一样的高度同时落下重的先落地,这些例子都被证明是错的(CS1613);当然会,人类又不会预知未来,世上没有外星人(CS1603);凡事都不是绝对的,科学知识应该也不例外(猜测)(CS1638)。其次,认为世界上所有的事情都是不断变化的,科学知识也不例外,也是随着时代的发展而变化。例如,时代都在变化,科学也会越来越发达(CS1616)。最后,认为科学知识需要不断探索研究,所以不断发生变化。例如,因为这一些科学知识能让我们不断地去试,产生好奇,一直研究(CQ1446)。

质朴水平的小学生对该维度的理解主要表现为,认为科学知识不会发生改变,主要是因为科学是严谨的,确定了的东西就不会再发生改变,或者科学书籍上的知识都是经过科学家反复研究过的,应该都是对的,不能发生改变了。例如,否。现在的知识都是经过精确的计算得来的,是正确的,除非经过一场大变动(CS1639)。

3. 科学知识的产生受人们文化背景、信仰和看待事物方式等影响,具有一定的主观性

不同文化背景、不同信仰、不同国家地区的人们具有不同的思维方式、行为习惯等,看待问题的视角不同,解决问题的方式不同,得出的结论也会有差异。不同个体之间也会存在一定的区别,在解释同一现象的过程中可能会有不同的答案。理性水平的小学生对此维度的理解主要表现为不同人的想法不同,看待问题的角度和方式不同,因此得出的结论也就有所不同。但是学生作答时表达出科学家受文化、宗教、信仰、社会等因素的影响则不多见。例如,因为不同的科学家他们的想法不一样,所以解释会不同(HZ2624);因为各个科学家的思维和想法是不同的,所以会有不同的解释(HZ1424);因为每个科学家的想法都是不相同的,所得出的结论自然而然的不同,还有就是每个科学家的证据也不同,所以就有了很多的说法(HZ2627)。也有学生作答时表达出科学家受目前所掌握的资料不足等因素的限制,不足以得出精确的结论,只能得到各种不同的推测与解释,相互之间不能推翻,都有理有据。例如,目前我们并没有什么可以完全得出结论的证据,并且每个人的意见不同是很正常的(CS1648)。

中间水平的小学生对该维度的理解表现出如下特点：第一，能够体现出不同研究者的研究方向、方式、关注点等不同，但是没有细致说明。例如，因为他们所研究的方向不同，所以才会有很多原因（HZ2612）；因为都有自己的观测点，认为自己的观测点是对的，他们不相信别人的观测，只信自己（HZ2618）。第二，仅表达出某一方面的原因，未能答出重点或全面表达。例如，因为科学家没有足够的证据，所以会有不同的结论（HZ2609）；因为科学家用考古时发现的石头一一拼凑起来，变成一个完整的模型。再用现在的高科技，就得出了结果（HZ1424）。

质朴水平的小学生对该维度的理解表现出如下特点：第一，认为科学家所给出的解释或得出的结论主要是因为现象或事件的原因或解释本身就有多种。例如，因为那时没有人证明事件的起因、经过，而使地球生物灭绝的方法很多，恐龙灭绝的方法也有多种（HZ3634）；因为一种事情的发生本就有很多可能（CS1642）；第二，解释具体问题，并未给出问题背后的原因。例如，1 是小行星撞击了地球，小行星撞击了地球的用力一大，导致火山大规模的爆发，导致恐龙的死；2 也可能是天气，开始没有了氧气，树木枯萎，没有了植物，也就没有了草食恐龙，也就没有了肉食恐龙（HZ2633）；因为他们关注的恐龙化石不同（HZ2626）。此外，质朴水平的认识和理解还包括科学知识的产生、科学研究的过程、科学结论的得出等是严格客观的，不会受科学研究者或其他因素的影响。

（三）对大概念 3——科学探究维度的理解

在科学研究领域，科学家开展研究工作的基本方式是科学探究。科学探究既是科学教育的重要内容，也是科学教育的主要方法。在科学教育领域，科学课程与教学的主要方式是探究式教学，教师需要设计探究性学习活动，在科学课堂上开展以探究性学习为主的教学活动，引导学生参与并开展科学探究。建立对科学探究的理解和认识是学生学习科学课程的重要目标，理解科学探究对提升科学素养具有重要意义，我国科学课程标准中"科学探究"被列为重要的课程目标和课程内容。对"科学探究"的理解，应聚焦问题中心，即科学探究包含提出问题和解决问题的过程，在此过程中，注重运用恰当的研究方法，因为进行科学研究的方法和程序是多种多样的，需要根据研究的具体情况合理选用。同时，还要与其他研究者积极沟通和交流，确保所做研究能够获得科学共同体的认可。

1. 科学探究始于科学问题的提出,包含提出问题和解决问题的过程

提出科学问题是科学探究的基础,是非常重要的环节[①]。问题的提出涉及三个领域的内容,即认知领域、情绪状态和行为变化[②]。科学家观察自然世界和物质世界的各种现象,对观察到的结果产生疑惑,进而具象到详细的问题,基于问题做出假设,开展研究,获得证据,最终解决问题。

理性水平的小学生对该维度的理解为:认识到科学探究要从发现问题或提出问题开始,进而以问题为中心开展研究工作。例如,是进行科学探究。因为他在仔细观察,经过认真思考后提出问题,这便是一种探究(HZ3634);是像科学家一样探究。因为科学家们会先提出问题,之后再反复的实验,最终得出结论(CS1629)。在回答该问题时,即使没有回答"是",但在说明原因的过程中,提及问题的提出与发现等,也判定为理性水平,例如,否,因为做此动作时,没有任何问题,也没有任何目的性。

中间水平的小学生表现为认识到问题情境中的所作所为是进行科学探究,但是未能说明原因,反映出学生还没有深入理解科学探究起始于问题的提出。例如,否,因为这没有任何探究过程(CS1611)。该维度的处于中间水平的学生所占比例较少。

质朴水平的小学生对该维度的理解表现出如下特点:一是认为科学探究需要动手去做,例如,科学探究得亲自动手(CS1619)。二是认为观察就是科学探究,例如,因为观察是科学研究不可缺少的一部分,所以我认为是科学探究(CS1644)。三是科学探究需要深入研究,例如,否。因为他这并没有更深入的研究,有一些鸟爱吃种子,有些爱吃虫子,但都是同一种鸟(CS1636)。否。科学家探究时肯定会比这位同学更加的细心,更加的辛苦,比如这几只鸟的身上条纹就不一样(HZ2640)。

2. 科学探究所使用的方法是多种多样的,应根据具体研究选择合适的方法

科学研究方法有多种,物质科学、生命科学、地球与宇宙科学等不同领域所使用的研究方法也具有很大差异。在学校科学教育领域,当前科学课程与教学

[①] 秦晓文. 科学探究中提出问题的教学策略[J]. 课程·教材·教法,2016,36(5):118-121.
[②] 胡卫平,韩琴. 小学生创造性科学问题提出能力的发展研究[J]. 心理科学,2006(4):944-946+928.

实践中，学生只能学习到一些碎片化的科学方法，难以从更高程度上认识和理解科学方法，或者形成科学方法论（科学方法论是科学家在科学实践中凝练而成的智慧之结晶，具有系统性、整体性、自洽性等特点）①。本指标维度主要是从建构科学方法论的视角引导学生深入认识科学方法，以便在进行科学探究和实践的过程中灵活运用各种研究方法。

本测评工具通过学生对观察和实验的理解，以及设计研究方案时是否能够选择合理的研究方法等题目来测评，理性水平的小学生对该维度的理解表现出如下特点：第一，能够区分观察与实验的区别，观察即"看"，对于实验的理解，多数为需要动手、要有实际行动。例如，否。因为他只是观察，并没有做出行动（CS1630）；否。他只是在看，没有"试"，这是一大重点（CS1642）；否。因为他仅仅只是提出了问题，并没有用实验来解释和说明这个问题（HZ3634）。第二，能选择合理的研究方法设计研究路径。例如，在三种不同的鸟的面前放上不同的食物，注意将三只鸟分开，通过观察它们吃东西的样子来判断鸟类的喙形和它们吃的食物种类之间的关系。利用实验证明，得出结论（HZ3634）；先去收集一些鸟类，把它们养起来观察它们的嘴是怎样的，再给它们吃不同的食物，看看是不是他所觉得的那样（CS1629）。小学生仅能初步形成对科学方法的理解，对于科学方法论的建构，若缺少直接的教学引导，难以实现。

中间水平的小学生对该维度的理解表现为：能够初步意识到要开展研究来获得问题的答案，但是对于如何开展，选用哪种研究方法则没有给出或不够清晰。例如，把嘴巴不同的鸟和不同的食物放进笼子里观察（CS1650）；应该抓一些昆虫，然后用昆虫吸引鸟儿，看看哪些鸟儿吃虫，然后摘一些鸟儿喜欢吃的种子吸引，最后统计（CS1611）。

质朴水平的小学生对该维度的理解表现为：一是未能体现研究设计，对于观察和实验不能进行区分，认为观察了现象，思考了问题，或者做出了努力等均可以称为实验。例如，是实验，因为他思考了问题，并且进行了观察（CS1610）。二是对于方法选择局限于通过网络、书籍、询问他人等途径查阅资料，从而获得答案。例如，上网查资料（CS1641）；只要探究道理的事情都是实验（CS1639）；

---

① 张恩德. 从科学方法到科学方法论：兼论我国理科课程的科学方法教育转型[J]. 教育理论与实践，2012，32(11)：46-49.

做与科学有关的事,就算很小,也算个小实验(CS1602);去喂给它们吃,再仔细观察(CS1616)。

3. 科学研究过程要准确记录并积极与他人交流讨论

表达与交流是进行科学探究的重要环节。开展科学探究的过程,收集到的数据和资料,归纳总结的结果和结论等,需要翔实而准确地记录,以方便在科学研讨会上公布研究成果,并与其他科学研究者进行交流,获得科学共同体的认可,并对相关意见和建议进行修正和完善。

测评工具中主要以回答如何让科学家相信一种恐龙灭绝的原因来评判学生,大多数学生认为要提供证据,这里所说的"证据"即指研究过程中的各种资料、数据等。例如,找到证据,回答疑问,因为有证据可以证明它的可能性,回答疑问是为了让所有看着不合理的东西合理(CS1642),他应该告诉大家,他是通过什么得知恐龙全部灭绝的原因,说出原因才能让大家相信他,因为如果他没有证据,说不出原因,就不会有人相信他(HZ2620)。

中间水平的小学生对该维度的理解表现为:能够为研讨交流准备一些资料,但是没有进一步说明如何应用这些资料。例如,他应该准备一些资料,让我们知道,再去参观博物馆拍下来证据(HZ2629)。该回答所隐含的意思是该同学是在博物馆里观察恐龙的化石或资料等获得的灭绝原因,因此要拍下来,作为证据展示给科学家。例如:可以把看到的用相机拍下来,给科学家看,因为这样科学家才能相信(CS1612)。此外,将证据作为资料形成论文,提供给科学家,也是一种方式。例如,应该先写一篇文章,并把证据放上去,因为这样才有可靠性。(CS1643)。

质朴水平的小学生认为:一是科学家不会相信小学生,即没有从收集证据,给出解释这一思路来回答,而是认为自己作为小学生所说的、所做的不可能被科学家相信。例如,科学家不会相信小孩子说的话。二是将研究过程发布出来即可,不需要讨论和交流。例如,发到网络上就行,因为发出自己的理由和见解就行,只要言而有信(CS1610)。找到恐龙化石(CS1616)。给我们看来自全世界对探究恐龙的结果,因为结果是最可信的(HZ2602)。三是表现出用行动证明,但是没有说明何种行动。例如,他要用自己的行动来证明,因为他不动,谁会相信他呢?(HZ2604)四是通过实验证明,例如,做实验,为了去证明;他们应该自己去野外观察拍照,如果真拍到了我们也见识了那就说明有(HZ2610)。

(四) 对大概念 4——科学事业维度的理解

科学需要人类共同的努力,不同性别年龄、国家地区、文化背景、宗教信仰的人都能对科学做出贡献,促进科学的发展。人们可以运用科学知识解决现实问题,对科学知识的合理应用,可以促进社会经济的发展、生活水平的提升等。一方面,将科学应用于工程和技术领域,创造各类产品,方便人们的生活;另一方面,工程与技术领域的创新发展,也会促进科学的发展与进步,例如,显微镜的发明使人类能够探索微生物世界。但科学的应用有时也会产生一些危害,例如,核废料可能产生核辐射污染,克隆技术可能带来生物伦理问题等。因此,科学需要遵循一定的道德规范和伦理准则。科学事业维度在小学科学课程与教学中涉及较少,小学阶段重在基础知识的掌握,基本方法与技能的训练等。但是,学生的整体理解水平较高,主要是因为当前科学已经渗透到人们生活的方方面面,学生在潜移默化中认识科学与社会之间的关系。

1. 科学促进社会的发展,给人类带来福祉,但也会产生危害

科学家运用科学知识解决现实生活中的各类问题,将科学知识应用于工程与技术领域,创造、发明服务于人类的各种产品,给人类带来便利和福祉。87.8%的小学生认同该观点,说明他们能够理解科学作用于人类社会、生活等领域,发挥了重要的功能。在回答科学是什么以及科学家所做的工作的问题时,也有许多学生表达出了这样的观点,例如,科学是必不可少的东西,可以帮助人类生活,可以帮助人类解决困惑的东西(CS1609);科学可以让生活变得更加美好,去探索更有趣的东西,也可以学习丰富的知识(CS1629);科学是能推动社会、时代、生活的一项重要学科(CS1647)。另一方面,科学的应用有时也会带来一定的危害。63.1%的小学生较为认同该维度,24.7%的学生不确定,仅有12.3%的学生不认同。说明在小学阶段,学生对科学的认识主要聚焦于科学给人类所带来的各种便利,对于可能带来的危害则涉及不多。

2. 不同国家、不同背景的人都能对科学有贡献

不同性别、年龄、种族、国家、文化、信仰等的人们都可以从事科学研究工作,都可以为科学发展做出贡献。对于这一指标的认识可以使小学生们认识到任何人都有可能成为一名科学家,并不存在过多限制,有助于学生树立成为一名科学家的理想。60%的小学生认同该维度,28%的小学生表示不确定,其余

12%的小学生表示不认同。由此可知,小学阶段的科学教育应加强有关小学生有关科学的职业教育,使更多的小学生能够勇敢树立成为一名科学家的理想。

3. 科学受社会伦理道德的约束,要遵守道德规范

科学研究并不是不受限制的,人类作为一种社会性的存在,需要遵守社会道德规范和伦理秩序等。如图3.9所示,小学生对此维度的理解水平不高,仅有35.6%的学生非常同意或同意该观点,34.3%的学生不确定,其余表示不同意,说明大多数小学生认为科学应该是客观的,不应受到除科学研究以外的其他因素的干扰或影响。此外,77.1%的小学生认同"不同背景科学家开展科学研究的方式可能会有所不同",说明大多数小学生能够认识到不同科学家的工作方式会有差异,但是小学生的认识与科学家的背景所引起的差异是不同的。

第四章 小学生对科学本质理解的影响因素研究

通过测评小学生对科学本质的理解情况,本研究初步掌握了小学生对科学本质的理解水平,包括整体特征和各指标维度的表现特点。为了更好地开展科学教育,进一步提升小学生对科学本质的理解水平,我们需要知道主要有哪些方面的因素能够对小学生理解科学本质产生显著的影响。因此,研究小学生对科学本质理解的影响因素十分必要。

第一节 小学生对科学本质理解的影响因素预设

目前有关学生对科学本质理解的影响因素的研究不多见,现有研究多针对学生科学素养的培养与发展。在众多影响因素中,学校科学教育是大多数研究的关注点,但是这一方向的聚焦使研究者们忽视了从教育生态视野更为宏观地考虑科学素养的发展[①]。除学校正规科学教育之外,非正规科学教育对学生科学素养发展也会产生影响,包括家庭教育、社会影响以及学生之间的相互作用等方面。综合已有研究表明,社会、学校、班级、家庭和个人等是影响学生科学素养发展的主要因素。因此,本研究在文献综述的基础上,聚焦正规科学教育与非正规科学教育两个方面,探讨影响小学生对科学本质理解的主要因素。

一、学校科学教育

一般而言,我们将小学生对科学本质理解水平的主要影响因素归于学校科

---

① 雷万鹏,向蓉.学生科学素养提升之家庭归因:基于中国 PISA 2015 数据的分析[J]. 全球教育展望,2020,49(9):66-78.

学教育,进行研究综述也进一步印证了这一论点。对学校科学教育而言,能够发展学生对科学本质理解的途径主要包括:HPS教学、科学探究与科学实践等。

第一,HPS教学。有研究者基于HPS视角系统论证了如何在科学教学中培养学生对科学本质的认识[①]。一方面,开展基于科学史的教学活动,向学生展现科学知识的产生过程与发展脉络,能够帮助他们认识和理解科学知识的持久性与暂定性。科学本质相关内容通过HPS教学可以更有效地引起学生的反应,进而深入理解和认识科学。另一方面,有关科学与社会方面的教学,即科学—技术—社会(Science,Technology,and Society,STS教学)以及社会性科学议题(Socioscientific Issues,SSI),帮助学生理解和认识有关科学事业的内涵和本质。例如,科学家在面对现实生活中出现或存在的各类问题时,通常情况下会运用科学知识来解决,通过工程与技术创造利于人类生活的产品,科学要受到社会、文化和伦理道德等的影响[②]。关于科学哲学方面,鉴于小学阶段学生年龄较小,在此不做讨论。

第二,科学探究与实践。科学探究本身是科学课程目标之一,理解科学探究也是理解科学本质的一部分,且探究式教学是科学课程所倡导的教学方式。因此,开展科学探究教学对学生理解科学本质具有重要的促进作用,教师需要依据科学本质相关内容精心设计教学任务。有针对教师的教学活动任务设计与学生核心素养之间的关系的研究结果显示,物理、化学、生物学三门学科的教师教学与学生核心素养的发展有显著的正向相关效应,并具有显著的回归效应,但是这种效应关系不是直接的,而是以非智力方面的因素作为中介形成间接影响[③]。另一方面,学生开展科学实践,在实践中运用科学知识与技能,选用科学研究方法,能够在潜移默化中理解科学探究与实践。科学教师在进行科学课程教学设计时,需要有意识地将科学本质内容融入科学教学,引导学生逐步建立对科学本质的理解。

---

① 黄晓. 体现科学本质的科学教学:基于HPS的视角[D]. 上海:华东师范大学,2010.
② 刘德华,杭然. 美国"议题中心教学"的百年演变[J]. 比较教育研究,2020(1):3-10.
③ 姜言霞. 中学生科学核心素养影响因素模型的构建及实证研究:应用多维分析的方法[J]. 教育科学研究,2020(6):91-96.

二、家庭教育

家庭教育也会对小学生学习科学产生影响,小学科学课程中有一定比例的科学实践活动需要家长的帮助与参与,赵必华研究了影响学生学业成绩的家庭因素,其变量设置为家庭子女数目、家庭类型(双亲与否)、社会经济地位(父母教育年限、职业与收入等)、家庭财务资本(课内外学习资源投入、学习环境创设等)、家庭文化资本(参观文化场馆、学习文艺课程等)、家庭社会资本(父母参与学校活动、对学生的期望以及参与学生学习等),结果表明家庭社会经济地位、课内学习资源、父母学习期望与学业成绩具有正向相关关系,参观文化场所、文艺课程、父母学校参与等具有负向相关关系[1]。因此,家长对学生学习科学课程和参与科学实践活动的态度、投入与支持等也会影响学生对科学的兴趣、态度等。该影响是直接还是间接,需要深入研究。

第一,家庭的社会经济地位。在教育领域和心理学领域的研究中,社会经济地位与学业成就之间的关系已经被广泛研究。但是,"社会经济地位"的定义和内涵仍然处在发展阶段,学术领域还未形成共识[2]。针对其测评,多数研究均涵盖了父母的收入、父母受教育程度、父母的职业以及家庭资源等方面。其一,父母所能获得的收入可以展现出其子女所能获得的社会和经济资源的潜力。在社会经济地位所包含的各个方面中,最稳定的是父母的受教育程度,因为这一方面通常是在早期建立的,而且基本会保持不变。其二,父母的职业能够较好地反映一个家庭的社会和经济地位,因为职业不仅代表了所获得的收入和经历的教育历程,还代表了特定社会经济阶层所具有的声望和文化。其三,家庭资源也是社会经济地位的潜在测量指标,近些年来越来越多的研究者关注该指标,主要包括家庭资产(如书籍、电脑等)、书房以及学生在课后和假期里所能获得的教育服务等[3]。有研究者针对 0—19 岁儿童和青少年进行元分析,所得到的分析结果表明,家庭的社会经济地位对素养发展这一变量的影响虽然较小,但是显著,许多其他因素也在起作用,它们可能

---

[1] 赵必华.影响学生学业成绩的家庭与学校因素分析[J].教育研究,2013,34(3):88-97.
[2] Bornstein M C, Bradley R H. Socioeconomic status, parenting, and child development[M]. New Jersey: Lawrence Erlbaum, 2003.
[3] McLoyd V C. Socioeconomic disadvantage and child development[J]. American Psychologist, 1998, 53(2): 185-204.

更好地解释了社会经济地位与发展之间虽小但重要的关系[1]。陈继文和陈慧君运用结构方程模型分析家庭社会阶层与学生学业之间的关系,结果显示家庭社会阶层显著影响学生的学习动机,进而正向影响学业成绩,起到显著的调节作用[2]。

第二,家长的陪伴与监督。学生在完成科学作业或开展科学实践活动的过程中,家长若可以陪伴并进行有效监督,可以保障作业质量、规范活动过程等,对孩子的学习起到促进作用。黄亮基于中国教育追踪数据进行了分析,发现父母教育期望、作业监督、教育责任感知与家长活动参与等对学生的认知测试成绩具有显著影响[3]。Ho 针对香港学生的科学素养表现与父母投入与陪伴等进行多水平分析发现,即使控制了学生个人与学校方面的因素,学生的科学素养表现和自我效能与父母投入和陪伴具有显著相关关系[4]。父母投入主要表现在文化学习资源方面,而陪伴的主要方式为在早期学习阶段组织孩子参与科学学习活动,例如通过看、读或听等方式了解科学故事、科幻小说等,这些都是能够高效提升孩子科学学习成就和自我效能感的途径。

第三,家长的教导。家长在孩子学习科学或参加科学实践活动的过程中,尤其是孩子遇到问题的时候,若有针对性地进行指导和教育,可以帮助孩子解决问题,同时深化其对科学的理解。与此同时,家长如何看待科学以及对待科学的价值等也有可能影响孩子的看法。一项有关 PISA 2006 香港地区样本数据的研究发现,家长对科学的态度,对青少年的科学成绩产生间接影响,主要是通过影响学生对科学一般价值及学习科学的动机而形成的[5]。安桂清和杨洋研究不同社会经济地位的家庭中,父母的参与对学生学习成绩的影响,发现父母期望对成绩的影响在社会经济地位处于平均水平以上的家庭最显著,对处于高水平

---

[1] Letourneau N L, Duffett-Leger L, Levac L, et al. Socioeconomic status and child development: A meta-analysis[J]. Journal of Emotional and Behavioral Disorders, 2011(7): 1-14.

[2] 陈继文,陈慧君. 基于 SEM 的家庭社会阶层对学业影响的路径模型[J]. 统计与决策,2015(5): 83-85.

[3] 黄亮. 家长参与学校教育对初中学生认知能力表现影响的实证研究:基于中国教育追踪调查基线数据的分析[J]. 教育科学研究,2016(12): 53-59.

[4] Ho E S C. Family Influences on Science Learning among Hong Kong Adolescents: What We Learned from PISA[J]. International Journal of Science and Mathematics Education, 2010, 8(3):409-428.

[5] Hsu H-Y, Acosta S. The Role of Parents of Adolescents' Scientific Literacy in Hong Kong: Exploring the Transmission of General Value of Science Using PISA 2006[C]//Paper presented at the Meeting of American Educational Research Association Annual Conference. New Orleans,LA. 2011.

的家庭影响减弱;家庭交流的影响在高社会经济地位的家庭影响最显著[①]。

第四,学生本身对科学的兴趣也会影响其科学学习。艾因利(Ainley)等研究发现,学生对科学的价值认同,喜爱科学的程度,学习科学的兴趣以及学习更多有关科学主题的诉求等具有较强的预测解释关系,即学生对科学的兴趣与爱好是其科学学习的主要影响因素[②]。

综合来看,父母对学生学习科学以及科学素养发展的影响主要表现在两个方面:一是学习资源建设,包括硬件方面的学习环境创建(如学习空间、工具书、电子产品等)和软件方面的投入(如各类电子学习资源的购买、网络资源等),具体表现在家庭社会经济地位的分层;二是学习过程性投入,包括学习过程监督(如陪同孩子完成作业或实践活动、检查孩子的作业)和学习过程指导(如孩子遇到问题及时解答,或者和孩子一起解决问题等)。

三、同伴效应

同伴群体是学生(尤其是小学生)学习的关键环境和身心发展的重要情境。在科学学习过程中,尤其是在科学探究与实践中,学生往往不是单独完成学习任务或活动,而是以小组为单位,依靠小组成员的共同努力完成学习活动。例如,有研究显示同伴之间相互评价可以显著提升学生科学课程的学习成效[③],运用同伴互助学习策略能够有效提升初中科学课堂学习效率[④]。因此,学生之间互为学习同伴,同伴之间会发生相互影响,对学生个体而言具有协同促进、相互帮助的作用,即形成同伴效应。

首先,同伴之间的交流和讨论能够帮助学生个体解决问题、做出选择。学生在科学学习过程中以及日常生活中遇到问题时,除了向教师和家长等寻求帮助外,学习同伴是另一个可以寻求帮助的重要对象。在科学课上,同伴之间可以相互讨论科学问题,在做科学实验或开展科学实践活动时,同伴之间可以一

[①] 安桂清,杨洋. 不同社会经济地位家庭的家长参与对子女学业成就影响的差异研究[J]. 教育发展研究,2018,38(20):17-24.

[②] Ainley M, Ainley J. Student engagement with science in early adolescence: The contribution of enjoyment to students' continuing interest in learning about science[J]. Contemporary Educational Psychology,2011,36(1):4-12.

[③] 白清玉,张屹,沈爱华,等. 基于同伴互评的移动学习对小学生学习成效的影响研究:以科学课程为例[J]. 中国电化教育,2016(12):121-128.

[④] 朱转梅. 利用同伴互助策略提高初中科学课堂效率[J]. 中学物理教学参考,2016,45(12):44-45.

起讨论来做出决定。在课外,同伴之间可以交流各自发现的有关科学的事情,发表各自的看法等。

其次,同伴之间相互协作有利于完成各项学习任务和活动。科学课程与教学中,基于小组的课堂活动或课外实践活动已经十分普遍,在活动的过程中遇到问题、制定方案以及实施时,同伴之间需要共同商议,寻找解决办法,通过相互协作完成学习任务。同伴之间的明确分工、密切合作使每个个体均能够在学习上获得提升。

再次,同伴之间的趋同影响会使同伴个体趋向相同的行为表现。有关青少年学业投入与成就、同伴团体等的追踪调查研究显示,青少年在学业投入、学业成就方面会与其同伴逐步趋向相似,即具有显著的同伴效应[1]。小学生之间的同伴影响表现得更加明显,因此同伴之间的趋同作用也可能影响学生的科学学习以及对科学的理解。

最后,学生的性别、年级以及学校水平也可能形成影响。赵德成等对PISA 2015中学学生的科学测评数据进行多水平分析,发现学生的科学素养表现在性别、年级、学校等方面均存在显著性差异,即男生成绩高于女生,高年级学生高于低年级,学校的社会、经济、文化指数与学生的科学学习成就动机、学习兴趣、自我效能等均对学生的科学素养表现具有正向预测效应,且这种效应是非常显著的[2]。性别方面,关丹丹和焦丽亚聚焦中学生科学素养在性别层面的差异,以PISA 2015测试结果为基础进行分析,结果显示:整体成绩与水平等级方面,男生显著高于女生;科学能力表现方面,有一些维度男生的表现显著高于女生;内容性知识方面,也是男生显著高于女生[3]。陆真和沈书君探讨了男生和女生在科学本质理解方面的差异,结果显示,从OECD平均水平视角来看,女生的理解水平要高于男生;在总体成绩方面男女生差异不大,但是在同一学校的男女生差异较大[4]。上述研究成果可以为本研究带来启示,即讨论性别、年级以及学校水平等因素对学生理解科学本质的影响。

---

[1] 沙晶莹,张向葵.青少年的同伴选择与同伴影响:基于学业投入与学业成就的纵向社会网络分析[J].心理与行为研究,2020,18(5):652-658.
[2] 赵德成,郭亚歌,焦丽亚.中国四省(市)15岁在校生科学素养表现及其影响因素:基于PISA2015数据的分析[J].教育研究,2017,38(6):80-86.
[3] 关丹丹,焦丽亚.中学生科学素养的性别差异:基于PISA2015的实证研究[J].教育研究与实验,2017(4):92-96.
[4] 陆真,沈书君.科学素养培养中男女生表现差异性的分析:基于PISA科学素养测评的研究与思考[J].外国中小学教育,2012(3):20-25+60.

四、社会作用

现阶段,人们的生活越来越离不开科学技术,世界各国(尤其是发达国家)均不遗余力地采取各种方式和途径提高公民的科学素养,除学校正规科学教育外,来自社会层面的非正规科学教育也会对人们理解和认识科学发挥作用。以往研究中还鲜有直接针对社会作用与学生科学素养或理解科学的关系的,更多的是针对家庭社会经济地位的综合研究。因此,本研究将社会作用设置为一个独立的影响因素维度,主要从三个方面来进行研究预设:科普传播、公共文化资源以及社会实践活动。

首先,科普传播。众所周知,随着电视、网络等的普及,人们的生活中充斥着电视新闻、广告、各类节目、影视作品等,置身其中自然而然会受其影响,尤其是对于身心处于快速发展时期的小学生来说,影响更大。传播途径层面,出版印刷、电视、影视、互联网等都可以对人们产生影响。传播工具层面,科普书籍、宣传画、科普广告、电视纪录片与节目、科普与科幻电影等,是当前人们日常接触到的科学信息载体。此外,还包括各类商家为产品所做的各种说明等。

其次,公共文化资源。公共资源是学生获取科学信息的重要来源,主要包括:公共科普场所与公共设施,例如:图书馆、科技馆、博物馆、水族馆等各类场馆;科研院所或企业研发部门,学校可以与相关单位合作,统一组织参观学习等。学生在利用这些公共资源的过程中,可以结合学校学习的科学内容,进一步学习、运用并认识科学。因此,公共文化资源方面可能构成一个影响因素。

最后,社会实践活动。社会实践活动不仅是学生的必修内容,而且也是学生全面发展所必要的内容组成,尤其是近年来研学旅行备受重视,各地均建立研学旅行基地,关注学生的社会实践[1]。社会实践与科学实践相结合,或者说二者本身就是一体两面,学生在实践过程中,深度理解科学知识的产生与发展,科学方法的选择与使用,科学与社会发展的关系,从而逐步建构科学蓝图。

---

[1] Aliyeva G. Impacts of educational tourism on local community: The case of gazimagusa, North Cyprus[D]. North Cyprus: Eastern Mediterranean University, 2015.

来自社会层面的影响,虽然,没有组织和计划地让学生理解和认识科学属于非正规科学教育[①],但是学生身处社会生活大环境中,自然而然地会受其影响,这种作用和影响可能是直接的,即直接干预学生对科学本质的理解,也可能是间接的,即通过影响学校科学教育或学生对科学的兴趣和动机等间接发挥作用,相关研究还不多见。本研究尝试探讨社会作用这一维度对学生理解科学的影响。

第二节 小学生对科学本质的理解影响因素研究工具设计与实施

本研究在上一章中,针对小学生对科学本质的理解水平设计了测评工具,与此同时,为研究理解水平的影响因素,也需要设计相应的研究工具。依据本章第一节内容中对影响因素的预设与选择,设计对应的研究工具。

一、影响因素调查问卷设计

本研究从学校科学教育、家庭教育、同伴效应和社会作用四个主要维度来探讨小学生对科学本质理解的影响因素,由此而设计的影响因素调查问卷包含两种形式:第一种是学生的基本信息,以选择题和填空题为主要形式;第二种是对学校科学教育、家庭教育、同伴效应和社会作用的调查,主要以调查量表的形式(见附录二)。

(一) 基本信息

学生基本信息的采集主要针对两个方面:一是家庭社会经济地位,主要从家庭学习资源和过程投入两方面展开,例如家中书籍数量、父母的学历、父母工作等;二是学校科学教育基本情况,包括学校教育水平、科学课程作业情况、科学相关校本课程开设情况等。此外还包括学生的性别、年龄等人口学信息,具体见下表4.1。

[①] 菲利普·贝尔,布鲁斯·列文斯坦,安德鲁·绍斯,等. 非正式环境下的科学学习[M]. 赵健,王茹,译. 北京:科学普及出版社,2015.

表 4.1 影响因素基本信息表

维度	指标	题目设计
人口学信息	性别 年龄 年级	你的性别 你的年龄
父母情况	父母的学历 父母的工作	你妈妈的最高学历 你爸爸的最高学历 A 小学　B 初中　C 中等职业教育(中专、职高或技校)　D 普通高中　E 专科　F 本科　G 硕士　H 博士 你妈妈从事什么工作 你爸爸从事什么工作(例如:学校老师、医生、销售经理、律师、企业员工、农民、个体经营、公务员等。如果现在没有工作,请填上他们做过的最后一份工作;如果一直没有工作则填无)
家庭学习资源	电子设备 书籍 科学书籍 家庭投入	你家中有下列物品吗 (多选,在方框中打√)电视机、手机(有上网功能,例如智能手机)、电脑(台式机或笔记本电脑)、平板电脑(例如华为平板电脑、iPad)、电子阅读器(例如 Kindle 阅读器) 你家里有多少本书 其中与科学有关的书有多少 (注意:请不要将杂志、报纸、课本以及辅导书计算在内。) A 0—5 本　B 6—10 本　C 11—20 本　D 21—50 本 E 51—100 本　F 超过 100 本
学校科学教育基本情况	学校教育水平 科学课程作业情况 科学相关校本课程开设情况	本学期,你所在学校每周有几节科学课 除规定的学校课程外,你每周大概需用多少小时学习科学 除科学课外,有没有关于科学的课外活动或校本课程?若有的话,请写出课外活动或校本课程的名称,每周大概需用多少小时

(二) 调查量表

目前还没有比较经典的针对小学生对科学本质理解的影响因素的量表工具,虽然有比较多的针对学生科学素养发展的影响因素的研究,但是主要是对学校科学教育和家庭社会经济地位等因素的探讨。因此,在进行文献研究的基础上,本研究充分借鉴已有研究中设计的量表工具,自编研究工具。本研究中,将调查问卷的主体内容设计为量表,包括学校科学教育、家庭教育、同伴效应和社会作用四个维度,在借鉴已有研究的基础上进行修正,具体指标见下表 4.2。在指标设计方面,则聚焦科学本质的主要内容及其教学实践等。

表 4.2　影响因素调查量表

维度	指标	题目设计
学校科学教育	HPS 教学 科学探究 科学实践	科学老师给我们讲科学家的故事 科学老师给我们介绍科学发展的过程 科学老师告诉我们科学是解释各种自然现象的 科学老师会告诉我们科学知识将来有可能会发生改变 科学老师告诉我们不同科学家研究同一现象和证据,可能会得出不同结论 科学老师告诉我们科学要受伦理道德的约束 科学老师告诉我们宗教、政治、社会、文化等因素会影响科学的发展 科学老师告诉我们科学有时也会产生不良后果 科学课上,我们对同一个物体进行多次观察或测量,并记录结果 科学课上,我们公布实验或调查过程,并与同学们交流和讨论 科学老师让我们提出科学问题,因为科学探究从问问题开始 我们回答科学问题时要提供证据 我们在解决科学问题时发挥创造力和想象力 我们在解决科学问题时尝试运用不同的研究方法
家庭教育	家庭投入 父母陪伴 父母教导	父母或家人鼓励我提出科学问题 父母或家人教我如何查找证据来回答科学问题 父母或家人答不出我问的科学问题时,和我一起通过查阅书籍或上网等方式查找答案 父母或家人给我买与科学有关的图书 父母或家人给我买做科学小实验的材料 父母或家人和我一起读科学书籍 父母或家人和我一起在家里做科学小实验或小活动 父母或家人和我一起种植植物/饲养小动物 父母或家人督促我在做实验、种植物或养小动物时做好记录 父母或家人给我报课外科技类兴趣班(如:机器人制作、航模制作、科学体验营等)
同伴效应	同伴研讨 同伴协作 同伴促进	课上我和同学一起讨论科学问题 课上我和同学一起完成科学实验或活动 在做实验或活动时如果有多种方案,我会和同学一起讨论来做出决定 遇到科学问题时,我会问我的同学并和他一起解决 课后我和同学开展科学调查研究或实践活动
社会作用	科普传播 公共文化 社会实践	我观看有关科学的电视节目或电影等 我通过观看电视节目或电影学习到一些科学知识 我去科技馆、植物园、水族馆等地方参观 我参加科技馆的课程或活动 我参加科技创新比赛、航模船模竞赛等

第一,学校科学教育方面。在科学课程与教学实践过程中,有针对性地引

导学生认识科学本质,是促进学生理解科学本质的主要途径。一是 HPS 教学,即科学史、科学哲学和科学社会学,在小学阶段的科学课程与教学主要是以科学史为主,余下两者为辅。二是科学探究,科学探究是小学阶段科学课程的重要目标和内容,科学课程所倡导的教学方式是探究式教学,因此小学生需要理解科学探究,主要包括提出科学问题、运用科学方法、获得科学证据、开展科学交流等。此外,还应重视科学实践,让学生在实践活动中认识和理解科学的本质。

第二,家庭教育方面。除学校科学教育以外,家庭教育是小学生接受科学教育的第二个重要影响因素,主要包括三个方面:第一方面是家庭投入与学习资源建设,主要是与科学有关的书籍、活动材料以及科技类兴趣班等;第二方面是父母陪伴,主要是父母陪伴孩子阅读书籍、完成作业和实践活动等;第三方面是父母教导,主要是父母对孩子遇到的问题及时给予解答和帮助。家庭教育方面与问卷的基本信息相结合,可以对家庭社会经济地位与学生对科学本质的理解之间的关系进行初步研究。

第三,同伴效应方面。同伴对学生认识和理解科学也会产生影响,主要包括:一是研讨交流,即遇到有关科学的问题时,询问同伴并一起讨论或是看了有关科学家或科学事件的书籍等,相互交流并发表观点看法等;二是协作互助,主要是在课堂上进行科学探究活动以及课下开展科学实践活动的过程中,一起设计实验或活动方案、完成实验或活动等;三是影响促进,通过同伴之间的相互影响,可以使学生们更加喜欢科学,了解和认识科学等。

第四,社会作用方面。小学生对科学的理解和认识也会受到来自社会方面的作用和影响,主要表现在:一是科普传播影响,有关科学的电视节目和影视作品等是小学生接触到的比较多的传播媒介,并且能够给学生带来较为深刻的影响,例如,许多小学生对恐龙的认识来自电影《侏罗纪世界》;二是公共文化资源,包括图书馆、博物馆、科技馆、动植物园和水族馆等场馆,也是学生获取科学相关知识的重要信息来源;三是社会实践活动,主要指各类科学调查、假期夏令营或冬令营、科学训练营、各类竞赛等,在参与实践活动的过程中,逐步建立对科学本质的理解。

在题目设计方面,主要采用李克特量表形式,根据调查实际情况,即相应指标发生的频率,一般情况下设计为五点量表,但是考虑到学生年龄特征以确保其能够准确区分相应频率,本研究设计为四点,包括"几乎总是""经常""偶尔""几乎没有",学生通过判断相应陈述发生的频率来做出选择。

二、影响因素调查问卷的效度和信度检验

调查问卷要具有较高的信度和效度,调查数据才能真实反映各类影响因素所发挥的作用。因此,在进行问卷初测的过程中,对其信度和效度进行严格检验,并依据结果对问卷进行调整和修正。

(一) 预测试及数据分析

1. 样本选择

预测试与对科学本质的理解情况调查同步进行,样本来自武汉市的四所小学校,每所学校选择四六年级各一个班级,预测试总人数为 224 人。

2. 效度分析

本研究主要采用探索性因素分析和验证性因素分析相结合的方式,对调查问卷进行信度和效度检验。

(1) 鉴别度分析

在进行因素分析前需要对预测试所获得的数据进行鉴别度分析,即高分组与低分组的差异检验。高分组和低分组需要具有统计学上的显著性差异,才符合因素分析的基本要求,通常是对问卷所有题项的总分进行高低排序,选择前 27% 为高分组,后 27% 为低分组,然后针对高分组和低分组进行 T 检验以获得两组之间的差异[1]。结果显示,调查问卷的所有题项均具有较高的鉴别度。

(2) 探索性因素分析

由于本研究调查问卷所包含的量表在编制的过程中充分参考了已有研究文献和理论,明确将量表分为学校科学教育、家庭教育、同伴效应和社会作用四个维度,量表所包含的各题项已经归入相应的影响因素维度中。因此,在进行探索性因素分析过程中,可以针对各个维度分别进行因素分析。

① 学校科学教育维度的第一次因素分析结果

KMO 值为 0.868(大于 0.80),Bartlett 球形检验卡方值为 1 102.961,显著

---

[1] 吴明隆. 问卷统计分析实务:SPSS 操作与应用[M]. 重庆:重庆大学出版社,2018.

性为0.000(小于0.05),说明量表适合进行因素分析。但是,抽取的共同因素有3个,因此需要删除相应题项,以减少共同因素数目。

逐项删除9—9、9—12、9—14、9—10和9—11后,因素分析结果如下:

KMO与Bartlett检验表明量表依然适合因素分析,抽取1个共同因素。因素的特征值为3.983,共同解释变异量为44.250%。

② 家庭教育维度的因素分析结果

KMO值为0.926(大于0.80),Bartlett球形检验卡方值为1 337.374,显著性为0.000(小于0.05),说明量表适合进行因素分析,抽取1个共同因素。因素的特征值为5.853,共同解释变异量为58.527%。

③ 同伴效应维度的因素分析结果

KMO值为0.845(大于0.80),Bartlett球形检验卡方值为529.542,显著性为0.000(小于0.05),说明量表适合进行因素分析,抽取1个共同因素。因素的特征值为3.293,共同解释变异量为65.867%。

④ 社会作用维度的因素分析结果

KMO值为0.732(大于0.70),Bartlett球形检验卡方值为345.635,显著性为0.000(小于0.05),说明量表适合进行因素分析,抽取1个共同因素。因素的特征值为2.676,共同解释变异量为53.515%。

3. 信度分析

探索性因素分析后,本研究对调查问卷的信度进行检验,主要依据克隆巴赫α系数(Cronbach's Alpha值),分别对调查问卷的整体信度系数和各维度的信度系数进行分析。调查问卷的整体克隆巴赫α系数为0.934。学校科学教育、家庭教育、同伴效应、社会作用四个维度的克隆巴赫α系数分别为0.839、0.920、0.865和0.780。调查问卷整体和分维度克隆巴赫α系数均大于0.7,表明其具有较高的内部一致性。

4. 验证性因素分析

通过探索性因素分析和信度分析后,将调查问卷余下的题项进行验证性因素分析,主要对各个题项的因素负荷量和数据拟合程度进行检验。本研究使用AMOS软件进行验证性因素分析,其结果见下表4.3。由表可知,GFI值等于0.807、NFI值等于0.795、CFI值等于0.885,均不符合理想标准,因此模型不适配,需要进行修正。

表 4.3　小学生对科学本质的理解影响因素调查问卷验证性因素分析拟合指数

统计检验量	绝对适配度指数	检验结果	模型适配情况
绝对适配度指数			
χ^2 值	$p>0.05$(未达显著水平)	737.405	
χ^2/df	<2.00(严谨)或<3.00(普通)	1.988	是
RMR 值	<0.05	0.068	否
RMSEA 值	<0.08(若<0.05 良好;若<0.08 普通)	0.067	是
SRMR 值	<0.08(若<0.05 良好;若<0.08 普通)	0.061	是
GFI 值	>0.90 以上	0.807	否
AGFI 值	>0.90 以上	0.774	否
CN 值	>200	127	否
比较适配度指数			
NFI 值	≥0.95 以上(普通适配为>0.90)	0.795	否
RFI 值	≥0.95 以上(普通适配为>0.90)	0.776	否
IFI 值	≥0.95 以上(普通适配为>0.90)	0.886	否
TLI 值	≥0.95 以上(普通适配为>0.90)	0.874	否
CFI 值	≥0.95 以上(普通适配为>0.90)	0.885	否
简约适配度指数			
PGFI 值	>0.50 以上	0.688	是
PNFI 值	>0.50 以上	0.727	是
PCFI 值	>0.50 以上	0.809	是

(二) 对调查问卷的修正

对于调查问卷的修正主要遵循两个原则:一是删除相应题项,即对模型拟合影响大的题项;二是整合题项,若某一维度包含的题项较多,则可以将若干题项进行整合,形成一个新的因素[①]。本研究基于上述原则,对调查问卷各个维度的题项进行调整,具体如下:

学校科学教育维度,对所包含的 9 个题项进行整合。一是科学史教学,包括教学过程中介绍有关科学家的故事,以及科学发展的过程等。二是科学知识,包括科学知识的暂定性和科学解释自然世界的各种现象。三是科学探究,

---

① 王济川,王小倩. 结构方程模型:Mplus 与应用[M]. 北京:高等教育出版社,2018.

科学探究包括提出问题和解决问题的过程,重视证据的收集和应用,科学方法是多种多样的。四是科学与社会,科学知识的应用造福于人类,同时会对道德、伦理、社会、经济等产生影响。

家庭教育维度,对所包含的10个题项进行整合。一是家庭投入,包括购买书籍、实验材料等。二是父母教导,父母鼓励学生提出科学问题,查找证据。三是父母陪伴,父母陪伴学生参与各类学习活动,包括一起读书、完成作业和科学制作等。

通过上述修正,进行第二次验证性因素分析,结果见下表4.4。由表可知,GFI值等于0.909、NFI值等于0.906、CFI值等于0.951,基本符合理想标准,但是RMR值、AGFI值、CN值等仍然没有达到理想标准。

表4.4 小学生对科学本质的理解影响因素调查问卷验证性因素分析拟合指数(修正)

统计检验量	绝对适配度指数	检验结果	模型适配情况
绝对适配度指数			
χ^2值	$p>0.05$(未达显著水平)	166.066	
χ^2/df	<2.00(严谨)或<3.00(普通)	1.977	是
RMR值	<0.05	0.129	否
RMSEA值	<0.08(若<0.05良好;若<0.08普通)	0.066	是
SRMR值	<0.08(若<0.05良好;若<0.08普通)	0.051	是
GFI值	>0.90以上	0.909	是
AGFI值	>0.90以上	0.870	否
CN值	>200	143	否
比较适配度指数			
NFI值	≥0.95以上(普通适配为>0.90)	0.906	是
RFI值	≥0.95以上(普通适配为>0.90)	0.883	否
IFI值	≥0.95以上(普通适配为>0.90)	0.951	是
TLI值	≥0.95以上(普通适配为>0.90)	0.938	是
CFI值	≥0.95以上(普通适配为>0.90)	0.951	是
简约适配度指数			
PGFI值	>0.50以上	0.636	是
PNFI值	>0.50以上	0.725	是
PCFI值	>0.50以上	0.761	是

三、影响因素调查问卷的修订

对调查问卷的修订主要依据预测试的数据分析,即信效度检验。在预测试的过程中,也对学生进行访谈,获得学生在做调查问卷过程中所遇到的问题反馈,针对易产生歧义的题目以及不易回答的题目进行修改。同时咨询本领域专家,综合上述意见修改调查问卷。

(一) 基本信息修订

针对基本信息部分的修改,主要包括:

第一,父母的最高学历。在调查过程中发现有较大比例的小学生不知道父母的学历,给调查数据的完整性带来较大影响,且做出选择的学生中也有部分是猜测的。因此,在选项中添加"不知道",避免猜测或随意选择。

第二,完成科学课外作业需要的时间。部分小学生对时间的长短没有概念,不知道完成科学课外作业需要多长时间,预测试过程中,许多问卷是空白。因此,本题目修改为每周科学作业的次数,便于学生回答。

第三,科学校本课程的开设。针对校本课程,学生易与科学课相混淆,因此,修改为参加科学与技术类的竞赛,以此了解学生在课余时间里进行科学学习的情况。

(二) 调查量表修订

在预测试的过程中,经过信效度检验与分析,同时参考专家的意见,对影响因素的调查量表进行如下修订,见表4.5。

第一,添加科学学习兴趣维度:学生的科学兴趣与科学学习动机也会对其理解科学本质的水平产生影响,尤其是在学校科学教育、家庭教育、同伴效应与社会作用四个维度中,可能会形成中介效应,相关领域的专家也对此给出了建议。

第二,学校科学教育维度:对题项进行调整,同时将调查因素整合为四个指标,即科学史教学、科学探究、科学实践、科学与社会,采用因素分析方法进行综合。

第三,家庭教育维度:题项未进行变动,在正式测评分析过程中,可以通过因素分析的方法综合为三个指标,即家庭投入、父母陪伴、父母教导。

第四,同伴效应维度:对题项表述进行优化,增加"我和同学所说或所做的事情让我更喜欢科学",同时综合为同伴研讨、同伴协作、同伴促进三个指标。

第五,社会作用维度:增加"我通过网络获得与科学有关的知识""假期里我参加有关科学的社会实践活动"题项,补充来自网络和社会实践活动两个方面的影响,同时将题项综合为科普传播、公共文化、社会实践三个指标。

表4.5 影响因素调查量表

维度	指标	题目设计
科学学习兴趣与动机	/	① 我喜欢上科学课 ② 我喜欢参加科学调查或做科学实验 ③ 我喜欢阅读与科学有关的书籍 ④ 我喜欢去博物馆、科技馆、动植物园等 ⑤ 我喜欢看科学探索类的节目、影片等 ⑥ 我喜欢和同学、老师、家长讨论科学 ⑦ 我长大后想从事与科学有关的职业
学校科学教育	科学史教学 科学探究 科学实践 科学与社会	① 科学老师给我们讲科学家的故事 ② 科学老师给我们介绍科学发展的过程 ③ 科学老师告诉我们科学是解释大自然中各种现象的 ④ 科学老师会告诉我们科学知识将来有可能会发生改变 ⑤ 科学老师让我们提出科学问题 ⑥ 科学老师告诉我们科学要受道德和法律的约束 ⑦ 科学课上,科学老师让我们回答科学问题时要提供证据 ⑧ 科学课上,我们在解决科学问题时尝试运用不同的研究方法 ⑨ 科学课上,我和同学对同一个物体进行多次观察或测量,并记录结果 ⑩ 科学课上,我们要报告实验或调查过程,并与同学们交流和讨论
家庭教育	家庭投入 父母陪伴 父母教导	① 父母或家人鼓励我提出科学问题 ② 父母或家人教我如何查找证据来回答科学问题 ③ 父母或家人答不出我问的问题时,会和我一起通过查阅书籍或上网等方式查找答案 ④ 父母或家人给我买与科学有关的图书 ⑤ 父母或家人给我买做科学小实验的材料 ⑥ 父母或家人和我一起读科学书籍 ⑦ 父母或家人和我一起在家里做科学小实验或小活动 ⑧ 父母或家人和我一起种植植物/饲养动物 ⑨ 父母或家人督促我在做实验、种植物或养小动物时做好记录 ⑩ 父母或家人给我报课外科技类兴趣班
同伴效应	同伴研讨 同伴协作 同伴促进	① 遇到科学问题时,我会和同学一起讨论 ② 我和同学相互交流有关科学和科学家的事情 ③ 如果有多种实验方案,我会和同学一起讨论来做出决定 ④ 我会和同学讨论交换阅读各自的科学书籍 ⑤ 我和同学一起完成科学调查或实践活动 ⑥ 我和同学所说或所做的事情让我更喜欢科学

(续表)

维度	指标	题目设计
社会作用	科普传播 公共文化 社会实践	① 我观看有关科学的电视节目或电影等 ② 我通过观看电视节目或电影学习到一些科学知识 ③ 我去公共图书馆或书城等借阅图书 ④ 我去博物馆、科技馆、动植物园、水族馆等地方参观 ⑤ 我参加科技馆的课程或实践活动 ⑥ 我通过网络获得与科学有关的知识 ⑦ 假期里我参加有关科学的社会实践活动

四、影响因素调查研究的实施

小学生对科学本质理解的影响因素调查研究的实施是与理解状况测评同步进行的,即将调查工具设计为"小学生对科学本质的理解及其影响因素调查问卷"。问卷分为两个部分,第一部分为小学生对科学本质的理解状况测评,第二部分为影响因素调查问卷。因此,研究对象的选择、调查数据的收集与处理等实施过程与第三章第二节内容相同,在此不再赘述,仅进行简要说明,主要对调查问卷所出现的无效问卷的判断依据以及处理办法等进行详细说明。

(一) 研究对象简介

本研究在浙江省杭州市、湖南省长沙市和重庆市各选择 3 所小学,每所小学随机抽取四年级和六年级各一个班,学生总人数为 825,四年级 410 人(男生 202 人,女生 208 人),六年级 415 人(男生 216 人,女生 199 人)。

(二) 调查问卷的处理

为确保调查数据的可靠性和真实性,尽量避免学生在回答过程中出现随意作答等情况,本研究在设计调查问卷的过程中,主要通过设置测谎问题和制定数据评判标准两种手段来应对。

一方面,设置测谎问题。测谎问题可以判断学生在回答的过程中是否认真作答,本研究设计的测谎问题为"我认为风扇是动物,因为会转动",若学生选择同意或非常同意则判定为无效问卷。

另一方面,制定数据评判标准。在数据录入和处理过程中,对数据进行梳理和筛除:一是绝大多数选择为同一选项,如都选"非常同意";二是出现漏选现象,包括个别题项是漏选以及大范围的空答;三是以"之"字或其他规律进行回答。

第三节 小学生对科学本质的理解影响因素多元回归分析

小学生的性别、年级、学校水平、家庭社会经济地位等对其理解科学本质是否有影响？本研究对此进行初步研究，主要采用多元线性回归分析，探讨相互之间的关系。

一、确立变量

进行回归分析需要明确研究的自变量和因变量。

（一）因变量的确立

本研究的因变量设定为学生对科学本质的理解，即通过对学生关于科学本质理解水平的测评而获得的结果。在数据处理方面，将评分标准所对应的理解水平进行赋分，即理性水平赋 2 分，中间水平赋 1 分，质朴水平赋 0 分，由此，因变量转换成为一组数据，其描述性统计结果见下表 4.6。

表 4.6　小学生对科学本质理解测评结果描述性统计

题项及总分	最小值	最大值	平均值	标准差
1-1	0	2	0.43	0.024
1-2	0	2	0.38	0.021
2	0	2	0.91	0.030
3-1	0	2	0.75	0.030
3-2	0	2	0.63	0.031
3-3	0	2	0.57	0.026
4-1	0	2	1.67	0.025
4-2	0	2	0.50	0.023
4-3	0	2	0.82	0.032
4-4	0	2	1.03	0.033
5	0	2	1.14	0.029

(续表)

题项及总分	最小值	最大值	平均值	标准差
6-1	0	2	0.52	0.024
6-2	0	2	0.52	0.025
总分	0	26	9.87	0.184

（二）自变量的确立

本研究主要针对学生的家庭社会经济地位、家庭学习资源建设和学习过程性投入进行多元回归分析。除此以外，针对学生的性别、年级、学校水平也进行相应的分析。详见下表4.7。

表4.7 变量确立与测量

变量名称	变量的测量	均值	标准差
对科学本质的理解	对科学本质的理解得分	10.37	5.178
家庭社会经济地位	家庭社会经济地位综合因子得分（综合的因子包括父母的受教育程度和家庭财富状况）	0.00	1.000
家庭学习资源建设	书籍(1-6) 科学书籍(1-6) 科技类竞赛参与(0-5) 科学学习设备和材料购买(1-5) 科学兴趣班选报(1-5)	0.00	1.000
家长学习过程性投入	家长学习过程性投入综合因子得分（综合的因子包括父母陪伴和父母教导）	0.00	1.000
学校水平	高水平=2 中水平=1 低水平=0	1.12	0.786
性别	男生=1 女生=0	0.47	0.500
年级	四年级=1 六年级=0	0.51	0.501

第一，家庭社会经济地位。主要通过三个指标来测量：一是父母的受教育程度，由小学至博士研究生，按照1至8分依次赋分，选取父母中学历较高的一方计算；二是家庭财富状况，主要通过是否有（有1分，无0分）书桌、独立房间、网络、订阅报纸、字典和词典、百科全书、电视机、手机（有上网功能，例如智能手

机)、电脑(台式机或笔记本电脑)、平板电脑(例如华为平板电脑、iPad)、电子阅读器(例如 Kindle 阅读器,可以阅读电子书籍)等加总得分而来;三是父母的职业,由于父母的职业难以进行分层计分,因此该维度单独分析,主要是进行高分组和低分组的学生家长的职业差异比较。

第二,家庭学习资源建设。该方面主要包括书籍及与科学有关的书籍、科学学习设备和材料购买、科学兴趣班选报、科技类竞赛参与等。书籍及与科学有关的书籍通过选择 A 0—5 本、B 6—10 本、C 11—20 本、D 21—50 本、E 51—100 本、F 超过 100 本等 6 个选项,按照 1 至 6 分依次赋分;科学学习设备和材料购买、科学兴趣班选报等通过选择频率"从不""很少""偶尔""经常""总是"5 个选项,按照 1 至 5 分依次赋分;是否(是 1 分,否 0 分)参加机器人制作、航模制作、船模制作、创客活动、科学体验营等科学与技术类竞赛等加总计分。

第三,家长学习过程性投入。主要是父母在学生学习过程中的陪伴与教导。父母陪伴方面,即陪伴学生完成家庭作业的频率、陪伴学生开展科学小实验或小调查的频率、陪伴学生阅读科学书籍的频率。父母教导方面,即鼓励学生提出科学问题、教学生查找证据来回答科学问题、与学生一起通过查阅书籍或上网等方式查找答案等,通过选择频率"从不""偶尔""经常""总是"四个选项,按照 1—4 分依次赋分。

此外,学生的性别、年级、学校水平等作为本研究的控制变量。年级主要为四年级和六年级(四年级 1 分,六年级 0 分),学校水平分为高中低三个水平(高水平 2 分,中水平 1 分,低水平 0 分)。

二、数据收集

本阶段的研究聚焦学生的家庭社会经济地位、家长对学生学习的过程性投入、家庭学习资源的建设等,由于学生年龄偏低,对于上述各因素可能出现理解不准确或不全面等情况,例如父母的学历、工作、家中所拥有的相关设备等。因此,为尽量确保数据收集的可靠性与准确性,在数据收集阶段,将该部分内容设计为家长问卷(见附录四),请家长亲自填写,通过学生姓名和编号进行匹配。

在正式测试过程中,向样本学校的学生家长发放问卷,共回收家长问卷 369 份,回收率为 44.7%。与学生的科学本质理解水平测评问卷进行匹配,并去除无效问卷,共获得有效问卷 331 份,有效率为 89.7%。具体情况见下表 4.8。

表 4.8　数据信息表

特征	指标及人数
性别	男生　156 人 女生　175 人
年级	四年级　170 人 六年级　161 人
地区	杭州市　 92 人 长沙市　106 人 重庆市　133 人
学校水平	高水平　125 人 中水平　122 人 低水平　 84 人

三、模型建构与分析

本研究在进行回归分析的过程中,采用解释型回归分析方式,选用强迫进入变量法,将预设的变量全部强制纳入模型中进行分析[①],对选定的变量进行解释,构建回归分析模型。

针对选定的六个自变量:年级、学校水平、性别、家庭社会经济地位、家庭学习资源建设、家长学习过程性投入,依次构建回归模型,详见下表 4.9。因变量数据符合正态分布是进行回归分析的基础,本研究进行回归分析的过程中,对各个模型的回归标准化残差值的直方图和正态概率分布图进行检验,结果显示数据均基本符合正态分布。

表 4.9　模型假设

模型	自变量	因变量
模型 1	性别、年级、学校水平	对科学本质理解测评得分
模型 2	性别、年级、学校水平、家庭社会经济地位、家庭学习资源、家长学习过程性投入	
模型 3	性别、年级、学校水平、家庭社会经济地位、家庭学习资源	
模型 4	性别、年级、学校水平、家庭社会经济地位、家长学习过程性投入	
模型 5	性别、年级、学校水平、家庭社会经济地位	

---

① 吴明隆. 问卷统计分析实务:SPSS 操作与应用[M]. 重庆:重庆大学出版社,2018.

(一) 模型 1：性别、年级、学校水平

模型 1 是学生的性别、所在年级以及学校等因素对其关于科学本质理解的影响。该模型解释了学生对科学本质理解水平的 22.5%（$R^2 = 0.225$）。Durbin-Watson 检验值为 1.670，大于 0 且接近 2，说明年级、学校水平、性别三个自变量之间相关性较低。未标准化的回归方程式为：对科学本质理解水平 $= 12.128 - 4.563 \times$ 年级 $+ 1.155 \times$ 学校水平 $- 1.539 \times$ 性别；标准化的回归方程式为：对科学本质理解水平 $= - 0.441 \times$ 年级 $+ 0.175 \times$ 学校水平 $- 0.149 \times$ 性别。结果显示：年级、学校水平、性别三个因素对学生有关科学本质的理解均具有显著的相关关系。年级方面，六年级学生对科学本质的理解水平比四年级学生高；学校水平方面，高水平学校的学生理解水平高；性别方面，女生对科学本质的理解水平比男生高。

(二) 模型 2：性别、年级、学校水平、家庭社会经济地位、家庭学习资源、家长学习过程性投入

模型 2 是学生的性别、年级、学校水平、家庭社会经济地位、家庭学习资源、家长学习过程性投入等因素对其关于科学本质理解的影响。该模型解释了学生对科学本质理解水平的 25.1%（$R^2 = 0.251$）。标准化的回归方程式为：对科学本质理解水平 $= - 0.433 \times$ 年级 $+ 0.083 \times$ 学校水平 $- 0.148 \times$ 性别 $+ 0.154 \times$ 家庭社会经济地位 $- 0.077 \times$ 家庭学习资源 $+ 0.010 \times$ 家长学习过程性投入。结果显示：加入家庭社会经济地位、家庭学习资源、家长学习过程性投入三个因素后，解释系数（R^2）有所提高，"学校水平"不再与因变量显著相关，除"家庭社会经济地位"与因变量显著相关外，"家庭学习资源"和"家长学习过程性投入"也与因变量无显著相关关系。总体说明，"家庭社会经济地位"对学生关于科学本质的理解具有显著的正向影响。

(三) 模型 3：性别、年级、学校水平、家庭社会经济地位、家庭学习资源

模型 3 是学生的性别、年级、学校水平、家庭社会经济地位、家庭学习资源等因素对其关于科学本质理解的影响。该模型解释了学生对科学本质理解水平的 25.1%（$R^2 = 0.251$）。标准化的回归方程式为：对科学本质理解水平 $= - 0.434 \times$ 年级 $+ 0.084 \times$ 学校水平 $- 0.147 \times$ 性别 $+ 0.153 \times$ 家庭社会经济地位 $- 0.069 \times$ 家庭学习资源。结果显示：去除"家长学习过程性投入"后，解释系数（R^2）没有发生变化，即家长学习过程性投入对学生理解科学本质未产生显著影响。与此同时，"学校

水平"和"家庭学习资源"与因变量无显著相关关系。

（四）模型 4：性别、年级、学校水平、家庭社会经济地位、家长学习过程性投入

模型 4 是学生的性别、年级、学校水平、家庭社会经济地位、家长学习过程性投入等因素对其关于科学本质理解的影响。该模型解释了学生对科学本质理解水平的 24.9%（$R^2=0.249$）。标准化的回归方程式为：对科学本质理解水平 = $-0.437\times$年级 $+0.081\times$学校水平 $-0.142\times$性别 $+0.157\times$家庭社会经济地位 $-0.054\times$家长学习过程性投入。结果显示：将"家庭学习资源"替换为"家长学习过程性投入"后，模型摘要与各个系数变化不大，说明"家庭学习资源"与"家长学习过程性投入"之间存在较高的相关关系，同时两者对小学生理解科学本质均不产生显著影响。

（五）模型 5：性别、年级、学校水平、家庭社会经济地位

模型 5 是学生的性别、年级、学校水平、家庭社会经济地位等因素对其关于科学本质理解的影响。该模型解释了学生对科学本质理解水平的 24.7%（$R^2=0.247$）。标准化的回归方程式为：对科学本质理解水平 = $-0.439\times$年级 $+0.073\times$学校水平 $-0.145\times$性别 $+0.180\times$家庭社会经济地位。结果显示："性别""年级"和"家庭社会经济地位"与学生对科学本质的理解之间有显著相关关系。

综合上述五个模型，对各模型所涵盖因素的标准化系数以及 R^2 等进行纵向比较，具体见表 4.10，结果可知：一是"家庭社会经济地位"对学生的科学本质理解水平产生显著正向影响，解释系数（R^2）提高了 $0.022(0.247-0.225)$，但是"家庭学习资源"和"家长学习过程性投入"未形成显著影响，引入二者后解释系数提高不显著。二是性别对学生的科学本质理解水平产生显著影响，五个模型中性别因素回归系数保持稳定，表现为女生理解水平显著高于男生。三是年级对学生的科学本质理解水平产生显著影响，五个模型中年级因素回归系数保持稳定，本研究对象包括四年级和六年级小学生，表现为六年级学生的理解水平显著高于四年级。四是"学校水平"在控制了家庭社会经济地位、家庭学习资源、家长学习过程性投入三个因素后，其对学生关于科学本质的理解形成显著正向影响，但是引入三个因素任何一者后，该影响不再显著，需要进一步进行探讨分析。

表 4.10 多元回归分析结果

自变量	因变量：对科学本质的理解测评得分				
	模型 1	模型 2	模型 3	模型 4	模型 5
年级（四年级）	-0.441***	-0.433***	-0.434***	-0.437***	-0.439***
学校水平	0.175***	0.083	0.084	0.081	0.073
性别（男）	-0.149**	-0.148**	-0.147**	-0.142**	-0.145**
家庭社会经济地位		0.154**	0.153**	0.157**	0.180**
家庭学习资源		-0.077	-0.069		
家长学习过程性投入		0.010		-0.054	
常数	12.128***	12.766***	12.761***	12.767***	12.853***
N	331	331	331	331	331
R^2	0.225	0.251	0.251	0.249	0.247
调整后的 R^2	0.218	0.237	0.239	0.238	0.238

注：系数为标准系数；* $p<0.05$，** $p<0.01$，*** $p<0.001$。

第四节 小学生对科学本质的理解影响因素结构方程模型的构建与分析

针对学校科学教育、家庭教育、同伴效应与社会作用四个方面的影响因素，本研究采用结构方程模型（structural equation modeling）来分析其与小学生对科学本质的理解水平之间的关系。结构方程模型能够被用来处理复杂的多变量研究数据，可以同时进行潜在变量的估计与复杂自变量和因变量预测模型的参数估计，处理测量与分析问题[①]。在本章第二节中通过预测试建立测量模型（measured model），明确观察变量。本节内容主要是建立结构模型（structural model），分析潜在变量之间的关系。

一、结构方程模型的构建

通过文献综述研究，归纳了学生对科学本质理解水平的影响因素，包括学

---

① 邱皓政，林碧芳. 结构方程模型的原理与应用[M]. 北京：中国轻工业出版社，2009.

校科学教育、家庭教育、同伴效应与社会作用,即为本研究的测量模型的潜在变量,通过预测试环节,对测量模型所对应的调查问卷进行了调整和修正。

(一)正式测评中测量模型的验证

在正式测评中,本研究运用调查问卷对研究样本进行调查,调查问卷与学生对科学本质理解情况测评问卷一起发送给学生填写,以此每位学生对科学本质的理解水平与其影响因素调查问卷精确匹配,便于数据处理和分析。

1. 调查样本选择与数据筛选

正式测评的研究样本与第三章中的样本相同,在浙江省杭州市、湖南省长沙市和重庆市三个地区分别选择三所小学,每所小学随机抽取四年级和六年级各一个班,进行测评,共 9 所学校,825 名学生。去除无效问卷后,获得 761 份有效问卷,有效率为 92.2%,有效样本的基本信息见下表 4.11。

表 4.11　影响因素调查问卷有效问卷信息表

特征	指标及人数
性别	男生　391 人 女生　370 人
年级	四年级　376 人 六年级　385 人
地区	杭州市　221 人 长沙市　239 人 重庆市　301 人
学校水平	高水平　250 人 中水平　243 人 低水平　268 人

2. 测量模型验证性因素分析

由于调查问卷在预测试的过程中进行了调整和修改,并且添加了新维度,因此正式测评获得数据后,再次进行验证性因素分析。依据验证性因素分析结果,对测量模型进行进一步调整,保证其达到并符合模型适配各类指标。如下图 4.1 所示,影响因素测量模型包含四个潜在构念:学校科学教育、家庭教育、同伴效应和社会作用。在预测试过程中,对相应测量指标进行整合,通过因素分析法将若干测量指标合成一个指标,详见本章第二节,在此不再赘述。

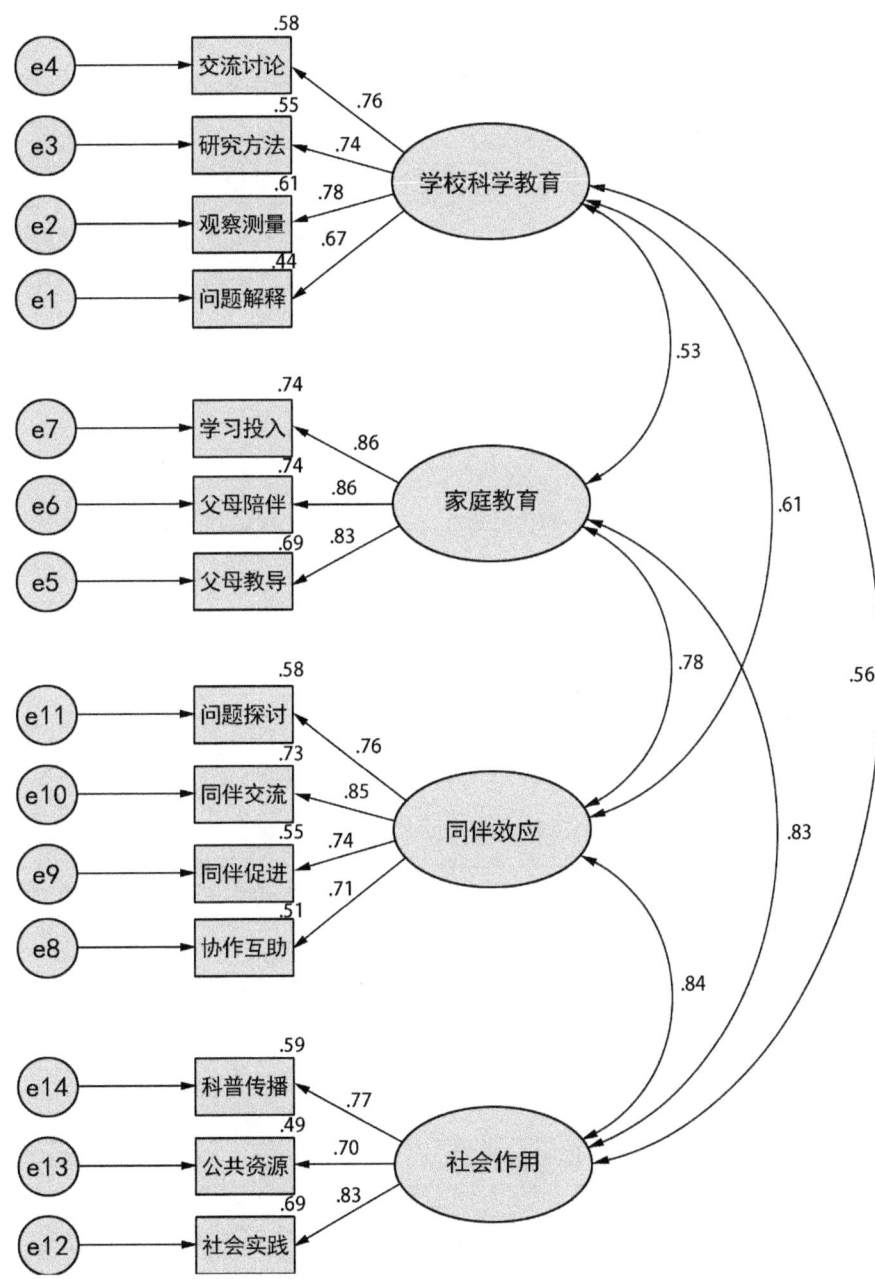

图 4.1 小学生对科学本质的理解影响因素调查问卷验证性因素模型

需要说明的是,预测试中"学校科学教育"这一潜在构念经过调整,共包含十个测量指标,在正式测评中,其中的"①科学老师给我们讲科学家的故事""②科学老师给我们介绍科学发展的过程""③科学老师告诉我们科学是解释大自然中各种现象的""④科学老师会告诉我们科学知识将来有可能会发生改变""⑤科学老师告诉我们科学要受道德和法律的约束"五个测量指标仍然不符合模型适配,表现为因素载荷量低于 0.600,若纳入测量模型则会导致模型的聚敛效度不达标,因此将这五个指标去除,仅将余下指标纳入模型,归纳为四个指标:交流讨论、研究方法、观察测量和问题解释。

与此同时,由于"科学学习兴趣与动机"维度是在预测试后添加,在此对其信度和效度进行检验。一方面,该维度的克隆巴赫 α 系数为 0.827(大于 0.80),说明内部一致性良好,即信度良好。另一方面,进行验证性因素分析得,RMR 值为 0.025,RMSEA 值为 0.070,GFI 值为 0.981,NFI 值为 0.973,CFI 值为 0.978,主要指标均达到理想标准,说明数据拟合良好,测量结果具有较好的效度。

本研究构建的小学生对科学本质的理解影响因素测量模型验证性因素分析拟合指数见下表 4.12,结果显示:除卡方自由度比($\chi^2/df = 3.413 > 3.00$)未达到模型适配标准外,其余各项拟合指数均达到适配标准。综合可得,本研究所建构的小学生对科学本质的理解影响因素调查问卷的测量模型与样本数据可以拟合。

表 4.12　小学生对科学本质理解的影响因素调查问卷验证性因素分析拟合指数(正式测评)

统计检验量	绝对适配度指数	检验结果	模型适配情况
绝对适配度指数			
χ^2 值	$p>0.05$(未达显著水平)	242.303	否(参考指标)
χ^2/df	<2.00(严谨)或<3.00(普通)	3.413	否
RMR 值	<0.05	0.035	是
RMSEA 值	<0.08(若<0.05 良好;若<0.08 普通)	0.056	是
SRMR 值	<0.08(若<0.05 良好;若<0.08 普通)	0.036	是
GFI 值	≥0.90 以上	0.956	是
AGFI 值	≥0.90 以上	0.935	是
CN 值	≥200	288	是
比较适配度指数			
NFI 值	≥0.95 以上(普通适配为>0.90)	0.960	是

(续表)

统计检验量	绝对适配度指数	检验结果	模型适配情况
RFI 值	≥0.95 以上（普通适配为>0.90）	0.949	是
IFI 值	≥0.95 以上（普通适配为>0.90）	0.971	是
TLI 值	≥0.95 以上（普通适配为>0.90）	0.963	是
CFI 值	≥0.95 以上（普通适配为>0.90）	0.971	是
简约适配度指数			
PGFI 值	>0.50 以上	0.646	是
PNFI 值	>0.50 以上	0.749	是
PCFI 值	>0.50 以上	0.758	是

3. 测量模型的聚敛效度检验

测量模型的聚敛效度（convergent validity）可以显示测量指标变量所反映的潜在构念效度是否良好，对验证性因素分析模型聚敛效度的评估可以从因素负荷量（factor loading）、组合信度（composite reliability）和平均方差抽取量（average variance extracted, AVE）进行检验[①]。由下表 4.13 可知，本研究所构建的测量模型包含学校科学教育、家庭教育、同伴效应和社会作用四个潜在构念，其所包含测量指标的因素负荷量，除学校科学教育中的"问题解释"（因素负荷量为 0.665）低于临界值 0.700 外，其余均高于临界值，说明因素的聚敛效度良好。四个潜在构念的平均方差抽取量分别为 0.545 8、0.725 6、0.591 0、0.589 2，均高于临界值 0.500，组合信度分别为 0.827 3、0.888 0、0.851 9、0.810 7，均大于 0.600。综上可知，经过聚敛效度检验，本研究所构建测量模型的构念信度和聚敛效度良好。

表 4.13 测量指标变量的因素负荷量及信效度检验表

因素构念	测量指标	因素负荷量	信度系数	测量误差	组合信度	平均方差抽取量
学校科学教育	交流讨论	0.761	0.579	0.421		
	研究方法	0.743	0.552	0.448		
	观察测量	0.781	0.610	0.39		
	问题解释	0.665#	0.442#	0.558		
					0.827 3	0.545 8

[①] 吴明隆. 结构方程模型：AMOS 实务进阶[M]. 重庆：重庆大学出版社，2016.

（续表）

因素构念	测量指标	因素负荷量	信度系数	测量误差	组合信度	平均方差抽取量
家庭教育	学习投入	0.862	0.743	0.257		
	父母陪伴	0.862	0.743	0.257		
	父母教导	0.831	0.691	0.309		
					0.888 0	0.725 6
同伴效应	问题探讨	0.761	0.579	0.421		
	同伴交流	0.854	0.729	0.271		
	同伴促进	0.741	0.549	0.451		
	协作互助	0.712	0.507	0.493	0.851 9	0.591 0
社会作用	科普传播	0.768	0.590	0.41		
	公共资源	0.700	0.491♯	0.509		
	社会实践	0.829	0.687	0.313		
					0.810 7	0.589 2
适配标准值		>0.700	>0.500	<0.500	>0.600	>0.500

注：♯表示未达到最低标准值。

（二）结构方程模型建构

本研究在已有关于科学素养发展影响因素研究理论的基础上，聚焦学校、家庭、同伴与社会等主要因素，建立研究假设，构建结构模型。结构模型包括四个外因潜变量，分别是学校科学教育、家庭教育、同伴效应和社会作用，内因潜变量为小学生对科学本质的理解情况。内因潜变量在本研究第三章中通过测评获得相应评分，且测量工具的信效度也进行了检验，在此不再说明，由于研究中所建立的科学本质理解模型包括四个大概念，在测评过程中，前三个大概念主要通过测评问卷，第四个大概念与其余三个不同，主要通过自编量表，因此在纳入结构模型时，为确保数据的一致性，第四个大概念不列入内因潜变量的测量模型。

1. 结构模型一：学校、家庭、同伴、社会直接影响小学生科学本质理解水平

除学校科学教育外，学生的家庭、同伴以及社会方面的影响也有可能对其理解科学本质发挥作用，因此，研究假设家庭教育、同伴效应和社会作用三个潜在构念与学校科学教育同样，显著影响小学生对科学本质的理解。模型理论假

设如下(图 4.2):

假设 1:学校科学教育对小学生理解科学本质产生显著正向影响

假设 2:家庭教育对小学生理解科学本质产生显著正向影响

假设 3:同伴效应对小学生理解科学本质产生显著正向影响

假设 4:社会作用对小学生理解科学本质产生显著正向影响

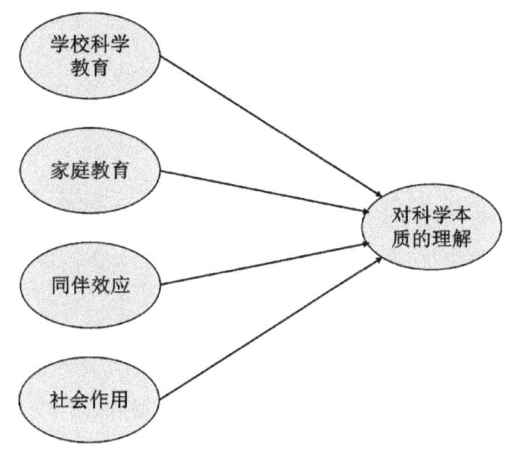

图 4.2　结构模型一示意图

2. 结构模型二:家庭、同伴、社会通过学校科学教育发挥的中介效应与学生理解科学本质发生显著影响

学校科学教育对学生理解科学本质可以直接发挥作用,但是家庭教育、同伴效应和社会作用三个潜在概念可能不发挥直接效应,而是通过学校科学教育发挥中介效应,间接影响学生对科学本质的理解。模型理论假设如下(图 4.3):

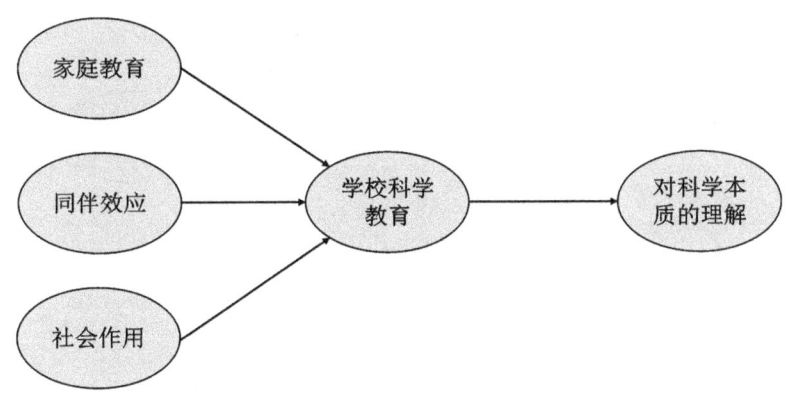

图 4.3　结构模型二示意图

假设1：学校科学教育对小学生理解科学本质直接产生显著正向影响

假设2：家庭教育通过学校科学教育发挥的中介效应对小学生理解科学本质产生显著影响

假设3：同伴效应通过学校科学教育发挥的中介效应对小学生理解科学本质产生显著影响

假设4：社会作用通过学校科学教育发挥的中介效应对小学生理解科学本质产生显著影响

3. 结构模型三：家庭、同伴、社会在科学学习兴趣与动机和学生理解科学本质之间发挥中介效应

通过专家咨询，学生对科学本质的理解可能与其科学学习兴趣与动机有关，科学学习兴趣与动机主要受学校、家庭、同伴、社会影响。因此，模型理论假设如下（图4.4）：

假设1：学校科学教育对小学生理解科学本质直接产生显著正向影响

假设2：家庭教育通过科学学习兴趣与动机发挥的中介效应对小学生理解科学本质产生显著影响

假设3：同伴效应通过科学学习兴趣与动机发挥的中介效应对小学生理解科学本质产生显著影响

假设4：社会作用通过科学学习兴趣与动机发挥的中介效应对小学生理解科学本质产生显著影响

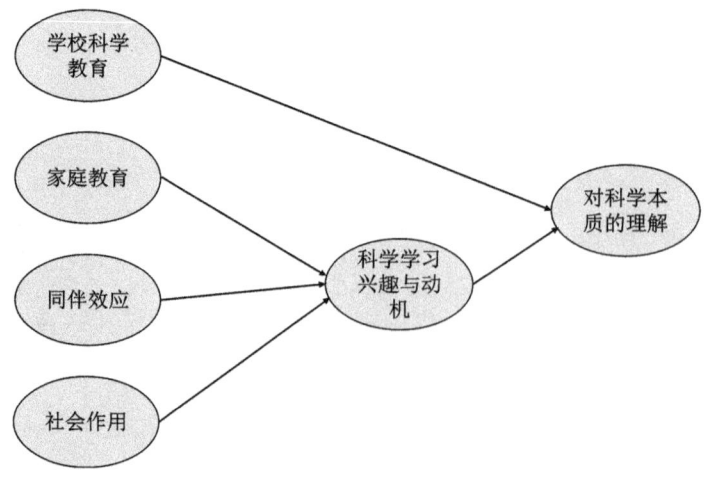

图4.4 结构模型三示意图

二、结构方程模型的估计

构建研究的结构模型后,在 AMOS 软件中绘制模型图,将各个潜在变量的测量指标增列其中,进行模型估计,以检验所建构的结构方程模型的假设模型是否能够获得支持。

(一)结构模型一的估计

针对结构模型一的估计结果见下表 4.14 和图 4.5,可知:结构模型一的拟合指数除 RMR 值为 0.054,不满足小于 0.05 的适配标准外,其余指数均满足适配指数;模型的误差方差均为正数,因素负荷量最大值 0.862,最小值为 0.62,介于 0.5 至 0.95 之间,路径系数标准误介于 0.037 至 0.06 之间,潜在变量方差标准误介于 0.019 至 0.356 之间。综合说明,假设模型与样本数据可以拟合,模型适配良好。

表 4.14 结构模型一拟合指数

统计检验量	绝对适配度指数	检验结果	模型适配情况
绝对适配度指数			
χ^2 值	$p>0.05$(未达显著水平)	304.493	否(参考指标)
χ^2/df	<2.00(严谨)或<3.00(普通)	2.794	是
RMR 值	<0.05	0.054	否
RMSEA 值	<0.08(若<0.05 良好;若<0.08 普通)	0.049	是
SRMR 值	<0.08(若<0.05 良好;若<0.08 普通)	0.034	是
GFI 值	≥0.90 以上	0.955	是
AGFI 值	≥0.90 以上	0.936	是
CN 值	>200	336	是
比较适配度指数			
NFI 值	≥0.95 以上(普通适配为>0.90)	0.955	是
RFI 值	≥0.95 以上(普通适配为>0.90)	0.944	是
IFI 值	≥0.95 以上(普通适配为>0.90)	0.971	是
TLI 值	≥0.95 以上(普通适配为>0.90)	0.963	是
CFI 值	≥0.95 以上(普通适配为>0.90)	0.970	是
简约适配度指数			
PGFI 值	>0.50 以上	0.680	是
PNFI 值	>0.50 以上	0.765	是
PCFI 值	>0.50 以上	0.778	是

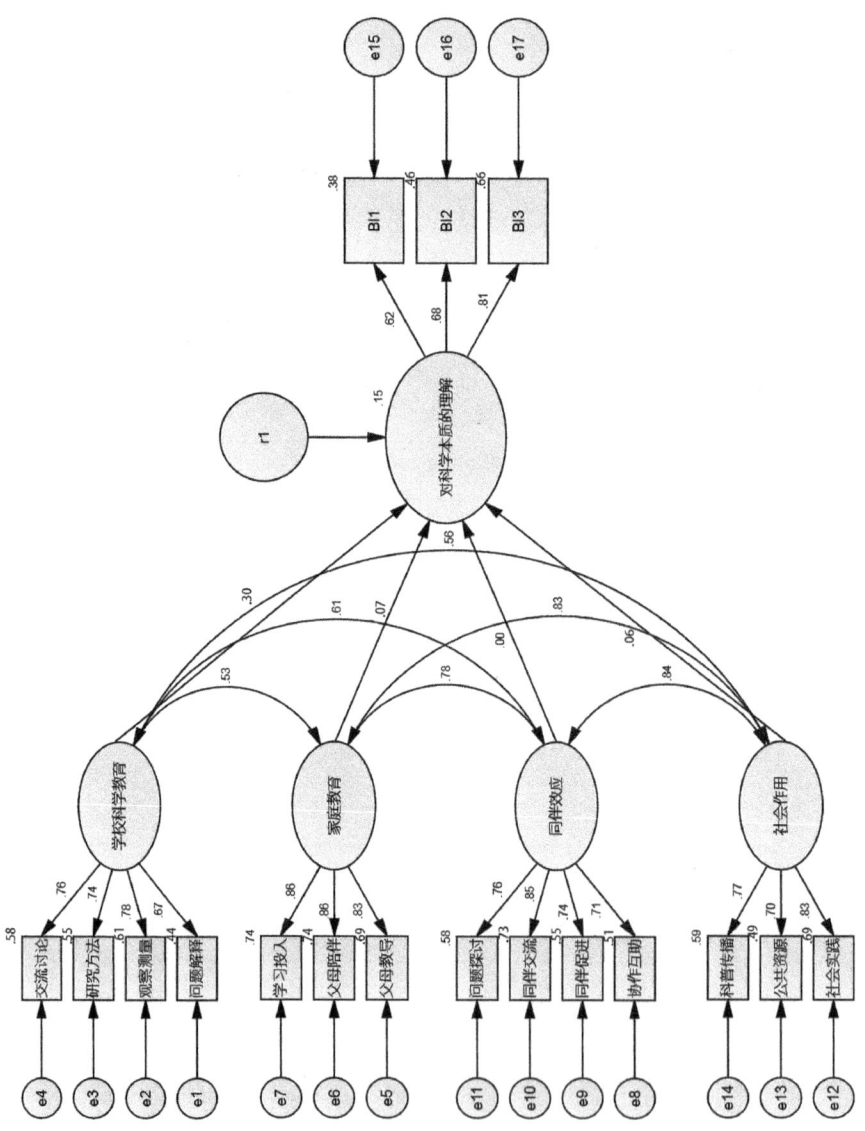

图 4.5 结构模型一（标准化估计，注 BI 指大概念，下同）

(二) 结构模型二的估计

针对结构模型二的估计结果见下表 4.15 和图 4.6,可知:结构模型二的拟合指数除 RMR 值为 0.064,不满足小于 0.05 的适配标准外,其余指数均满足适配指数;模型的误差方差均为正数,因素负荷量最大值 0.862,最小值为 0.666,介于 0.5 至 0.95 之间,路径系数标准误介于 0.037 至 0.089 之间,潜在变量方差标准误介于 0.019 至 0.36 之间。综合说明,假设模型与样本数据可以拟合,模型适配良好。

表 4.15 结构模型二拟合指数

统计检验量	绝对适配度指数	检验结果	模型适配情况
绝对适配度指数			
χ^2 值	$p>0.05$(未达显著水平)	309.963	否(参考指标)
χ^2/df	<2.00(严谨)或<3.00(普通)	2.768	是
RMR 值	<0.05	0.064	否
RMSEA 值	<0.08(若<0.05 良好;若<0.08 普通)	0.048	是
SRMR 值	<0.08(若<0.05 良好;若<0.08 普通)	0.043	是
GFI 值	>0.90 以上	0.954	是
AGFI 值	>0.90 以上	0.938	是
CN 值	>200	338	是
比较适配度指数			
NFI 值	≥0.95 以上(普通适配为>0.90)	0.954	是
RFI 值	≥0.95 以上(普通适配为>0.90)	0.944	是
IFI 值	≥0.95 以上(普通适配为>0.90)	0.970	是
TLI 值	≥0.95 以上(普通适配为>0.90)	0.964	是
CFI 值	≥0.95 以上(普通适配为>0.90)	0.970	是
简约适配度指数			
PGFI 值	>0.50 以上	0.699	是
PNFI 值	>0.50 以上	0.786	是
PCFI 值	>0.50 以上	0.799	是

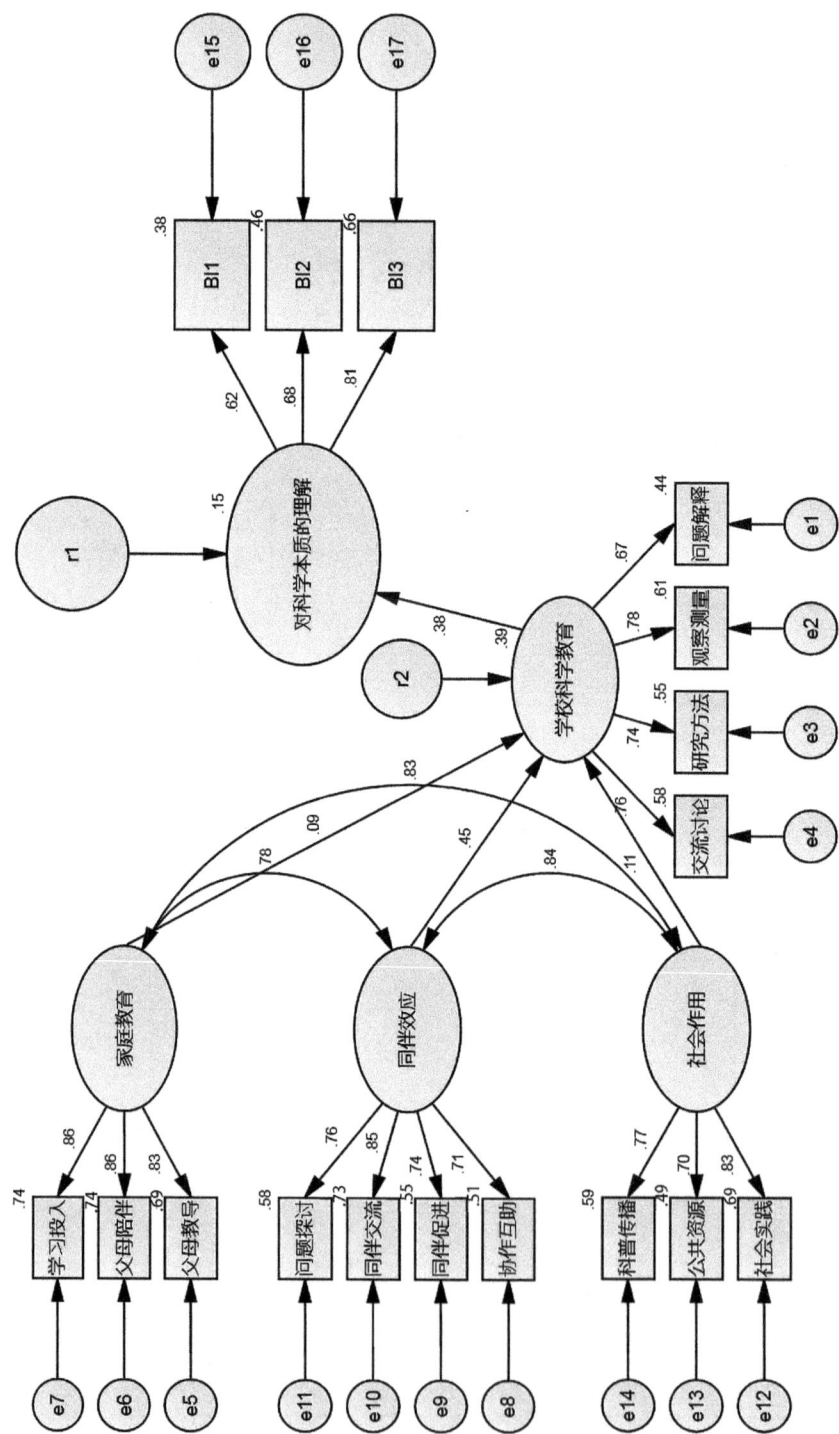

图 4.6 结构模型二(标准化估计)

(三) 结构模型三的估计

针对结构模型三的估计结果见下表 4.16 和图 4.7,可知:结构模型三的拟合指数除 RMR 值为 0.057,不满足小于 0.05 的适配标准外,其余指数均满足适配指数;模型的误差方差均为正数,因素负荷量最大值 0.862,最小值为 0.55,介于 0.5 至 0.95 之间,路径系数标准误介于 0.037 至 0.205 之间,潜在变量方差标准误介于 0.019 至 0.358 之间。综合说明,假设模型与样本数据可以拟合,模型适配良好。

表 4.16 结构模型三拟合指数

统计检验量	绝对适配度指数	检验结果	模型适配情况
绝对适配度指数			
χ^2 值	$p>0.05$(未达显著水平)	622.316	否(参考指标)
χ^2/df	<2.00(严谨)或<3.00(普通)	2.842	是
RMR 值	<0.05	0.057	否
RMSEA 值	<0.08(若<0.05 良好;若<0.08 普通)	0.049	是
SRMR 值	<0.08(若<0.05 良好;若<0.08 普通)	0.043	是
GFI 值	>0.90 以上	0.933	是
AGFI 值	>0.90 以上	0.916	是
CN 值	>200	311	是
比较适配度指数			
NFI 值	≥0.95 以上(普通适配为>0.90)	0.931	是
RFI 值	≥0.95 以上(普通适配为>0.90)	0.920	是
IFI 值	≥0.95 以上(普通适配为>0.90)	0.954	是
TLI 值	≥0.95 以上(普通适配为>0.90)	0.946	是
CFI 值	≥0.95 以上(普通适配为>0.90)	0.954	是
简约适配度指数			
PGFI 值	>0.50 以上	0.741	是
PNFI 值	>0.50 以上	0.805	是
PCFI 值	>0.50 以上	0.826	是

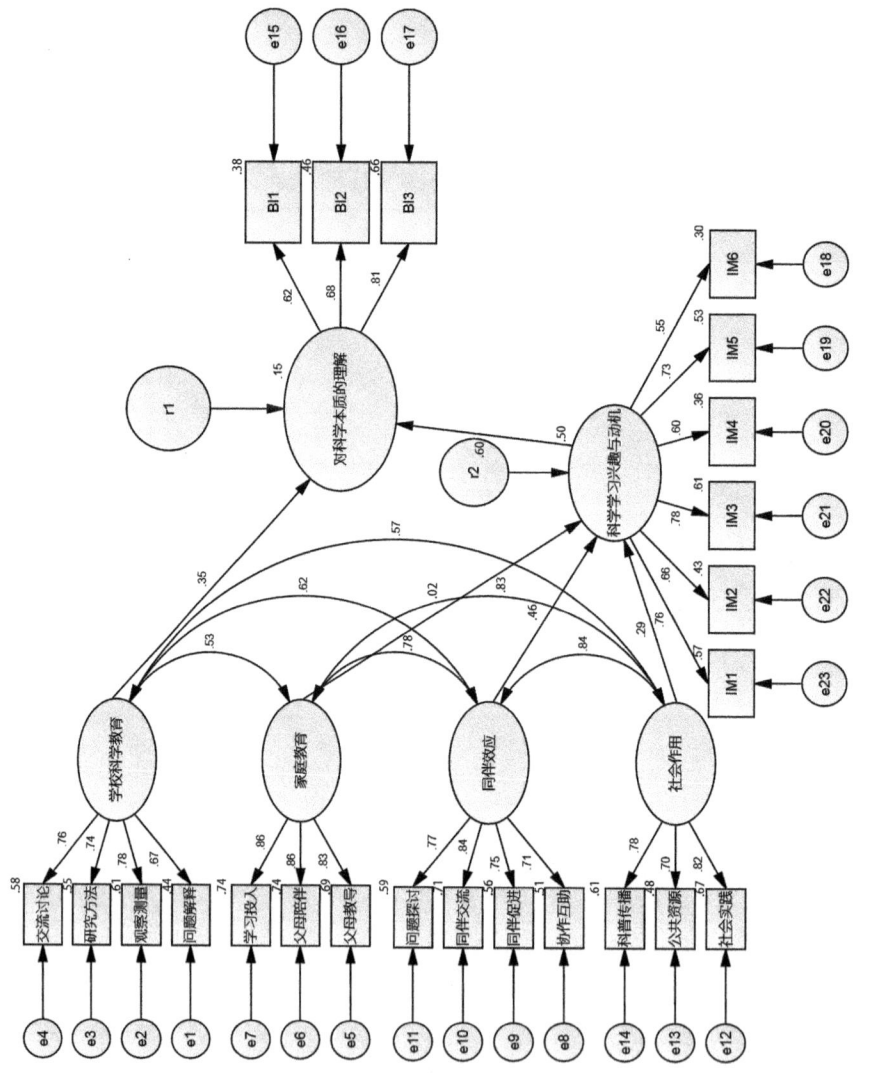

图 4.7 结构模型三(标准化估计)①

① 图中 IM 指与"科学学习兴趣与动机"相对应的各个测量题项。

三、结构方程模型结果分析

通过对预设的结构模型进行估计,三个模型对测试样本的数据适配度良好,能够有效解释预设模型,因此将分别依据各个模型的路径系数、潜在变量之间的直接和间接效果值等对模型进行分析,同时进行进一步修正和调整,以求获得简约的结构模型。

(一)结构模型一结果分析

"学校科学教育→对科学本质的理解"路径的标准化系数为 0.301,达到显著水平。"家庭教育→对科学本质的理解""同伴效应→对科学本质的理解"和"社会作用→对科学本质的理解"三条路径的标准化系数分别为 0.066、0.004 和 0.060,临界比值分别为 0.678、0.034、0.464,均小于 1.96,均未达到 0.05 显著水平。此外,各测量变量与外因潜变量的路径系数均达到显著水平。综合说明家庭教育、同伴效应、社会作用对小学生理解科学本质没有显著影响,仅学校科学教育能够显著正向影响小学生对科学本质的理解。

(二)结构模型二结果分析

"学校科学教育→对科学本质的理解"路径的标准化系数为 0.383,"同伴效应→学校科学教育"路径的标准化系数为 0.452,均达到显著性水平;"家庭教育→学校科学教育"和"社会作用→学校科学教育"路径的标准化系数为路径的标准化系数分别为 0.092 和 0.107,临界比值分别为 1.101 和 0.972,均小于 1.96,说明均未达到 0.05 显著水平。此外,各测量变量与外因潜变量的路径系数均达到显著水平。综合可知,结构模型二所建构的三条路径假设中,仅"同伴效应→学校科学教育→对科学本质的理解"成立,"家庭教育→学校科学教育→对科学本质的理解"和"社会作用→学校科学教育→对科学本质的理解"两条路径不成立,即"同伴效应"通过"学校科学教育"间接影响小学生对科学本质的理解,该影响为正向且显著。

(三)结构模型三结果分析

"同伴效应→科学学习兴趣与动机"路径的标准化系数为 0.460,"社会作用→科学学习兴趣与动机"路径的标准化系数为 0.294(临界比值为 2.766,大于 2.58,p 值为 0.006,达到 0.01 显著水平),"学校科学教育→对科学本质的理解"路径的标准化系数为 0.349,三条路径系数估计值均达到显著水平;"家庭教育→科学学习兴趣与动机"和"科学学习兴趣与动机→对科学本质的理解"路径的标准化系数分别为 -0.024 和 0.064,均未达到显著性水平,且"家庭教育→科学学习兴趣与动机"的路径系数为负值,说明在结构模型构建过程中存在问题,需要进一步修正模型。此外,各测量变量与外因潜变量的路径系数均达到显著水平。综合看来,结构模型三不能成立,仅显示"同伴效应"和"社会作用"对小学生的"科学学习兴趣与动机"能够产生显著的正向影响,但是不能通过"科学学习兴趣与动机"的中介效应进而影响其对科学本质的理解。

第五章　研究结论、启示与反思

认识科学的本质是义务教育阶段中小学生发展科学素养的重要组成部分。小学科学课程的总目标是培养和发展学生的科学素养,因此理解科学的本质自然也是小学生学习科学课程所应达成的目标之一,小学科学课程与教学应注重引导学生理解科学的本质。本研究聚焦如下三个问题:小学生所能理解的科学本质主要包括哪些内容?我国小学生对科学本质的理解情况如何?我国小学生对科学本质的理解主要受哪些因素影响?本研究综合运用文献研究法、文本分析法、德尔菲专家问询法和调查研究法等,分析了国际科学教育领域有关科学本质的教育政策与实施情况,建构了契合小学生认知发展水平的科学本质内涵模型,调查了小学生对科学本质的理解情况并探讨了其影响因素。本章主要对研究所得到的结论与启示进行论述,同时对研究进行反思。

第一节　研究结论

理论方面,研究基于大概念建构了小学生对科学本质的理解模型,同时建立了小学生对科学本质理解的影响因素模型;实证方面,开发测评工具,以四年级和六年级小学生为研究对象,研究小学生对科学本质的理解情况,并从家庭社会经济地位、学校科学教育、家庭教育、同伴效应以及社会作用等方面探讨了小学生对科学本质理解的影响因素。

一、基于大概念建构小学生对科学本质的理解模型

研究在文献综述和文本分析的基础上,初步建构了小学生对科学本质的理解模型,然后采用德尔菲专家问询法,通过两轮专家问询,依据反馈意见进行修正。最终,在各个维度指标上达成共识,建构了小学生对科学本质的理解模型,

从对科学整体的理解、对科学知识的理解、对科学探究与实践的理解以及对科学事业的理解四个方面,凝练出科学本质的大概念,每个大概念包含三个具体指标,详见下表5.1。

表 5.1 小学生对科学本质理解的模型框架

大概念	指标
科学可以解释自然世界的各种现象	世界是可以被认识的,科学解释自然世界的各种现象
	科学是一种被许多人认可和使用的认识事物的方式
	科学需要人类的想象力和创造力
科学知识的产生要基于证据,且需要随着新证据的发现而不断修正	科学知识的产生是基于证据的
	科学知识具有一定的确定性和持久性,但不是绝对真理,是可以改变的
	科学知识的产生受人们的文化背景、看待事物的方式等影响,具有一定的主观性
科学探究是科学研究的基本方式,其方法和程序是多种多样的	科学探究始于科学问题的提出,包含提出问题和解决问题的过程
	科学探究所使用的方法是多种多样的,应根据具体研究选择合适的方法
	科学研究过程要准确记录并积极与他人交流讨论
科学是人类共同的事业,应用科学于工程和技术能造福人类社会,但有时也会产生危害	科学促进社会的发展,给人类带来福祉,但也会产生危害
	不同国家、不同背景的人都能对科学有贡献
	科学受社会伦理道德的约束,要遵守道德规范

二、小学生对科学本质理解情况的测评结论

在参考已有研究者所开发的科学本质理解水平的测评工具的基础上,结合我国传统文化背景、小学生的思维习惯以及小学科学教育实际情况等,开发针对我国小学生对科学本质理解的测评工具,通过专家咨询、两轮预测试以及学生访谈等,运用项目反应理论,对工具的信度和效度进行检验,根据结果进行修改,最终形成了一份信效度较高的测评工具。运用该工具,对我国东部、中部和西部地区各一个城市的小学生进行测评,获得有效问卷761份。综合分析测评结果,获得如下结论。

(一) 小学生对科学本质的理解处于较低的水平且不均衡

测评研究结果显示,小学生对科学本质的理解整体处于较低的水平,即多

数学生还没有形成对科学本质的理解和认识。针对科学本质四个大概念所包含的各个指标而言,能够达到理性水平的小学生所占比例均未超过30%,平均比例为15%,其中对"科学需要人类的想象力和创造力"的理解达到理性水平的比例最高,对"科学是一种被许多人认可和使用的认识事物的方式"的理解达到理性水平的比例最低。处于中间水平的学生占比平均为40%,处于质朴水平的学生占比平均为45%。另一方面,学生对科学本质的理解情况呈现不均衡的特点,体现在:针对科学整体的理解水平最低,超过60%的学生为质朴水平,大多数小学生还未形成对"科学可以解释自然世界的各种现象"的认识,较多的看法是科学可以使我们的生活变得更好,促进社会的发展和进步,该认识与"科学是人类共同的事业,应用科学于工程和技术能造福人类社会,但有时也会产生危害"不谋而合。此外,调查结果显示小学生对"科学知识的实践与应用"的认同比例较高。与国际相关研究结果进行对比分析,我国小学生对科学本质的理解水平略高于国际平均水平。

(二) 六年级小学生对科学本质的理解水平显著高于四年级小学生

研究显示,六年级小学生对科学本质的理解在绝大多数指标上显著高于四年级小学生。究其原因在于:一方面,六年级的小学生比四年级学生多学习了两年科学课程,将近完成了小学阶段的科学课程,对科学课程内容具有了较为全面的学习和理解;另一方面,六年级学生随着年龄的成长,其思维能力和水平也得到了发展与提升,看待事物、问题的时候,能够开始运用逻辑分析等方法,其生活经验的积累也比四年级学生丰富。由此也可以印证,学校科学教育在培养学生科学素养和提高学生对科学的理解和认识等方面,能够发挥显著的正向作用。

(三) 不同水平学校的小学生对科学本质的整体理解水平有差异

研究发现,教育水平较高的学校,其学生对科学本质理解的整体水平也较高。分析其原因可知:其一,教育水平高的学校对科学课程与教学的落实情况较好,科学课程开设齐整,被占用的情况少,同时也会开设有关科学的校本课程,学生接触科学的机会更多。与此同时,水平较高的学校,其科学教师队伍建设也较为完备;其二,教育水平高的学校,其学生的家庭社会经济地位也相应较高,可以为学生提供更多的科学学习资源和机会,因为研究显示学生的家庭社会经济地位能够显著影响其对科学本质的理解水平。另一方面,学校水平之间的差异主要存在于高水平与低水平学校之间,中间水平学校与高水平和低水平学校之间的差异多为不显著。由此可知,学校水平的影响在层级上并没有随着学校水平的增高而呈现显著的递进走势。

三、小学生对科学本质理解情况的影响因素研究结论

本研究从学校科学教育、家庭教育、同伴影响和社会作用四个主要维度,采用结构方程模型的方法来探讨其对小学生理解科学本质的影响。针对家庭社会经济地位对小学生理解科学本质的影响,主要采用多元线性回归分析的方法来探讨,结论如下。

(一)家庭社会经济地位对小学生理解科学本质产生显著正向影响

本研究探讨学生的家庭社会经济地位,主要测量指标包括:家长的受教育程度,即学生父母的学历水平;家庭财富状况,主要调查学生家庭是否有书桌、独立房间、网络、百科全书、电视机、平板电脑等;家长的职业,即所从事的工作等。通过回归分析可知,"家庭社会经济地位"对学生的科学本质理解水平产生显著正向影响,在性别、年级和学校水平三个因素的基础之上,解释系数(R^2)提高了 0.022(0.247 - 0.225),并达到显著水平。可知,家庭社会经济地位较高的学生对科学本质的理解水平也较高。

除此以外,本研究也探讨了"家庭学习资源"和"家长学习过程性投入"两个方面的影响。"家庭学习资源"主要通过书籍及与科学有关的书籍、科学学习设备和材料购买、科学兴趣班选报、科技竞赛参与等反映。"家长学习过程性投入"主要是父母在学生学习过程中的陪伴与教导,如陪伴学生完成家庭作业的频率、陪伴学生阅读科学书籍的频率、鼓励学生提出科学问题和教导学生查找证据来回答科学问题的频率等。但是回归分析结果显示,引入二者后解释系数提高不显著,说明"家庭学习资源"和"家长学习过程性投入"未形成显著影响,对学生理解科学本质没有发挥显著作用。

(二)学校科学教育对小学生理解科学本质产生显著正向影响

学校科学教育是学生学习科学,发展科学素养的主要途径,研究结果对此进行了有力的论证,"学校科学教育→对科学本质的理解"路径的标准化系数为 0.301,达到显著水平,如图 5.1。研究中纳入模型分析的指标包括:科学课上,科学老师引导学生提出科学问题,回答科学问题时要提供证据,在解决科学问

题时尝试运用不同的研究方法,对同一个物体进行多次观察或测量并记录结果,报告实验或调查过程,并与同学们交流和讨论。这些手段和途径能够正向影响学生对科学本质的理解水平,可以给小学科学教学加强关于科学本质的教育实践提供参考和依据。

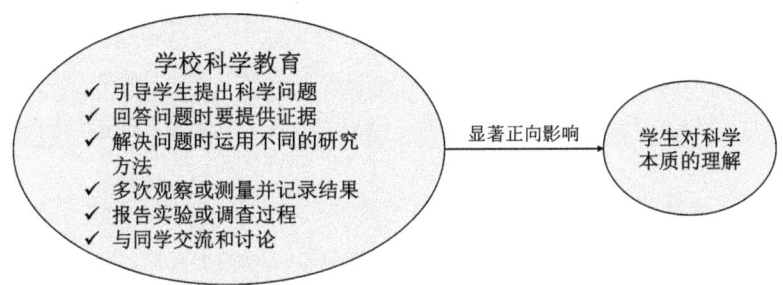

图 5.1　学校科学教育正向影响小学生对科学本质的理解

(三) 同伴效应通过学校科学教育产生的中介效应对小学生理解科学本质产生显著正向影响

研究中所探讨的同伴效应主要包括如下指标,即与同学一起讨论科学问题,交换阅读各自的科学书籍,交流有关科学和科学家的事情,和同学一起讨论以决定实验方案,一起完成科学调查或实践活动等。结构方程模型分析结果显示,"同伴效应→学校科学教育→对科学本质的理解"路径成立,路径系数分别为 0.452 和 0.383,表明"学校科学教育"在"同伴效应"与"学生对科学本质的理解"之间的中介效应显著,且路径系数较高,如图 5.2。由此可知,小学生同伴之间的相互作用与影响可以对科学课程与教学发挥作用,进而影响其对科学本质的理解。该结果也进一步印证以学习小组为单位开展科学课程学习活动、科学课外实践活动等,可以对学生学习科学、提升科学素养等发挥积极而正向的作用和影响。

(四) 家庭教育和社会作用对小学生理解科学本质未产生显著影响

研究表明,家庭教育和社会作用对小学生理解科学的本质没有产生显著的影响。模型一中,"家庭教育→对科学本质的理解"和"社会作用→对科学本质的理解"三条路径的标准化系数分别为 0.066 和 0.060,路径系数较低,且未达到显著水平。模型二与模型三中,也没有通过"学校科学教育"或"科学学习兴趣与动机"与"对科学本质的理解"产生间接影响。

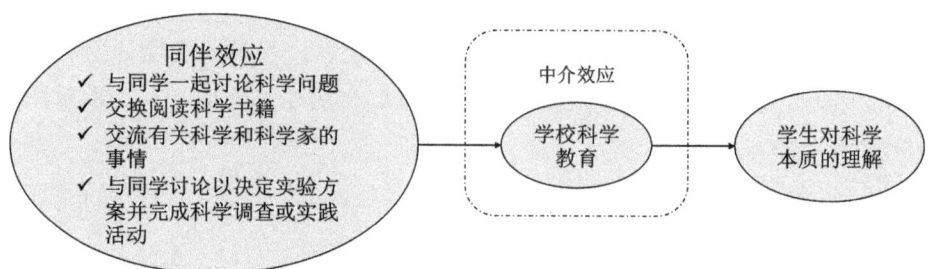

图 5.2　学校科学教育在同伴效应与小学生对科学本质的理解之间发挥中介效应

研究中,家庭教育主要分为三个维度:一是家庭学习资源建设与投入,主要包括科学书籍、实验材料、兴趣班的选报等;二是父母陪伴,主要包括父母陪伴孩子阅读书籍,做科学小实验或小活动,种植植物或饲养动物等;三是父母教导,主要包括父母鼓励孩子提出科学问题,督促孩子在做实验、种植物或养小动物时做好记录等。社会作用主要包括:科普传播的影响,即观看有关科学的电视节目或电影,以及通过网络获得与科学有关的知识等;公共文化资源建设,即学生去博物馆、科技馆、动植物园、水族馆等地方参观,到图书馆或书城等借阅图书;社会实践活动参与,即参加科技馆的课程或实践活动以及有关科学的社会实践活动等。由此可知,有关家庭和社会方面的影响对小学生理解科学的本质没有发挥作用,其背后的原因需要进一步分析研究。

第二节　对我国小学科学教育的启示

本研究建构了小学生对科学本质理解的模型框架,测评了小学对科学本质理解情况,分析了小学对科学本质理解的影响因素,对小学生理解科学本质的基本状况进行了深入的探讨,以期为进一步深化小学科学课程与教学改革,促进学生由浅层的科学知识与技能的习得转向理解科学、建构有关科学的大概念的深度学习,从而提升科学素养。

一、明确科学本质为科学课程的目标和内容以强化其教学实践

我国《义务教育小学科学课程标准(2017年版)》(以下简称《课标 2017》)虽

然提出要"认识科学本质",却没有对科学本质内涵作进一步阐释,仅将科学本质的相关内容融入课程内容中,如科学知识的暂定性、科学研究方法多种多样、科学与技术、社会之间的关系等。在各版本科学教材中,"科学本质"相关内容也没有明确涉及,因此科学教学中有关科学本质的教学容易落入可有可无的境地,这是导致学生对科学本质的理解水平偏低结果的重要原因之一。因此,在小学科学课程与教学中明确落实科学本质相关内容尤为重要,主要从以下三个方面展开:一是进一步加强对科学本质的重视程度,将科学本质列为科学课程与教学的目标。国际科学教育界普遍认为,理解科学本质应该是公民科学素养的关键因素[1]。在过去的五十多年中,帮助学生和教师发展科学本质的目标越来越成为全球各国家科学教育改革文件的愿景和话语的核心[2]。近年来,科学本质已经在世界范围内的科学教育改革相关文件中被列为重要的教育目标,例如,美国、英国、加拿大、澳大利亚等[3],各国均将科学本质的内容列入课程与教学目标,使科学教师进一步落实科学本质的教育教学实践,促进学生理解科学本质。二是明确科学本质的内涵。正确理解和认知科学本质是进行教学落实的基础,对科学教师而言尤为重要,不同的研究者对科学本质因看待的角度不同而有不同的阐释。本研究基于大概念凝练了小学生通过科学课程学习所应理解的科学本质内容,包括对科学整体、科学知识、科学探究与实践以及科学事业等四个方面的理解,能够为科学课程中明确科学本质课程目标与内容提供借鉴与参考。三是在科学课程与教学评价中注重针对科学本质的教学评价,理解科学本质是发展科学素养的重要组成部分,学生学习科学课程的目标是发展科学素养,在对学生科学学业质量评价的过程中,基于科学素养发展基本宗旨设计评价工具,涵盖理解科学本质的相关内容。

二、组建科学学习共同体强化学生之间的同伴效应

本研究结果显示,同伴效应能够显著正向影响学校科学教育,进而影响小

---

[1] García-Carmona A, Acevedo-Díaz J A. The nature of scientific practice and science education[J]. Science & Education, 2018, 27(5): 435-455.

[2] Abd-El-Khalick F, Waters M, Le A P. Representations of nature of science in high school chemistry textbooks over the past four decades[J]. Journal of Research in Science Teaching, 2008, 45(7): 835-855.

[3] Lederman N G, Abell S K. Handbook of research on science education[M]. New York: Routledge, 2007.

学生对科学本质的理解水平,同伴之间的交流、讨论、合作、互助等能给学生个体带来显著的影响,能够起到相互促进的积极作用。因此,可以通过组建科学学习共同体的方式,加强学生之间的同伴效应。首先,以学习共同体为基础强化科学学习归属与认同。通常情况下,科学课堂教学活动和课外实践活动是以小组为单位开展的,小组内各个组员要相互协作才能确保活动任务顺利完成。而学习共同体的建设,则是在学习小组的基础上,进一步拓展延伸其内涵,使其发挥更大的作用。科学共同体最早由英国科学家米切尔·波兰尼(Michael Polanyi)提出,科学家不是单独的,而是由不同专业团体形成的整体。共同体可以满足个体发展的需要,同时具有较强的精神特质,即成员具有相同的目标,可以找到归属感,并获得身份认同[①]。科学学习共同体的建立,为小学生设立共同的学习目标,即提升科学素养,使学生在科学学习的过程中获得认同。其次,建立多层级科学学习共同体。学习共同体可以看作是一个学习环境,具有平等、民主、开放等特点,能够促进共同体内学习者认知的发展[②]。鉴于学习共同体的开放性、民主性和平等性等特点,可以建立不同层级的学习共同体。一方面,以班级为单位的学习共同体,在科学课上,以教室或科学实验室为场地,以教师和学生为主体,以师生和生生互动为媒介,建立班级学习共同体,共同完成科学学习任务。另一方面,以小组为单位的学习共同体,在进行科学课堂活动或课外实践活动的过程中,班级学生分为若干小组,每个小组可以构成一个学习共同体,成员主要是学生,教师则作为自由者,可以加入不同学生的学习共同体。此外,在课外的科学实践活动中,学生们也可以自发地创建符合活动要求的共同体。

三、融合隐性和显性等策略优化科学本质的教学实践

研究显示将科学本质和科学探究等内容以隐含渗透的方式教授给学生,其效果不佳。鉴于此,研究者将视角转向直接明确的显性教学。例如,Khishfe 和 Abd-El-Khalick 所做的一项关于"显性反馈导向的探究式教学法"和"隐性导向的探究式教学法"两种探究式教学方法对小学六年级学生关于科学本质认知的影响研究,结果显示采用"隐性导向的探究式教学法"没有明显提升学生的对

---

① 张志旻,赵世奎,任之光,等. 共同体的界定、内涵及其生成:共同体研究综述[J]. 科学学与科学技术管理,2010,31(10):14-20.
② 郑葳,李芒. 学习共同体及其生成[J]. 全球教育展望,2007(4):57-62.

科学本质的理解水平,而接受"显性反馈导向的探究式教学法"的学生在科学本质某个或某几个维度上处于理性水平的比例显著提升,其他研究者例如Khishfe等所开展的研究也得到了相似结果[①]。由此可以看出,隐性方式并不能显著引起学生对科学本质和科学探究的理解和认知,而显性方式则比隐性方式的效果明显[②]。目前,我国小学科学课程是以隐性方式将科学本质的内容渗透到教学中,小学课程标准要求"将科学本质、科学思想、科学知识、科学方法等学习内容镶嵌在儿童喜闻乐见的科学主题中……"对于"科学探究"则较多地采用"显性方式"。综上可知,在科学课程与教学中,可以采用隐性和显性相结合的方式共同促进学生对科学本质和科学探究的理解和认知,将科学本质和科学探究列为教学内容,以此促进学生对其的认识和理解,需要进一步的研究来佐证。

四、以专题培训和教研等为介导提升科学教师关于科学本质的理解和教学实践能力

科学教师是引导学生学习科学知识、开展科学探究活动等的指导者。作为指导者,能够正确理解和认识科学本质是帮助学生正确理解和认识科学本质的前提和关键,但实际情况不容乐观。本研究结果显示,多数小学科学教师不能准确而全面理解科学本质,对科学探究的教学也是浮于表面的走流程,未能触及科学探究的本质。这一现状严重制约科学本质和科学探究相关内容的教学落实,是造成小学生学习科学课程后未能提升对科学本质理解水平的原因之一。国内关于提升科学教师对科学本质的教学研究大多停留在建议阶段,本研究结合与科学教师访谈所获得的反馈,从专题培训和教研等方面阐述相关措施。

一方面,应在针对科学教师的各级培训中,增加关于科学本质方面的培训专题,具体内容包括:一是科学本质的内涵解读,确保科学教师准确、全面而深度理解和认识科学本质,为科学教师在备课和教学中融入科学本质提供支撑,例如王健和刘恩山开展的一项针对职前和职后生物学教师的研究显示,在参加了有关科学本质和特征的课程培训后,其对科学本质的认识得到了不同程度的

---

① Khishfe R, Abd-El-Khalick F. Influence of explicit and reflective versus implicit inquiry-oriented instruction on sixth graders' views of nature of science[J]. Journal of Research in Science Teaching, 2002, 39(7): 551-578.
② Khishfe R, Lederman N. Relationship between students' understandings of nature of science and instructional context[J]. International Journal of Science Education, 2007, 29(8): 939-961.

提高，这说明将科学本质的内容以专题培训的形式呈献给科学教师，可以显著提升其认知水平，而关于科学探究，各类培训均有涵盖，在此不赘述[①]；二是科学本质和科学探究的教学实践方法与策略，结合本研究结果以及国内外研究结果显示，能够准确理解科学本质和科学探究的科学教师并不意味着其教授的学生也一定能建立对科学本质的理解。在准确理解科学本质的基础上，还需要教师运用恰当的教学实践方法和策略将其教授给学生，以促进学生理解。

另一方面，在各地区科学教师教研团体中，加强有关科学本质专题教研活动，开展理论与实践的联合教研。针对科学教师的访谈结果显示，关于科学探究的专题教研活动开展较多，关于培养学生科学素养层面的教研活动也较多，但是有关科学本质的活动很少或者几乎没有，各学科的教研活动是提升教师教学水平重要途径，以美国国家科学基金会（National Science Foundation，NSF）资助开展的 ICAN（Inquiry，Context，and Nature of Science）计划为例，该计划以假期集中培训、工作坊等理论与实践相结合方式来提升教师的科学本质和科学探究教学实施能力，其"实践"便是课堂教学实践，以问卷、课堂观察与实录分析评价等及时反馈有关科学本质和科学探究的教学实践方法与策略，参加该计划的科学教师无论是自身对科学本质和科学探究的认知水平还是与之相对应的教学实践能力都有明显提升[②]，当前我国各地区教学活动已经开始转向该种模式，但是针对小学科学学科还处在起步阶段。因此，可以通过增加该类针对性较强的联合教研活动来帮助科学教师提升教学实践能力。

第三节 研 究 反 思

一、研究创新

关于科学本质的研究，欧美等发达国家起步较早，已经进行了百余年的探

---

① 王健，刘恩山. 中学生物学教师科学本质观的探查研究[J]. 生物学通报，2012，47(4)：40-43.
② Lederman J S, Lederman N G. Early elementary students' and teacher's understandings of nature of science and scientific inquiry: Lessons learned from Project ICAN[C]//A paper presented at the annual meeting of the annual meeting of the national association for research in science teaching, Vancouver, British Columbia, 2004.

索,在科学本质的内涵定义、测评工具、教育实践等诸多方面积累了大量的研究经验,也有关于小学生对科学本质理解的研究。本研究基于此背景而开展,在理论和实践方面各有创新之处。

(一) 以大概念为主要形式凝练小学生对科学本质的理解模型

在《以大概念理念进行科学教育》这本著作里,研究者给出关于科学本质的大概念,但是其面向的是各个年龄阶段,虽然针对各个年龄阶段给出了相关内涵阐述,但是过于冗繁。美国《新一代科学教育标准》中也给出了八条科学本质的主题,相当于大概念,条目较多。本研究在此基础上,结合我国小学科学教育现状与我国传统文化背景特点等,对已有研究进行概括归纳,以对科学的整体理解、对科学知识的理解、对科学探究与实践的理解和对科学事业的理解为层面划分,凝练四个大概念。每个大概念包含若干指标,经过专家问询,最终建立了小学生对科学本质的理解模型。此为理论方面的创新。

(二) 以项目反应理论为基础评估小学生对科学本质理解的测评工具

本研究编制的小学生对科学本质理解的测评工具,其包含的题目主要改编自国外研究者所开发的测评工具。在编制的过程中,充分考虑我国小学生的教育和文化背景。在预测试和正式测试的过程中,运用项目反应理论的 Rasch 模型对测试结果进行模型与数据的拟合情况分析,对于拟合情况不佳的题目进行修改和调整。最终修改后的测评工具,其测评结果能够达到数据与模型的拟合要求,说明测评结果能够有效地反映测评被试的真实水平。与此同时,所编制的工具可供其他研究者选择,作为测评小学生对科学本质理解情况的有效工具。此为实证方面的创新。

(三) 以"学校—家庭—同伴—社会"为框架探索小学生对科学本质理解的影响因素

国内外有关科学本质理解的影响因素研究不多见,大多是研究科学素养发展的影响因素,主要是从学校、家庭、同伴等几个方面展开。本研究以此为基础,重点探讨学校科学教育、家庭教育、同伴效应以及社会作用四个方面对小学生理解科学本质的影响,学校科学教育重在科学探究与实践的教学实施,家庭教育包括家长的过程性投入以及家庭社会经济地位,同伴效应包括相互之间的交流、讨论、合作与影响等,社会作用包括科学普及与传播、公共文化资源建设与社会实践活动等。研究方法方面，主要采用多元线性回归与结构方程模型进行影响因素分析。此为理论与实证方面的创新。

二、研究局限

由于研究时间、人力以及物力等方面因素的限制，在研究的过程中遇到一些困难，只能以折中的方式加以解决，因此研究存在一些局限。

（一）所选专家的局限

研究在建构小学生对科学本质的理解模型的过程中，需要采用德尔菲专家问询法，选择科学教育领域的专家学者，对初步建构的模型进行评估。本研究虽然有幸获得了我国科学教育领域的专家学者的帮助，但是专家人数有限，且除了科学教育领域以外，自然科学研究领域的科学家、教育学领域的专家学者、科学哲学与科学社会学领域的专家学者，也应纳入专家问询团队，以确保对科学本质的理解模型的建构广泛征集各领域专家的意见。此外，在小学生对科学本质理解的测评工具编制以及影响因素模型研究过程中，也遇到了同样的问题。

（二）研究样本的局限

在实证调查阶段，一方面，由于新冠疫情影响，各级学校按照要求严格防疫，许多学校不再接纳外来人员，在联系测试学校的过程中困难重重。另一方面，测试需要的时间较长，需要占用正常课时，多数小学对此也较为抵触。因此，研究所选择的抽样地区都在大城市，没有涉及中小城市以及乡镇农村小学，而且在样本区域所选的学校数量也有限，测评的年级仅选择四年级和六年级。综合看来，本研究所选样本仅具有一定的代表性，或者说是城市小学生对科学本质的理解情况。对于某一地区全体小学生，应该在测试学校和测试年级的选择上进一步优化。

（三）研究工具的局限

本研究编制的小学生对科学本质的理解情况测评工具，虽然运用项目反映理论进行评估，但是由于样本的局限，仍然需要进一步的有效性研究。小学生对科学本质理解的影响因素调查问卷，也有需要进一步优化之处。例如：学校科学教育维度的量表，对于设定的HPS教学方面的测评题项，在进行验证性因素分析的过程中,不管是预测试,还是正式测试,都不能较好地拟合。因此,在数据分析时,只能将其排除在外。虽然可以解释为该部分内容对学生理解科学本质影响不显著,但是作为科学本质教育实践的重要方式和途径,HPS教学的作用不容忽视,需要在后续做进一步研究。

三、研究展望

路漫漫其修远兮,吾将上下而求索。科学研究是永无止境的,在研究的过程中不断发现新问题,从而确立新的研究课题与方向。在此,对关于科学本质的研究进行展望。

(一) 小学生对科学本质理解水平的进阶研究

本研究所建构的小学生对科学本质的理解模型是针对小学生完成小学阶段科学课程学习所要理解的内容,但是学生对科学本质的理解和认识并非一蹴而就,而是在学习科学的过程中,逐渐理解和认识的。以大概念为基础建构的科学本质理解模型,需要通过学习进阶的方式,步步深入,层层递进,由浅入深地理解和认识。以美国科学教育为例,对于科学本质相关内容,在《K—12科学教育框架》和《新一代科学教育标准》中分为四个阶段。因此,在后续研究的过程中,需要针对小学一至六年级进行整体测评分析,建构分阶段的科学本质理解进阶模型。科学本质理解学习进阶的研究,也是对科学本质的细化分解过程,将各指标内容具体到每个学段,可以使其与科学课程教学结合更加紧密,为科学课程中更有效地融入科学本质的教学提供依据。

(二) 小学阶段关于科学本质的课程与教学实践研究

研究显示,学校科学教育是影响学生理解科学本质的主要因素,因此提升学生对科学本质的理解水平需要依赖于学校科学教育。但是,学生理解科学本质的基础是教师在科学课程与教学中有效地落实关于科学本质的教学。已有研究显示,若将科学本质的内容呈现得不明确,仅仅隐含于生命科学、物质科学、地球与宇宙科学等领域知识和技能的教学中,学生难以形成对科学本质的理解。因此,开展关于科学本质的课程与教学实践的研究十分必要,需要采用行动研究等方法,也需要扎根科学教育第一线,更需要广大一线科学教师积极将科学本质的教学落实到科学课堂中去。基于此,积累有关科学本质教学的有效手段、方法与策略等,从而帮助学生理解和认识科学本质。

（三）同伴效应对科学教育的作用和影响研究

研究发现，同伴效应通过学校科学教育对学生理解科学的本质产生间接的影响。本研究对于同伴效应的研究仅限于与科学相关的活动，比如科学书籍阅读、科学课外实践活动交流讨论等，仍需要进一步细化研究，以探讨同伴之间更多的效应方式和途径，以及各种途径之间的差异。另外，同伴效应对科学教育的作用和影响，尤其是对科学素养的培养和发展的影响，也需要加强研究。本研究针对同伴效应所得结果显示，在科学课程与教学过程中，以小组为单位，开展科学课堂学习活动以及课外实践活动，进一步落脚到科学学习共同体的创建，以此深化科学课程与教学改革，有待进一步研究。

参考文献

一、中文文献

[1] 夏征农,陈至立. 辞海:彩图本[M]. 6版. 上海:上海辞书出版社,2009.

[2] 廖伯琴. 科学教育学[M]. 北京:科学出版社,2013.

[3] 王德胜,李建会. 科学是什么?:对科学的全方位的反思[M]. 沈阳:辽宁教育出版社,1993.

[4] 黄晓. 体现科学本质的科学教学:基于HPS的视角[M]. 北京:人民出版社,2014.

[5] 张红霞. 科学究竟是什么[M]. 北京:教育科学出版社,2003.

[6] 徐纪敏. 科学学纲要[M]. 长沙:湖南人民出版社,1986.

[7] 赵红州. 大科学观[M]. 北京:人民出版社,1988.

[8] 黄顺基,刘大椿. 科学的哲学反思[M]. 北京:中国人民大学出版社,1987.

[9] 高嘉社. 科学社会学[M]. 北京:科学出版社,2011.

[10] 王康友. 国家科普能力发展报告:20062016[M]. 北京:社会科学文献出版社,2017.

[11] 洛林·W. 安德森. 布卢姆教育目标分类学:分类学视野下的学与教及其测评[M]. 蒋小平,张琴美,罗晶晶,译. 北京:外语教学与研究出版社,2009.

[12] 吴以义. 什么是科学史[M]. 北京:生活·读书·新知三联书店,2020.

[13] 约翰·弗里德里希·赫尔巴特. 教育学讲授纲要[M]. 盛群力,赵卫平,译. 北京:中国轻工业出版社,2017.

[14] 约翰·杜威. 经验与教育[M]. 盛群力,译. 北京:中国轻工业出版社,2016.

[15] 赫尔巴特. 普通教育学[M]. 李其龙,译. 北京:人民教育出版社,2015.

[16] 陈佑清. 教学论新编[M]. 北京:人民教育出版社,2011.

[17] 李业富. 经验的重构:杜威教育学与心理学[M]. 上海:华东师范大学出版社,2017.

[18] 保罗·埃根,唐·考查克. 教育心理学课堂之窗[M]. 郑日昌,译. 6版. 北京:北京大学出版社,2009.

[19] 约翰·齐曼. 知识的力量：科学的社会范畴[M]. 许立达,译. 上海：上海科学技术出版社,1985.

[20] 巴里·巴恩斯. 科学知识与社会学理论[M]. 鲁旭东,译. 北京：东方出版社,2001.

[21] 戴维·玻姆. 论创造力[M]. 洪定国,译. 上海：上海科学技术出版社,2001.

[22] 齐曼著. 元科学导论[M]. 刘珺珺,等译. 长沙：湖南人民出版社,1988.

[23] 皮连生. 教育心理学[M]. 4版. 上海：上海教育出版社,2011.

[24] 美国科学教育标准制定委员会. 新一代科学教育标准：学科核心概念序列和主题序列[M]. 叶兆宁,杨元魁,周建中,译. 北京：中国科学技术出版社,2020.

[25] 美国科学促进协会. 科学教育改革的蓝本[M]. 中国科学技术协会,译. 北京：科学普及出版社,2001.

[26] 美国科学促进协会. 科学素养的设计[M]. 中国科学技术协会,译. 北京：科学普及出版社,2005.

[27] 美国科学促进协会. 面向全体美国人的科学[M]. 中国科学技术协会,译. 北京：科学普及出版社,2001.

[28] 美国科学促进协会. 科学素养的基准[M]. 中国科学技术协会,译. 北京：科学普及出版社,2001.

[29] Ian Westbury, Neil J. Wilkof. 科学、课程与通识教育：施瓦布选集[M]. 郭元祥,乔翠兰,译. 北京：中国轻工业出版社,2008.

[30] 刘恩山,曹保义. 义务教育小学科学课程标准解读[M]. 北京：高等教育出版社,2017.

[31] 查默斯 A.F. 科学究竟是什么？：对科学的性质和地位及其方法的评价[M]. 查汝强,翻译. 北京：商务印书馆,1982.

[32] Gauch H G. 科学方法实践[M]. 王义豹,译. 北京：清华大学出版社,2005.

[33] 阿尔弗雷德·诺思·怀特海. 教育的本质[M]. 刘玥,译. 北京：北京航空航天大学出版社,2019.

[34] 赫胥黎. 天演论[M]. 严复,译. 北京：北京理工大学出版社,2010.

[35] 格兰特·威金斯,杰伊·麦克泰格. 追求理解的教学设计[M]. 上海：华东师范大学出版社,2017.

[36] 菲利普·贝尔. 非正式环境下的科学学习：人、场所与活动[M]. 赵健,王茹,译. 北京：科学普及出版社,2015.

[37] 温·哈伦. 科学教育的原则和大概念[M]. 韦钰,译. 北京：科学普及出版社,2011.

[38] 温·哈伦. 以大概念理念进行科学教育[M]. 韦钰,译. 北京：科学普及出版社,2016.

[39] 连榕. 认知心理学[M]. 北京：高等教育出版社，2010.

[40] 约翰 B. 彼格斯，凯文 F. 科利斯. 学习质量评价：SOLO 分类理论[M]. 高凌飚，张洪岩，译. 北京：人民教育出版社，2010.

[41] 吴明隆. 问卷统计分析实务：SPSS 操作与应用[M]. 重庆：重庆大学出版社，2018.

[42] 邱皓政，林碧芳. 结构方程模型的原理与应用[M]. 北京：中国轻工业出版社，2009.

[43] 王济川，王小倩. 结构方程模型：Mplus 与应用[M]. 北京：高等教育出版社，2012.

[44] 侯杰泰. 结构方程模型及其应用[M]. 北京：教育科学出版社，2005.

[45] 丁树良，罗芬，涂冬波. 项目反应理论新进展专题研究[M]. 北京：北京师范大学出版社，2012.

[46] 伯克·约翰逊，拉里·克里斯滕森. 教育研究：定量、定性和混合方法[M]. 4 版. 马健生，译. 重庆：重庆大学出版社，2015.

[47] 朱丽叶 M. 柯宾，安塞尔姆 L. 施特劳斯. 质性研究的基础：形成扎根理论的程序与方法[M]. 朱光明，译. 重庆：重庆大学出版社，2015.

[48] 格罗夫，罗伯特 M，福勒，等. 调查方法[M]. 邱泽奇，译. 重庆：重庆大学出版社，2017.

[49] 李杰，陈超美. CiteSpace：科技文本挖掘及可视化[M]. 2 版. 北京：首都经济贸易大学出版社，2017.

[50] 吴明隆. 结构方程模型：Amos 实务进阶[M]. 重庆：重庆大学出版社，2013.

[51] 中华人民共和国教育部制定. 义务教育小学科学课程标准（2017 年版）[S]. 北京：北京师范大学出版社，2017.

[52] 中华人民共和国教育部制定. 普通高中物理课程标准（2017 年版 2020 年修订）[S]. 北京：人民教育出版社，2020.

[53] 中华人民共和国教育部制定. 普通高中生化学课程标准（2017 年版 2020 年修订）[S]. 北京：人民教育出版社，2020.

[54] 中华人民共和国教育部制定. 普通高中生物学课程标准（2017 年版 2020 年修订）[S]. 北京：人民教育出版社，2020.

[55] 黎文妍. 高中生物学教材中科学本质内容呈现的分析比较[D]. 桂林：广西师范大学，2019.

[56] 史梦倩. 科学本质视域下的中美科学课程标准及教材分析：以牛顿第一定律为例[D]. 桂林：广西师范大学，2019.

[57] 高琦. 初中科学教师科学本质理解转化的个案研究[D]. 金华：浙江师范大学，2019.

[58] 王俊民. 核心素养视域下国际大规模科学学业评估框架与试题研究[D]. 重庆：西南大学，2018.

[59] 左成光. 小学生科学推理能力及其影响因素研究[D]. 重庆：西南大学，2018.

[60] 韩葵葵. 中学生的科学论证能力：结构、测评、发展及培养[D]. 西安：陕西师范大学，2016.

[61] 任凤芹. 小学科学教育知合力研究[D]. 西安：陕西师范大学，2015.

[62] 牛波. 中美高中生物学教科书科学本质表征的比较研究[D]. 上海：华东师范大学，2015.

[63] 万东升. 理科师范生幼稚科学本质观形成机制的文化根源探讨[D]. 南京：南京大学，2014.

[64] 潘瑶珍. 科学教育中的论证教学[D]. 上海：华东师范大学，2013.

[65] 韦冬余. 施瓦布科学探究教学思想研究[D]. 上海：华东师范大学，2013.

[66] 李霞玲. 海德格尔存在论科学技术思想研究[D]. 武汉：武汉大学，2012.

[67] 黄晓. 体现科学本质的科学教学：基于HPS的视角[D]. 上海：华东师范大学，2010.

[68] 严文法. 高中生科学本质观及其影响因素的研究[D]. 重庆：西南大学，2009.

[69] 王晶莹. 中美理科教师对科学探究及其教学的认识[D]. 上海：华东师范大学，2009.

[70] 苏贵民. 幼儿园科学领域课程实施研究[D]. 重庆：西南大学，2008.

[71] 季相林. 柯瓦雷科学哲学思想研究[D]. 长春：吉林大学，2008.

[72] 刘健智. 综合与分科科学课程的标准和实施结果的比较研究[D]. 重庆：西南大学，2007.

[73] 赖小琴. 广西少数民族地区高中学生科学素养研究[D]. 重庆：西南大学，2007.

[74] 梁永平. 理科教师科学本质观及其教学行为发展研究[D]. 兰州：西北师范大学，2006.

[75] 马宏佳. 以科学探究为核心的科学教育教学策略研究[D]. 南京：南京师范大学，2005.

[76] 于海波. 科学课程的文化阐释与时代建构[D]. 兰州：西北师范大学，2003.

[77] 刘蓓. 小学科学教师科学探究观个案研究[D]. 武汉：华中科技大学，2015.

[78] 吴晔. 初中化学教师科学探究观的调查研究：以甘肃省2014年"国培计划"班学员为例[D]. 兰州：西北师范大学，2015.

[79] 刘君兰. 小学科学教师科学探究观的调查研究[D]. 重庆：西南大学，2011.

[80] 傅华平. 小学科学教师科学探究观研究[D]. 广州：华南师范大学，2007.

[81] 李刚，吕立杰. 国外围绕大概念进行课程设计模式探析及其启示[J]. 比较教育研究，2018，40(9)：35-43.

[82] 滕梅芳，盛群力. 评估科学素养 培育关键能力：OECD/PISA科学素养之构想、设计与评估[J]. 远程教育杂志，2009，17(3)：28-36.

[83] 辛涛，姜宇. 全球视域下学生核心素养模型的构建[J]. 人民教育，2015(9)：54-58.

[84] 朱耀平. 现代科学的本质、基础和危机：海德格尔对现代科学的现象学反思[J]. 科学技术与辩证法，2003，20(2)：35-39.

[85] 钱立卿. 事实与本质的二分法：论胡塞尔《观念Ⅰ》中的科学论架构之起源[J]. 华中科技大学学报(社会科学版)，2018，32(5)：20-24.

[86] 陈佑清. "核心素养"研究：新意及意义何在？：基于与"素质教育"比较的分析[J]. 课程·教材·教法，2016，36(12)：3-8.

[87] 崔允漷. 素养：一个让人欢喜让人忧的概念[J]. 华东师范大学学报(教育科学版)，2016，34(1)：3-5.

[88] 何薇. 从继承到创新：公民科学素质监测评估的中国道路[J]. 科普研究，2019，14(5)：15-22.

[89] 潘苏东，褚慧玲. 科学素养的基本内涵：三维模式[J]. 科学，2004，56(6)：39-41.

[90] 李雁冰. 科学探究、科学素养与科学教育[J]. 全球教育展望，2008，37(12)：14-18.

[91] 刘克文，李川. PISA2015 科学素养测试内容及特点[J]. 比较教育研究，2015，37(7)：98-106.

[92] 王晶莹. 西方理科教师科学本质观的研究路径与思考[J]. 全球教育展望，2007，36(8)：59-63.

[93] 王晶莹. 科学本质观与科学探究的意义及实践：美国李德曼教授访谈录[J]. 全球教育展望，2008，37(2)：3-6.

[94] 王晶莹. 师生科学探究观的国际研究探析[J]. 外国中小学教育，2010(4)：11-15.

[95] 蔡其勇，靳玉乐. 科学的本质与学生科学本质观的培养[J]. 课程·教材·教法，2008，28(9)：69-74.

[96] 袁维新. 简论科学本质观的类型与特征[J]. 科学技术与辩证法，2006，23(1)：17-21.

[97] 袁维新. 科学探究教学模式的反思与批判[J]. 教育学报，2006，2(4)：13-17.

[98] 梁永平. 对我国《科学课程标准》中科学本质教育目标的反思与建议[J]. 教育理论与实践，2006，26(12)：31-33.

[99] 徐天姣. 探究式教学法在科普教育活动中的应用[J]. 自然科学博物馆研究，2017，2(S2)：74-79.

[100] 丁邦平. 科学元勘与科学教学改革的两种模式[J]. 全球教育展望，2001，30(11)：49-54.

[101] 应向东. "科学探究"教学的哲学思考[J]. 课程·教材·教法，2006，26(5)：64-68.

[102] 徐学福. 美国"探究教学"研究 30 年[J]. 全球教育展望，2001，30(8)：57-63.

[103] 刘儒德，倪男奇. 论学生的科学本质观[J]. 比较教育研究，2002，24(8)：7-11.

［104］蔡铁权,陈丽华. 当代科学本质观的文化趋向与科学教育改革［J］. 全球教育展望,2010,39(7):83-88.

［105］冯华. 科学本质观:发挥科学教育育人价值的关键［J］. 中小学管理,2019(11):15-17.

［106］高潇怡,李维. 幼儿教师科学本质观的调查研究［J］. 教师教育研究,2019,31(1):58-65.

［107］严文法,王小梅,李彦花. 新课标视域下化学史的科学本质教育功能研究［J］. 化学教学,2020(1):3-7.

［108］余淞发,邓峰,邓超. 国外科学教师的科学本质学科教学知识研究进展述评［J］. 化学教育(中英文),2020,41(1):50-55.

［109］蔡铁权,姜旭英,赵青文,等. 浙江省小学科学教师科学素养与科学本质观现状调查及认识［J］. 全球教育展望,2007,36(8):55-58.

［110］高潇怡,胡巧. 小学科学教师科学本质观的现状调查与思考［J］. 教师教育研究,2012,24(4):78-84.

［111］吴银银. 初中科学教师科学本质观的调查研究:以浙江省初中科学教师为例［J］. 全球教育展望,2011,40(3):82-87.

［112］王健,刘恩山. 中学生物学教师科学本质观的探查研究［J］. 生物学通报,2012,47(4):40-43.

［113］王晶莹. 中美理科教师科学本质观的比较研究［J］. 全球教育展望,2010,39(10):86-90.

［114］许翔杰,陈李娜. 高中生的社会性科学议题解决能力及其与科学本质观的关系［J］. 教育学报,2016,12(4):29-38.

［115］李秀菊,薛松,崔鸿. 低学段小学生科学本质观现状调查研究:以四省调查结果为例［J］. 上海教育科研,2020(11):39-44.

［116］刘荣发. 高中化学科学本质教育现状及教学对策研究［J］. 化学教育,2014,35(19):56-57.

［117］黄晓,高琦,郭泓霖. "历史—探究—反思"的科学本质教学实证研究［J］. 教育科学研究,2019(2):57-62.

［118］侯新杰,陈留定. 基于科学本质显化的教学目标设计研究:以高中"牛顿第一定律"为例［J］. 教育科学研究,2017(10):66-70.

［119］罗小凤,刘瑞,甘功露. 职前化学教师科学本质教学的影响因素研究［J］. 化学教育(中英文),2020,41(10):61-66.

［120］黄晓,徐爽,高琦. 中、美科学教材中科学本质内容与呈现评析［J］. 教育科学研究,

2020(11):51-57.

[121] 张雪,张静,姚建欣.物理教科书中科学本质表征变迁研究[J].全球教育展望,2020,49(7):106-118.

[122] 詹启生,刘媛媛.美国基础教育中学生科学素养的培育[J].外国中小学教育,2015(12):57-61.

[123] 贺巍,盛群力.迈向新平衡学习:美国21世纪学习框架解析[J].远程教育杂志,2011,29(6):79-87.

[124] 张义兵.美国的"21世纪技能"内涵解读:兼析对我国基础教育改革的启示[J].比较教育研究,2012,34(5):86-90.

[125] 师曼,刘晟,刘霞,等.21世纪核心素养的框架及要素研究[J].华东师范大学学报(教育科学版),2016,34(3):29-37.

[126] 常飒飒,王占仁.欧盟核心素养发展的新动向及动因:基于对《欧盟终身学习核心素养建议框架2018》的解读[J].比较教育研究,2019,41(8):35-43.

[127] 张传燧,邹群霞.学生核心素养及其培养的国际比较研究[J].课程·教材·教法,2017,37(3):37-44.

[128] 黄四林,左璜,莫雷,等.学生发展核心素养研究的国际分析[J].中国教育学刊,2016(6):8-14.

[129] 褚宏启.核心素养的概念与本质[J].华东师范大学学报(教育科学版),2016,34(1):1-3.

[130] 林崇德.构建中国化的学生发展核心素养[J].北京师范大学学报(社会科学版),2017(1):66-73.

[131] 黄芳.美国《科学教育框架》的特点及启示[J].教育研究,2012,33(8):143-148.

[132] 于杨.美国科学教师培养最新诉求、特征与发展趋势[J].比较教育研究,2014,36(11):24-29.

[133] 李佳涛,王静,崔鸿.以"学习进阶"方式统整的美国科学教育课程:基于《K-12科学教育框架》的分析[J].外国教育研究,2013,40(5):20-26.

[134] 王玉洁,李佳涛,崔鸿.新加坡小学科学课程大纲分析[J].教学与管理,2015(14):53-56.

[135] 高蕾,张净银.中韩小学科学课程标准中科学素养的比较分析[J].天津师范大学学报(基础教育版),2019,20(2):29-33.

[136] 王俊民.新西兰基于核心素养的科学课程变革:课程构建、实施路径与挑战[J].外国教育研究,2017,44(6):118-128.

[137] 李秀菊.TIMSS 2003—2019科学评估框架的变化、特点与启示[J].外国中小学教

育,2018(5):9-16.

[138] 薛松,肖芮,王梦倩,等.指向"基于科学探究的实践"的馆校结合项目设计[J].自然科学博物馆研究,2019,4(5):5-14.

[139] 林静.美国NAEP科学素养评价新趋向:基于美国2009NAEP科学评价框架的分析研究[J].课程·教材·教法,2009,29(8):92-96.

[140] 郭元祥.论学科育人的逻辑起点、内在条件与实践诉求[J].教育研究,2020,41(4):4-15.

[141] 刘徽."大概念"视角下的单元整体教学构型:兼论素养导向的课堂变革[J].教育研究,2020,41(6):64-77.

[142] 张沿沿,冯友梅,顾建军,等.从知识结构与思维结构看思维评价:基于皮亚杰发生认识论知识观的演绎[J].电化教育研究,2020,41(6):33-38.

[143] 沈甸,徐佳敏.基于Rasch模型分析测评工具质量的研究述评[J].中国考试,2020(2):65-71.

[144] 王玥,常淑娟,韩晓玲,等.基于项目反应理论的题库构建及其有效性检验:以"现代教育技术"公共课为例[J].现代教育技术,2019,29(10):41-47.

[145] 马洁.近代西方"科学"与传统儒家"道"之争辩:中国近现代中西体用视阈下的探究[J].自然辩证法通讯,2021,43(1):82-89.

[146] 艾战胜.科学革命的本质:科恩与库恩的比较[J].自然辩证法研究,2008,24(4):86-90.

[147] 李见恩,肖玲,杨汉超.图尔敏论证理论中的科学创新本质[J].自然辩证法研究,2019,35(7):41-45.

[148] 孙冠贤.中小学生创造力及其培养[J].课程·教材·教法,2019,39(1):66-71.

[149] 贾向桐.自然科学中先验知识何以存在:兼论当代构成主义先验论与科学实践哲学融合的可能性[J].哲学研究,2014(6):75-81.

[150] 蒋璐敏,袁德润."科学探究"的内涵、实施与小学科学教师的培养[J].教育探索,2011(1):101-103.

[151] 秦晓文.科学探究中提出问题的教学策略[J].课程·教材·教法,2016,36(5):118-121.

[152] 胡卫平,韩琴.小学生创造性科学问题提出能力的发展研究[J].心理科学,2006,29(4):944-946.

[153] 张恩德.从科学方法到科学方法论:兼论我国理科课程的科学方法教育转型[J].教育理论与实践,2012,32(11):46-49.

[154] 雷万鹏,向蓉.学生科学素养提升之家庭归因:基于中国PISA 2015数据的分析[J].

全球教育展望,2020,49(9):66-78.

[155] 潘士美,张裕灵,李玲.义务教育学生科学素养及其关键影响因素研究:来自 PISA、TIMSS 和 NAEP 的国际测评经验[J].外国教育研究,2018,45(10):76-87.

[156] 刘德华,杭然.美国"议题中心教学"的百年演变[J].比较教育研究,2020,42(1):3-10.

[157] 姜言霞.中学生科学核心素养影响因素模型的构建及实证研究:应用多维分析的方法[J].教育科学研究,2020(6):91-96.

[158] 张咏梅,郝懿,李美娟.教师因素、学生因素对学生学业成绩影响的实证研究:基于大规模测验数据的多层线性模型分析[J].教师教育研究,2012,24(4):56-62.

[159] 马晓强."科尔曼报告"述评:兼论对我国解决"上学难、上学贵"问题的启示[J].教育研究,2006,27(6):29-33.

[160] 李玲,袁圣兰.家庭教育中家长主体参与和子女学业成绩之间的关系探究:基于链式中介效应分析[J].中国电化教育,2019(7):107-114.

[161] 肖磊峰,刘坚.家庭社会经济地位对学生学业成就的影响:父母参与和学业自我效能感的中介作用分析[J].教育科学研究,2017(12):61-66.

[162] 安桂清,杨洋.不同社会经济地位家庭的家长参与对子女学业成就影响的差异研究[J].教育发展研究,2018,38(20):17-24.

[163] 赵必华.影响学生学业成绩的家庭与学校因素分析[J].教育研究,2013,34(3):88-97.

[164] 黄亮.家长参与学校教育对初中学生认知能力表现影响的实证研究:基于中国教育追踪调查基线数据的分析[J].教育科学研究,2016(12):53-59.

[165] 陈继文,陈慧君.基于 SEM 的家庭社会阶层对学业影响的路径模型[J].统计与决策,2015(5):83-85.

[166] 白清玉,张屹,沈爱华,等.基于同伴互评的移动学习对小学生学习成效的影响研究:以科学课程为例[J].中国电化教育,2016(12):121-128.

[167] 朱转梅.利用同伴互助策略提高初中科学课堂效率[J].中学物理教学参考,2016,45(12):44-45.

[168] 张云运,骆方,孙铃,等.同伴群体构成对儿童发展的影响及启示[J].北京师范大学学报(社会科学版),2015(3):59-70.

[169] 沙晶莹,张向葵.青少年的同伴选择与同伴影响:基于学业投入与学业成就的纵向社会网络分析[J].心理与行为研究,2020,18(5):652-658.

[170] 杜育红,袁玉芝.教育中的同伴效应研究述评:概念、模型与方法[J].教育经济评论,2016,1(3):77-91.

[171] 袁舟航, 闵师, 项诚. 农村小学同伴效应对学习成绩的影响: 近朱者赤乎?[J]. 教育与经济, 2018(1): 65-73.

[172] 甄霜菊, 喻承甫, 张卫. 同伴对青少年学校参与及学业自我效能感的影响: 一年的追踪研究[J]. 华南师范大学学报(社会科学版), 2015(6): 103-110.

[173] 张凌. 中学生的人际关系及其对学业成绩的影响: 基于中国教育追踪调查的实证研究[J]. 教育学报, 2016, 12(6): 98-103.

[174] 高翔, 薛海平. 家长参与、同伴影响和初中生学业成绩[J]. 教育科学研究, 2020(6): 55-63.

[175] 杨丽珠, 王素霞, 陈靖涵, 等. 小学生努力控制对学业成绩的影响: 同伴关系的中介作用[J]. 中国特殊教育, 2016(7): 84-89.

[176] 杨海波. 同伴关系与小学生学业成绩相关研究的新视角[J]. 心理科学, 2008, 31(3): 648-651.

[177] 赵德成, 郭亚歌, 焦丽亚. 中国四省(市)15岁在校生科学素养表现及其影响因素: 基于PISA2015数据的分析[J]. 教育研究, 2017, 38(6): 80-86.

[178] 关丹丹, 焦丽亚. 中学生科学素养的性别差异: 基于PISA2015的实证研究[J]. 教育研究与实验, 2017(4): 92-96.

[179] 陆真, 沈书君. 科学素养培养中男女生表现差异性的分析: 基于PISA科学素养测评的研究与思考[J]. 外国中小学教育, 2012(3): 20-25.

[180] 王晓华. 中国四省市学校科学表现、影响因素及启示: 基于PISA2015中国四省市数据[J]. 教育科学, 2019, 35(1): 23-31.

[181] 万东升, 魏冰. 中国科学教师科学本质观的国内外研究述评[J]. 中小学教师培训, 2017(4): 70-74.

[182] 张志旻, 赵世奎, 任之光, 等. 共同体的界定、内涵及其生成: 共同体研究综述[J]. 科学学与科学技术管理, 2010, 31(10): 14-20.

[183] 郑葳, 李芒. 学习共同体及其生成[J]. 全球教育展望, 2007, 36(4): 57-62.

[184] 刘健智. 中学生科学本质观的测量指标研究[J]. 教育测量与评价(理论版), 2009(7): 30-33.

[185] 石翡. 两种文化背景下的科学本质观之争[J]. 上海教育科研, 2014(6): 24-26.

[186] 张培. 科学本质理论研究述评[J]. 化学教学, 2015(5): 12-17.

[187] 中华人民共和国中央人民政府. 国务院关于印发全民科学素质行动计划纲要(2006—2010—2020年)的通知[EB/OL]. (2006-02-06)[2022-05-04]. http://www.gov.cn/gongbao/content/2006/content_244978.htm, 2006-02-06/2021-02-28.

[188] 谢州恩，刘湘瑶，建构国. 小自然科学课程之科学本质要项[J]. 科学教育学刊，2016，24(4)：355-377.

[189] 高慧莲. 九年一贯课程提升学生科学本质能力指标表现可行教学模组之开发研究[J]. 科学教育学刊，2006，14(4)：401-425.

[190] 庄嘉坤. 从认同的观点分析学童对科学本质的了解与科学生涯的知觉[J]. 科学教育学刊，1999，7(4)：343-366.

[191] 郑淑妃，刘圣忠，段晓林. 国小自然科教师科学本质观与教学之个案研究[J]. 科学教育学刊，2005，13(2)：169-190.

[192] 邱明富，高慧莲. 科学史融入教学对国小学童科学本质观影响之探究[J]. 科学教育学刊，2006，14(2)：163-187.

[193] 林淑梤，刘圣忠，黄茂在，等. 运用科学史传达科学本质之教学实务探讨：以简单机械单元为例[J]. 科学教育学刊，2008(315)：2-18.

[194] 杨桂琼，林焕祥，洪瑞儿. 以论证活动探讨国小学童论证能力和科学本质之表现[J]. 科学教育学刊，2012，20(2)：145-170.

[195] 许良荣，萧培玉. 中小学之科学本质与科学史的教学需求之研究[J]. 科学教育学刊，2007，15(1)：1-23.

[196] 日本文部科学省. 培养适应社会变化的素质与能力的教育课程编制的基本原理[EB/OL]. [2022-12-30]. http://www.nier.go.jp/kaihatsu/pdf/Houkokusho-5.

[197] 韩国教育部. 과학과 교육과정(科学与教育课程)[EB/OL]. (2015-09-23)[2021-03-05]. https://www.moe.go.kr/boardCnts/view.do?boardID=294&dev=0&statusYN=C&s=moe&m=0204&opType=N&boardSeq=60753.

二、外文文献

[1] American Association for the Advancement of Science. Science for All Americans[M]. New York：Oxford University Press, 1989.

[2] Bornstein M H，Bradley R H. Socioeconomic Status, status, parenting, and child development[M]. New Jersey：Lawrence Erlbaum Assoc Inc, 2002.

[3] Duncan G J, Brooks - Gunn, et al. Income effects across the life span：Integration and interpretation[M]. New York：Russell Sage Foundation Press, 1997.

[4] Abell S K, Lederman N G. Handbook of research on science education[M]. New Jersey：Lawrence Erlbaum Associates, 2007.

[5] Linacre J M. Many-facet rasch measurement[M]. Chicago：MESA Press, 1994.

[6] Stice G. Facts about science test[M]. New Jersey：Educational Testing Service, 1958.

[7] McComas W F. The nature of science in science education: rationales andstrategies[M]. Boston: Kluwer Academic Publishers, 1998.

[8] Aristotle, McKeon R. The basic works of Aristotle[M]. New York: Random House, 1941.

[9] National Research Council. A framework for K-12 science education: Practices, crosscutting concepts, and core ideas[M]. Washington: The National Academies Press, 2012.

[10] O'Hear A. Introduction to the philosophy of science[M]. Oxford: Clarendon Press, 1989.

[11] Stjern T, Andreas F, Jelen P,et al. Equity, equality and diversity in the nordic model of education[M]. Switzerland: Springer Nature Switzerland AG, 2020.

[12] Wright B D, Masters G N. Rating scale analysis: Rasch measurement[M]. Chicago: MESA Press, 1982.

[13] National Research Council. National science educationstandards[M]. Washington: National Academy Press, 1996.

[14] Nouri N, Saberi M, McComas W F, et al. Proposed teacher competencies to support effective nature of science instruction: A meta-synthesis of theliterature[J]. Journal of Science Teacher Education, 2021, 32(6): 601-624.

[15] National Research Council. National science education standards[S]. National Committee for Science Education Standards and Assessment. Washington: National Academy Press, 1996.

[16] Abd-El-Khalick F, Waters M, Le A P. Representations of nature of science in high school chemistry textbooks over the past four decades[J]. Journal of Research in Science Teaching, 2008, 45(7): 835-855.

[17] Abd-El-Khalick F, BouJaoude S, Duschl R, et al. Inquiry in science education: International perspectives[J]. Science Education, 2004, 88(3): 397-419.

[18] Abd-El-Khalick F. Developing deeper understandings of nature of science: The impact of a philosophy of science course on preservice science teachers' views and instructional planning[J]. International Journal of Science Education, 2005, 27(1): 15-42.

[19] Abd-El-Khalick F, Akerson V. The influence of metacognitive training on preservice elementary teachers' conceptions of nature of science[J]. International Journal of Science Education, 2009, 31(16): 2161-2184.

[20] Abd-El-Khalick F, Myers J Y, Summers R, et al. A longitudinal analysis of the extent

and manner of representations of nature of science in U. S. high school biology and physics textbooks[J]. Journal of Research in Science Teaching, 2017, 54(1): 82-120.

[21] Abell S K, Smith D C. What is science?: Preservice elementary teachers' conceptions of the nature of science[J]. International Journal of Science Education, 1994, 16(4): 475-487.

[22] Acevedo-Díaz J A, García-Carmona A. "Something old, something new, something borrowed". Trends on the nature of science in science education[J]. Revista Eureka Sobre Ensenanza Y Divulgacion De Las Ciencias, 2016, 13(1): 3-19.

[23] Adak F, Bakir S. Science teachers and pre-service science teachers' scientific epistemological beliefs and opinions on the nature of science[J]. Cukurova University Faculty of Education Journal, 2017, 46(1): 134-164.

[24] Adibelli-Sahin E, Deniz H. Elementaryteachers' perceptions about the effective features of explicit-reflective nature of science instruction[J]. International Journal of Science Education, 2017, 39(6): 761-790.

[25] Aikenhead G S, Ryan AG. The development of a new instrument: "views on science—Technology—Society" (VOSTS)[J]. Science Education, 1992, 76(5): 477-491.

[26] Ainley M, Ainley J. Student engagement with science in early adolescence: The contribution of enjoyment to students' continuing interest in learning about science[J]. Contemporary Educational Psychology, 2011, 36(1): 4-12.

[27] Akerson V, Donnelly L A. Teaching nature of science to K-2 students: What understandings can they attain? [J]. International Journal of Science Education, 2010, 32(1): 97-124.

[28] Akerson V L, Abd-El-Khalick F S. "How should i know what scientists do? —I am just a kid": Fourth-grade students' conceptions of nature of science[J]. Journal of Elementary Science Education, 2005, 17(1): 1-11.

[29] Akerson V L, Abd-El-Khalick F, Lederman N G. Influence of a reflective explicit activity-based approach on elementary teachers' conceptions of nature of science[J]. Journal of Research in Science Teaching, 2000, 37(4): 295-317.

[30] Akerson V L, Buzzelli C A, Donnelly L A. Early childhood teachers' views of nature of science: The influence of intellectual levels, cultural values, and explicit reflective teaching[J]. Journal of Research in Science Teaching, 2008, 45(6): 748-770.

[31] Akerson V L, Buck G A, Donnelly L A, et al. The importance of teaching and learning nature of science in the early childhoodyears[J]. Journal of Science Education and

Technology, 2011, 20(5): 537-549.

[32] Akerson V, Nargund-Joshi V, Weiland I, et al. What third-grade students of differing ability levels learn about nature of science after a year of instruction[J]. International Journal of Science Education, 2014, 36(2): 244-276.

[33] Andersson-Bakken E, Jegstad K M, Bakken J. Textbook tasks in the Norwegian school subject natural sciences: What views of science do they mediate?[J]. International Journal of Science Education, 2020, 42(8): 1320-1338.

[34] Andrich D. A rating formulation for ordered response categories[J]. Psychometrika, 1978, 43(4): 561-573.

[35] Aydeniz M, Baksa K, Skinner J. Understanding the impact of an apprenticeship-based scientific research program on high school students' understanding of scientific inquiry[J]. Journal of Science Education and Technology, 2011, 20(4): 403-421.

[36] Aydin S, Tortumlu S. The analysis of the changes in integration of nature of science into Turkish high school chemistry textbooks: Is there any development?[J]. Chemistry Education Research and Practice, 2015, 16(4): 786-796.

[37] Aypay A, Erdoğan M, Sözer M A. Variation among schools on classroom practices in science based on TIMSS-1999 in Turkey[J]. Journal of Research in Science Teaching, 2007, 44(10): 1417-1435.

[38] Bakırcı H, Çalık M, Çepni S. The effect of the common knowledge construction model-oriented education on sixth grade students' views on the nature of science[J]. Journal of Baltic Science Education, 2017, 16(1): 43-55.

[39] Bartels S L, Lederman J S, et al. A cross-sectional study of elementary students' understandings of nature of science and scientific inquiry[C]//A paper presented at the annual meeting of the National Association for Research in Science Teaching conference, San Antonio, TX, 2017.

[40] Bektas O, Geban O. Turkish high school students' conceptions of the nature of science[J]. Procedia - Social and Behavioral Sciences, 2010, 2(2): 1982-1986.

[41] Bell R L, Blair L M, Crawford B A, et al. Just do it? impact of a science apprenticeship program on high school students' understandings of the nature of science and scientific inquiry[J]. Journal of Research in Science Teaching, 2003, 40(5): 487-509.

[42] Bofah E A T, Hannula M S. Home resources as a measure of socio-economic status in Ghana[J]. Large-Scale Assessments in Education, 2017, 5(1): 1.

[43] Bugliarello G. Verifiable truths[J]. American Scientist, 1992(80): 306.

[44] Byrnes J P, Miller D C. The relative importance of predictors of math and science achievement: An opportunity-propensity analysis[J]. Contemporary Educational Psychology, 2007, 32(4): 599-629.

[45] Capps D K, Crawford B A. Inquiry-Based Professional Development: What does it take to support teachers in learning about inquiry and nature of science? [J]. International Journal of Science Education, 2013, 35(12): 1947-1978.

[46] Central Association for Science and Mathematics Teachers. A consideration of the principles that should determine the courses in biology in secondary schools[J]. School Science and Mathematics, 1907(7): 241-247.

[47] Chiu M M. Families, economies, cultures, and science achievement in 41 countries: Country-, school-, and student-level analyses[J]. Journal of Family Psychology: JFP: Journal of the Division of Family Psychology of the American Psychological Association (Division 43), 2007, 21(3): 510-519.

[48] Cigdemoglu C, Köseolu F. Improving science teachers' views about scientific inquiry[J]. Science & Education, 2019, 28(3): 439-469.

[49] Colemen J S. Equality of educational opportunity[R]. Washington: U. S. Government Printing Office. 1966.

[50] Cuevas P, Lee O, Hart J, et al. Improving science inquiry with elementary students of diverse backgrounds[J]. Journal of Research in Science Teaching, 2005, 42 (3): 337-357.

[51] Figlio D N, Freese J, Karbownik K, et al. Socioeconomic status and genetic influences on cognitive development[J]. Proceedings of the National Academy of Sciences of the United States of America, 2017, 114(51): 13441-13446.

[52] Dogan N, Abd-El-Khalick F. Turkish grade 10 students' and science teachers' conceptions of nature of science: A national study[J]. Journal of Research in Science Teaching, 2008, 45(10): 1083-1112.

[53] Fouad K E, Masters H, Akerson V L. Using history of science to teach nature of science to elementary students[J]. Science & Education, 2015, 24(9): 1103-1140.

[54] Gaigher E, Lederman N, Lederman J. Knowledge about inquiry: a study in south african high schools[J]. International Journal of Science Education, 2014, 36(18): 3125-3147.

[55] García-Carmona A, Acevedo-Díaz J A. The nature of scientific practice and science education[J]. Science & Education, 2018, 27(5): 435-455.

[56] Gruender D. A new principle of demarcation: A modest proposal for science and science

education[J]. Science & Education, 2001, 10(1): 85-95.

[57] Aliyeva G. Impacts of Educational Tourismon Local Community: The Case of Gazimagusa, North Cyprus [D]. North Cyprus: Eastern Mediterra-nean University, 2015.

[58] Hauser R M. Measuring socioeconomic status in studies of childdevelopment[J]. Child Development, 1994, 65(6): 1541-1545.

[59] Ho E S C. Family influences on science learning among Hong Kong adolescents: What we learned from PISA [J]. International Journal of Science and Mathematics Education, 2010, 8(3): 409-428.

[60] Hsu H-Y, Acosta, et al. The Role of Parents of Adolescents' Scientific Literacy in Hong Kong: Exploring the Transmission of General Value of Science Using PISA 2006[C]// Paper presented at the Meeting of American Educational Research Association Annual Conference. New Orleans, LA, 2011.

[61] Hanuscin D L, Lee M H, Akerson V L. Elementary teachers' pedagogical content knowledge for teaching the nature of science[J]. Science Education, 2011, 95(1): 145-167.

[62] International Association for the Evaluation of Educational Achievement (IEA). TIMSS 2015 Assessment Frameworks. TIMSS & PIRLS International Study Center, Lynch School of Education, Boston College, 2013.

[63] Olson J K. The inclusion of the nature of science in nine recent international science education standardsdocuments[J]. Science & Education, 2018, 27(7): 637-660.

[64] Karademir E, Ulucinar U. Examining the relationship between middle school students' critical reading skills, science literacy skills and attitudes: A structural equation modeling [J]. Journal of Education in Science, Environment and Health, 2016, 3(1): 29.

[65] Katsh-Singer R, McNeill K L, Loper S. Scientific argumentation for all? comparing teacher beliefs about argumentation in high, mid, and low socioeconomic status schools [J]. Science Education, 2016, 100(3): 410-436.

[66] Khishfe R, Lederman N. Relationship between instructional context and views of nature ofscience[J]. International Journal of Science Education, 2007, 29(8): 939-961.

[67] Khishfe R, Abd-El-Khalick F. Influence of explicit and reflective versus implicit inquiry-oriented instruction on sixth graders' views of nature of science[J]. Journal of Research in Science Teaching, 2002, 39(7): 551-578.

[68] Klopfer L E, Cooley W W. The history of science cases for high schools in the

development of student understanding of science and scientists: A report on the HOSG instruction project[J]. Journal of Research in Science Teaching, 1963, 1(1): 33-47.

[69] Lederman J, Lederman N, Bartels S, et al. An international collaborative investigation of beginning seventh grade students' understandings of scientific inquiry: Establishing a baseline[J]. Journal of Research in Science Teaching, 2019, 56(4): 486-515.

[70] Lederman J S, Lederman N G, Bartos S A, et al. Meaningful assessment of learners' understandings about scientific inquiry-The views about scientific inquiry (VASI) questionnaire[J]. Journal of Research in Science Teaching, 2014, 51(1): 65-83.

[71] Lederman J S, Lederman N G, Early elementary students' and teachers' understandings of nature of science and scientific inquiry: Lessons learned from Project ICAN[C]// A paper presented at the annual meeting of the annual meeting of the national association for research in science teaching, Vancouver, British Columbia, 2004.

[72] Lederman N G, O'Malley M. Students' perceptions of tentativeness in science: Development, use, and sources of change[J]. Science Education, 1990, 74(2): 225-239.

[73] Lederman N G. Research on nature of science: Reflections on the past, anticipations of thefuture[J]. Asia-Pacific Forum on Science Learning and Teaching, 2006, 7(1).

[74] Lederman N G. Students' and teachers' conceptions of the nature of science: A review of the research[J]. Journal of Research in Science Teaching, 1992, 29(4): 331-359.

[75] Lederman N G, Abd-El-Khalick F, Bell R L, et al. Views of nature of science questionnaire: Toward valid and meaningfulassessment of learners' conceptions of nature of science[J]. Journal of Research in Science Teaching, 2002, 39(6): 497-521.

[76] Letourneau N L, Duffett-Leger L, Levac L, et al. Socioeconomic status and child development[J]. Journal of Emotional and Behavioral Disorders, 2013, 21(3): 211-224.

[77] Machamer P. Philosophy of science: An overview foreducators[J]. Science & Education, 1998, 7(1): 1-11.

[78] Masters G N. A rasch model for partial creditscoring[J]. Psychometrika, 1982, 47(2): 149-174.

[79] McComas W F, Almazroa H, Clough M P. The nature of science in science education: An introduction[J]. Science & Education, 1998, 7(6): 511-532.

[80] McLoyd V C. Socioeconomic disadvantage and childdevelopment[J]. American Psychologist, 1998, 53(2): 185-204.

[81] Mendelson T, Kubzansky L D, Datta G D, et al. Relation of female gender and low socioeconomic status to internalizing symptoms among adolescents: A case of double jeopardy? [J]. Social Science & Medicine, 2008, 66(6): 1284-1296.

[82] Koutsoulis M K, Campbell J R. Family processes affect students' motivation, and science and math achievement in Cypriot high schools [J]. Structural Equation Modeling: A Multidisciplinary Journal, 2001, 8(1): 108-127.

[83] Miller J D. Toward a scientific understanding of the public understanding of science and technology [J]. Public Understanding of Science, 1992, 1(1): 23-26.

[84] Mitchell V W. The Delphi technique: An exposition and application [J]. Technology Analysis & Strategic Management, 1991, 3(4): 333-358.

[85] Morrell P D, Park Rogers M A, Pyle E J, et al. Preparing teachers of science for 2020 and beyond: Highlighting changes to the NSTA/ASTE standards for science teacher preparation [J]. Journal of Science Teacher Education, 2020, 31(1): 1-7.

[86] Mesci G, Schwartz R S, Pleasants B A S. Enabling factors of preservice science teachers' pedagogical content knowledge for nature of science and nature of scientific inquiry [J]. Science & Education, 2020, 29(2): 263-297.

[87] Ornstein A C. Achievement gaps in education [J]. Social Science and Public Policy, 2010, 47(5): 424-429.

[88] Osborne J, Collins S, Ratcliffe M, et al. What "ideas-about-science" should be taught in school science? A Delphi study of the expert community [J]. Journal of Research in Science Teaching, 2003, 40(7): 692-720.

[89] Pavez J M, Vergara C A, Santibañez D, et al. Using a professional development program for enhancing Chilean biology teachers' understanding of nature of science (NOS) and their perceptions about using history of science to teach NOS [J]. Science & Education, 2016, 25(3): 383-405.

[90] Quigley C, Pongsanon K, Akerson V L. If we teach them, they can learn: Young students views of nature of science aspects to early elementary students during an informal science education program [J]. Journal of Science Teacher Education, 2010, 21(7): 887-907.

[91] Rubba P A, Andersen H O. Development of an instrument to assess secondary school students understanding of the nature of scientific knowledge [J]. Science Education, 1978, 62(4): 449-458.

[92] Rudge D W, Howe E M. An explicit and reflective approach to the use of history to

promote understanding of the nature ofscience[J]. Science & Education, 2009, 18(5): 561-580.

[93] Rudolph J L. Inquiry, instrumentalism, and the public understanding of science[J]. Science Education, 2005, 89(5): 803-821.

[94] Russell C B, Weaver G C. A comparative study of traditional, inquiry-based, and research-based laboratory curricula: Impacts on understanding of the nature of science[J]. Chemistry Education Research and Practice, 2011, 12(1): 57-67.

[95] BouJaoude S, Saad R. The relationship between teachers' knowledge and beliefs about science and inquiry and their classroom practices[J]. Eurasia Journal of Mathematics, Science and Technology Education, 2012, 8(2): 113-128.

[96] Acosta S T, Hsu H Y. Negotiating diversity: An empirical investigation into family, school and student factors influencing New Zealand adolescents' science literacy[J]. Educational Studies, 2014, 40(1): 98-115.

[97] Sadler T D, Chambers F W, Zeidler D L. Student conceptualizations of the nature of science in response to a socioscientific issue[J]. International Journal of Science Education, 2004, 26(4): 387-409.

[98] Schwartz S, Lederman N G, Lederman J, et al. An instrument to assess views of scientific inquiry: The VOSI questionnaire[C]// A paper presented at the annual meeting of the National Association for Research in Science Teaching, March 30 - April 2. Baltimore, MD, 2008.

[99] Schwartz R, Lederman N. What Scientists Say: Scientists' views of nature of science and relation to science context[J]. International Journal of Science Education, 2008, 30(6): 727-771.

[100] Schellinger J, Mendenhall A, Alemanne N, et al. Using technology-enhanced inquiry-based instruction to foster thedevelopment of elementary students' views on the nature of science[J]. Journal of Science Education and Technology, 2019, 28(4): 341-352.

[101] Stott A, Hattingh A. Pre-service teachers' views about the nature of science and scientific inquiry: The South African case[J]. South African Journal of Education, 2020, 40(1): 1-12.

[102] Senler B. Middle school students' views of scientific inquiry: An international comparative study[J]. Science Education International, 2015, 26: 166-179.

[103] Stevens S Y, Delgado C, Krajcik J S. Developing a hypothetical multi-dimensional learning progression for the nature of matter[J]. Journal of Research in Science

Teaching, 2010, 47(6): 687-715.

[104] Sirin S R. Socioeconomic status and academic achievement: A meta-analytic review of research[J]. Review of Educational Research, 2005, 75(3): 417-453.

[105] Sodian B, Zaitchik D, Carey S. Young children's differentiation of hypothetical beliefs from evidence[J]. Child Development, 1991, 62(4): 753.

[106] Teixeira E S, GrecaI M, Freire O. The history and philosophy of science in physics teaching: A research synthesis of didactic interventions[J]. Science & Education, 2012, 21(6): 771-796.

[107] Temel S, Sen S, Özcan Ö. The development of the nature of science view scale (NOSvs) at university level[J]. Research in Science & Technological Education, 2018, 36(1): 55-68.

[108] Tsai C C. Reinterpreting and reconstructing science: Teachers' view changes toward the nature of science by courses of science education[J]. Teaching and Teacher Education, 2006, 22(3): 363-375.

[109] Tytler R, Peterson S. From "Try It and See" to strategic exploration: Characterizing young children's scientific reasoning[J]. Journal of Research in Science Teaching, 2003, 41(1): 94-118.

[110] Tytler R, Peterson S. Tracing young children's scientific reasoning[J]. Research in Science Education, 2003, 33(4): 433-465.

[111] Vázquez-Alonso Á, Manassero-Mas M A. Contenidos de naturaleza de la ciencia y la tecnología en los nuevos currículos básicos de educación secundaria[J]. Profesorado, Revista De Currículum y Formación Del Profesorado, 2017, 21(1): 294-312.

[112] Vesterinen V M, Aksela M, Lavonen J. Quantitative analysis of representations of nature of science in Nordic upper secondary school textbooks using framework of analysis based on philosophy of chemistry[J]. Science & Education, 2013, 22(7): 1839-1855.

[113] Vhurumuku E, Holtman L, Mikalsen O, et al. An investigation of Zimbabwe high school chemistry students' laboratory work - based images of the nature of science[J]. Journal of Research in Science Teaching, 2006, 43(2): 127-149.

[114] Wahbeh N, Abd-El-Khalick F. Revisiting the Translation of Nature of Science Understandings into Instructional Practice: Teachers' nature of science pedagogical content knowledge[J]. International Journal of Science Education, 2014, 36(3): 425-466.

[115] Walls L. Third grade African American students' views of the nature of science[J]. Journal of Research in Science Teaching, 2012, 49(1): 1-37.

[116] Ward G, Haigh M. Challenges and changes: Developing teachers' and initial teacher education students' understandings of the nature of science[J]. Research in Science Education, 2017, 47(6): 1233-1254.

[117] Wang J Y, Zhao Y. Comparative research on the understandings of nature of science and scientific inquiry between science teachers from Shanghai and Chicago[J]. Journal of Baltic Science Education, 2016, 15(1): 97-108.

[118] Chang C Y, Wen M L, Kuo P C, et al. Exploring high school students' views regarding the nature of scientific theory: A study in Taiwan[J]. The Asia-Pacific Education Researcher, 2010, 19(1): 161-177.

[119] Williams C T, Rudge D W. Emphasizing the history of genetics in an explicit and reflective approach to teaching the nature of science[J]. Science & Education, 2016, 25(3): 407-427.

[120] Wilson L L. A study of opinions related to the nature of science and its purpose in society[J]. Science Education, 1954, 38(2): 159-164.

[121] Williams CT, Rudge D W. Effects of historical story telling on student understanding of nature of science[J]. Science & Education, 2019, 28(9): 1105-1133.

[122] Woitkowski D, Wurmbach N L. Assessing German professors' views of nature of science[J]. Physical Review Physics Education Research, 2019, 15(1): 1-13.

[123] Wong S L, Kwan J, Hodson D, et al. Turning crisis into opportunity: Nature of science and scientific inquiry as illustrated in the scientific research on severe acute respiratory syndrome[J]. Science & Education, 2009, 18(1): 95-118.

[124] Wu Y T, Tsai C C. High School Students' Informal Reasoning on a Socio-scientific Issue: Qualitative and quantitative analyses[J]. International Journal of Science Education, 2007, 29(9): 1163-1187.

[125] Yacoubian H A, BouJaoude S. The effect of reflective discussions following inquiry-based laboratory activities on students' views of nature of science[J]. Journal of Research in Science Teaching, 2010, 47(10): 1229-1252.

[126] Yalaki Y, Doğan N, irez S, et al. Measuring nature of science views of middle school students[J]. International Journal of Assessment Tools in Education, 2019, 6(3): 461-475.

[127] Yang Y, Liu X F, Gardella J A Jr. Effects of professional development on teacher

pedagogical content knowledge, inquiry teaching practices, and student understanding of interdisciplinary science[J]. Journal of Science Teacher Education, 2018, 29(4): 263-282.

[128] Yalvac B, Tekkaya C, Cakiroglu J, et al. Turkish pre-service science teachers' views on science – technology – society issues[J]. International Journal of Science Education, 2007, 29(3): 331-348.

[129] Yenice N. An analysis of science student teachers' epistemological beliefs and metacognitive perceptions about the nature of science[J]. Educational Sciences: Theory & Practice, 2015, 15(6): 1623-1636.

[130] YehY F, Erduran S, Hsu Y S. Investigating coherence about nature of science in science curriculum documents[J]. Science & Education, 2019, 28(3): 291-310.

[131] Yoon H G, Kim B S. Preservice elementary teachers' beliefs about nature of science and constructivist teaching in the content-specific context[J]. EURASIA Journal of Mathematics, Science and Technology Education, 2016, 12(3): 457-475.

[132] Zhang X, Hu B Y, Ren L X, et al. Family socioeconomic status and Chinese children's early academic development: Examining child-level mechanisms[J]. Contemporary Educational Psychology, 2019, 59: 101792.

[133] Zion M, Schwartz R S, Rimerman-Shmueli E, et al. Supporting teachers' understanding of nature of science and inquiry through personal experience and perception of inquiry as a dynamic process[J]. Research in Science Education, 2020, 50(4): 1281-1304.

[134] Zeidler D L, Walker K A, Ackett W A, et al. Tangled up in views: Beliefs in the nature of science and responses to socioscientific dilemmas[J]. Science Education, 2002, 86(3): 343-367.

[135] UNESCO. Towards Universal Learning: What Every Child Should Learn[EB/OL]. (2013-11-17)[2020-12-30]. http://uis.unesco.org/en/search/site/Toward%20universal%20learning%3A%20what%20every%20child%20should%20learn? f%5B0%5D=type%3Adocument.

[136] The American Psychological Association. Socioeconomic status[EB/OL]. (2006-08-01)[2021-02-19]. https://www.apa.org/topics/socioeconomic-status.

[137] TIMSS & PIRLS International Study Center. TIMSS 2007 Assessment Frameworks [EB/OL]. [2020-12-29]. https://timssandpirls.bc.edu/TIMSS2007/frameworks.html.

[138] Recommendation of the European Parliament and the Council. key competences for

lifelong learning[EB/OL]. (2006-12-18)[2020-12-30]. https://eur-lex.europa.eu/legal-content/EN/TXT/PDF/? uri=CELEX:32006H0962&from=EN.

[139] National Research Council. Inquiry and the National Science Education Standards-A Guide for Teaching and Learning[EB/OL]. (2003-06-18)[2019-08-08]. https://www.nap.edu/read/9596/chapter/1.

[140] National Science Teacher Association. NSTA Standards for Science Teacher Preparation [EB/OL]. (2019-01-07)[2021-02-12]. https://www.nsta.org/nsta-standards-science-teacher-preparation.

[141] NGSS Lead States. Next generation science standards: For states, by states[S]. Washington, DC: National Academies Press Available online at https://www.nextgenscience.org/search-standards, 2013.

[142] OECD. Definition and Selection of Competencies (DeSeCo) [EB/OL]. (2005-05-27) [2020-12-30]. http://www.oecd.org/education/skills-beyond-school/definitionandselectionofcompetenciesdeseco.htm.

[143] National Assessment of Educational Progress. The Nation's Report Card 2015 science [EB/OL]. (2018-11-15)[2020-12-26]. https://nces.ed.gov/nationsreportcard/science/.

[144] National Assessment of Educational Progress. What Does the NAEP Science Assessment Measure? [EB/OL]. (2006-12-19)[2020-12-26]. https://nces.ed.gov/nationsreportcard/science/whatmeasure.aspx.

[145] Ministry of Education Singapore. Science Syllabus Primary[EB/OL].[2021-03-05]. https://www.moe.gov.sg/primary/curriculum/syllabus.

[146] Department for Education. National curriculum in England: science programmes of study[EB/OL]. (2015-05-06)[2021-03-05]. https://www.gov.uk/government/publications/national-curriculum-in-england-science-programmes-of-study.

[147] European Council. Council Recommendation of 22 May 2018 on Key Competences for Lifelong Learning [EB/OL]. (2018-05-22)[2020-12-30]. http://data.consilium.europa.eu/doc/document/ST-9009-2018-INIT/EN/.

[148] Australian Curriculum. Science Curriculum F-10[EB/OL].[2020-12-28]. https://australiancurriculum.edu.au/download? view=f10.

[149] Battle for kids. 21st Century Learning for Early Childhood Framework [EB/OL]. [2020-12-31]. https://battleforkids.org/networks/p21/frameworks-resources.

[150] Battle for kids. 21st Century Skills Early Learning Framework [EB/OL]. [2020-12-

31]. https://battelleforkids.org/networks/p21/frameworks-resources.

[151] Battle for kids. P21 Framework Definitions [EB/OL]. [2020-12-31]. https://battelleforkids.org/networks/p21/frameworks-resources.

后 记

科学教育是培养科技创新人才的基础,也是实施科教兴国战略与建设科技强国的重要内容。习近平总书记指出,好奇心是人的天性,对科学兴趣的引导和培养要从娃娃抓起,使他们更多了解科学知识,掌握科学方法,形成一大批具备科学家潜质的青少年群体。本书聚焦小学生如何理解科学这一核心问题,并对其影响因素进行初步探究,对接做好科学教育加法需求,其主体部分是我的博士论文,在此基础上进行相应精简和调整。

在完成本书相关研究的过程中,我很荣幸能够接触到众多致力于科学教育与科学传播事业的工作者,包括高校院所的科研人员、基础教育领域的教研员、一线教师以及中小学生等,在与他们的交流和合作中,我对当前科学教育的现状有了较为全面的理解和认识,深刻体会到中小学科学课程与教学的有效开展对于提升青少年科学素养所发挥的不可替代的作用,同时也为研究的顺利开展奠定了坚实的基础。

在此,我要感谢我的导师崔鸿教授和中国科普研究所的李秀菊研究员,从选题到撰写,再到修改等全过程,她们都给予我很多鼓励与支持。我也得到了众多专家学者、老师和同学们的帮助,他们在本书所开展的研究的设计、数据的处理分析以及研究结果等方面给出了非常宝贵的建议。此外,还有武汉市、长沙市和重庆市十余所小学的数百位小学生和他们的家长也为本研究提供大力支持,这里不一一列出,对他们提供的帮助将永记于心。

接近不惑之年,时光像是按下了快进键,匆匆流逝。我依然感觉还有许多该看的书籍没有看,许多该读的文献没有读,在许多方面都还像是个门外汉,离真正的"不惑"还有很大距离。未来我还需要继续努力,继续把没做完的任务做完,把没做好的事情做好,没有走完的路还是要继续走下去。我将牢记初心,继续努力奋斗,心向精卫期填海,身比愚公力移山,深深扎根脚下这片土地。

附 录

附录一 小学生对科学本质的理解测评框架及题目专家咨询表

尊敬的专家：

您好，我们正在进行小学生对科学本质理解现状的研究，在前期国内外文献梳理的基础上，结合我国小学科学教育现况，聚焦对科学的整体认识、科学知识、科学探究和科学事业四个维度，以大概念和重要概念的形式建构小学生对科学本质理解的测评框架，与此同时，依据国外已有相关测评工具，开发了本研究测评题目。本研究采用德尔菲法对于框架和题目其进行修订，恳请科学教育领域专家对相关描述进行评判。

本调查仅做研究用，采取匿名的形式，不会给您造成影响，请您放心作答。

谢谢您的帮助和支持！

一、基本信息

1. 您的职称：_____   2. 您的学历：_____

二、测评框架专家咨询表

下面关于小学生对科学本质理解的描述，请您作出相关评价和判断（参考资料见附录1-3）。

大概念	重要概念	请您在相应的空格中打√					您对本指标的陈述有何意见？
		很不重要	不太重要	一般	有些重要	很重要	
1. 科学解释自然世界和物质世界	(1) 世界是可以被认识的，科学解释自然世界和物质世界的各种现象						
	(2) 科学是一种被许多人认可和使用的认知方式						

(续表)

大概念	重要概念	请您在相应的空格中打√					您对本指标的陈述有何意见？
		很不重要	不太重要	一般	有些重要	很重要	
2. 科学知识是基于经验与证据产生的,且需要依据新证据而进行修正	(1) 科学知识的产生是基于经验与证据的						
	(2) 科学知识具有一定的确定性和持久性,但不是绝对真理,是可以改变的						
	(3) 科学知识的产生受人们的文化背景、信仰和看待事物方式等影响,具有一定的主观性						
3. 科学探究是科学研究的基本方式,其方法和程序是多种多样的	(1) 科学探究始于科学问题的提出,包含提出问题和解决问题的过程						
	(2) 科学探究所使用的方法是多种多样的,应根据具体研究选择合适的方法(观察是任何科学研究的基础)						
	(3) 科学探究没有固定步骤,按照相同程序开展的研究有可能得出不同结论						
	(4) 科学研究过程要被正确记录并公开,若他人重复研究过程应能得出相同结果						
4. 科学知识运用于工程和技术能创造服务于人类的产品,在此过程中会对道德、伦理、社会、经济和政治等产生影响	(1) 科学家会运用科学知识来解决现实问题						
	(2) 科学需要人类的想象力和创造力,不同国家、不同背景的人都能对科学有贡献						
	(3) 科学受社会伦理的约束,要遵守道德规范						
	(4) 科学促进社会的发展,给人类带来福祉,但也会产生危害						

关于小学生对科学本质理解的描述,您认为还需要修正或补充的是

_____

_____

三、测评题目专家咨询表

下面关于小学生对科学本质理解的描述,请您作出相关评价和判断(完整问卷见附录4)。

大概念	核心概念	对应测评题目	您对测评题目有何意见?
1. 科学是解释自然世界和物质世界的	(1) 世界是可以被认识的,科学解释自然世界和物质世界的各种现象	1. 现在,科学发展迅速并已融入生活的方方面面,科学家通过研究大气、云、风和各种形式的降水——雨、雪、冰雹等,可以预测未来一段时间的天气变化,还可以实施人工降雨;通过研究地球、月球和太阳的运动规律,认识到月食是月球运行至地球的阴影里,太阳光被地球所遮蔽……	
	(2) 科学是一种被许多人认可和使用的认知方式	(1) 你觉得科学是什么呢? (2) 你认为科学与你学到的其他东西有什么不同? (3) 说一说你心目中的科学家是做什么的? 他们是如何工作的? 7①科学是认识大自然的,能解释自然现象	
2. 科学知识是基于实证获得的,并且需要依据新证据而进行修正	(1) 科学知识的产生是基于经验与证据的	4. 恐龙曾经在地球上生活过,但是在很久以前就灭绝了,没有人见过恐龙。 (1) 科学家是如何知道恐龙真的在地球上存在过呢? (2) 下图是科学家经过研究所确定的三种恐龙,科学家为什么认为恐龙是这个样子的? (4) 如果你的同学或朋友说他知道为什么恐龙全部灭绝了,他该做些什么才能让你或科学家相信他? 为什么	
	(2) 科学知识具有一定的确定性和持久性,但不是绝对真理,是可以改变的	2. 我们从科学书籍中可以学习到许多科学知识。你认为这些知识将来有可能发生改变吗? 7② 我们学习的绝大多数科学知识能在很长一段时间内保持不变	

(续表)

大概念	核心概念	对应测评题目	您对测评题目有何意见？
2. 科学知识是基于实证获得的，并且需要依据新证据而进行修正	(3) 科学知识的产生受人们文化背景、信仰和看待事物方式等影响，具有一定的主观性	4(2) 下图是科学家经过研究所确定的三种恐龙，科学家为什么认为恐龙是这个样子的？ 4(3) 科学家们研究恐龙灭绝的原因，他们所掌握的资料和证据是相同的，但是得出的结论却不同，有的科学家认为是小行星撞击地球，而另外一些科学家则认为是大规模的火山爆发导致恐龙灭绝。你觉得为什么不同科学家对恐龙灭绝的原因会有不同的解释呢？ 7⑨ 不同国家或文化背景下，科学家进行研究的方式会有所不同	
3. 科学探究是科学研究的基本方式，其方法和程序是多种多样的	(1) 科学探究始于科学问题的提出，包含提出问题和解决问题的过程	3.(1) 你认为该同学是像科学家一样在进行科学探究吗？ 6.(1) 如果一个同学拿起其中一个球丢向地面让它弹起来，他是在做科学探究吗？请解释为什么是或为什么不是？ (2) 描述一个你能用这些球做的科学探究	
	(2) 科学探究所使用的方法是多种多样的，应根据具体研究选择合适的方法	3(2) 你认为他所做的工作是一个实验吗？为什么是或者为什么不是？ (3) 他接下来应该怎样做才能回答他的问题？ 6(2) 描述一个你能用这些球做的科学探究	
	(3) 科学探究没有固定步骤，按照相同程序开展的研究有可能得出不同结论	4(2) 下图是科学家经过研究所确定的三种恐龙，科学家为什么认为恐龙是这个样子的？ (3) 科学家们研究恐龙灭绝的原因，他们所掌握的资料和证据是相同的，但是得出的结论却不同，有的科学家认为是小行星撞击地球，而另外一些科学家则认为是大规模的火山爆发导致恐龙灭绝。你觉得为什么不同科学家对恐龙灭绝的原因会有不同的解释呢？ 7⑥ 按照相同的程序开展研究，有可能得出不同的结论	
	(4) 科学研究过程要被正确记录并公开，若他人重复研究过程应能得出相同结果	7④ 科学家的研究过程若被其他人重复，应该能得到相同结果	

(续表)

大概念	核心概念	对应测评题目	您对测评题目有何意见？
4. 科学知识运用于工程和技术能创造服务于人类的产品，在此过程中会对道德、伦理、社会、经济和政治等产生影响	（1）科学家会运用科学知识来解决现实问题	7⑤ 科学家会运用科学知识来解决现实生活中的问题	
	（2）科学需要人类的想象力和创造力，不同国家、不同背景的人都能对科学有贡献	5. 你认为科学家在工作的时候有创造力和想象力吗？请回答"是"或"否"。举例说明科学家在什么时候有创造力和想象力。 7③ 科学知识的产生与发展要依赖于人的想象和创造 7⑩ 不同文化与行业的人都能对科学有贡献	
	（3）科学受社会伦理道德的约束，要遵守道德规范	7⑧ 科学会受社会、文化、伦理道德等的影响	
	（4）科学促进社会的发展，给人类带来福祉，但也会产生危害	7⑦ 科学研究有时也会对人类社会产生危害	

再次感谢您在百忙之中抽出时间为我们提供宝贵建议。祝您工作顺利，万事如意！

附录二　小学生对科学的理解及其影响因素调查问卷（测试）

姓名：_____　　班级：_____

亲爱的小朋友：

　　你喜欢科学吗？科学与我们的生活息息相关，在学校里、家里、科学书籍中、电视上、在学习和生活过程中……你都会接触许多与科学有关的东西。那你眼中的"科学"是什么样子的呢，我们很想知道你是如何看待"科学"和"科学家"的。请按照要求认真回答下面问题。

　　谢谢你的参与！

第一部分

说明：① 对于下列问题，回答没有对错之分，你是怎么想的就怎么写；
　　　② 若遇到不会写的字，可以用拼音，也可以直接问监考老师；
　　　③ 除了文字表达，你也可以采用画图等其他形式；
　　　④ 横线不需写满，把你能想到的都写下来即可。

1. 现在，科学发展迅速并已融入生活的方方面面，科学家通过研究大气、云、风和各种形式的降水——雨、雪、冰雹等，可以预测未来一段时间的天气变化，还可以实施人工降雨；通过研究地球、月球和太阳的运动规律，认识到月食是月球运行至地球的阴影里，太阳光被地球所遮蔽……

（1）你觉得科学是什么呢？

_____

_____

（2）说一说你眼中的科学家是做什么的？他们是如何工作的？

_____

_____

2. 从科学书籍中我们可以学习到许多科学知识。你认为这些知识将来有可能发生改变吗？

请选择：□是　□否（在方框中打√）

说一说你的理由：_____

_____

_____

举出一个例子：_____

_____

_____

3. 某位同学十分喜欢鸟儿，他在观察鸟类时发现它们的喙（huì，即鸟的嘴巴）形状大小各不相同，有的长而细，有的大而尖，有的小而短，如下图。他还观察到鸟类的食物种类也不相同，有的吃昆虫，有的吃植物种子。

（1）你认为该同学是像科学家一样在进行科学探究吗？

请选择：□是　□否（在方框中打√）

说一说你做出选择的理由：_____

_____

（2）你认为他所做的工作是一个实验吗？为什么是或者为什么不是？

请选择：□是　□否（在方框中打√）

说一说你的理由：_____

_____

4. 恐龙曾经在地球上生活过，但是在很久以前就灭绝了，没有人见过恐龙。

（1）科学家是如何知道恐龙真的在地球上存在过呢？

_____

_____

（2）下图是科学家经过研究所确定的三种恐龙，科学家为什么认为恐龙是这个样子的？

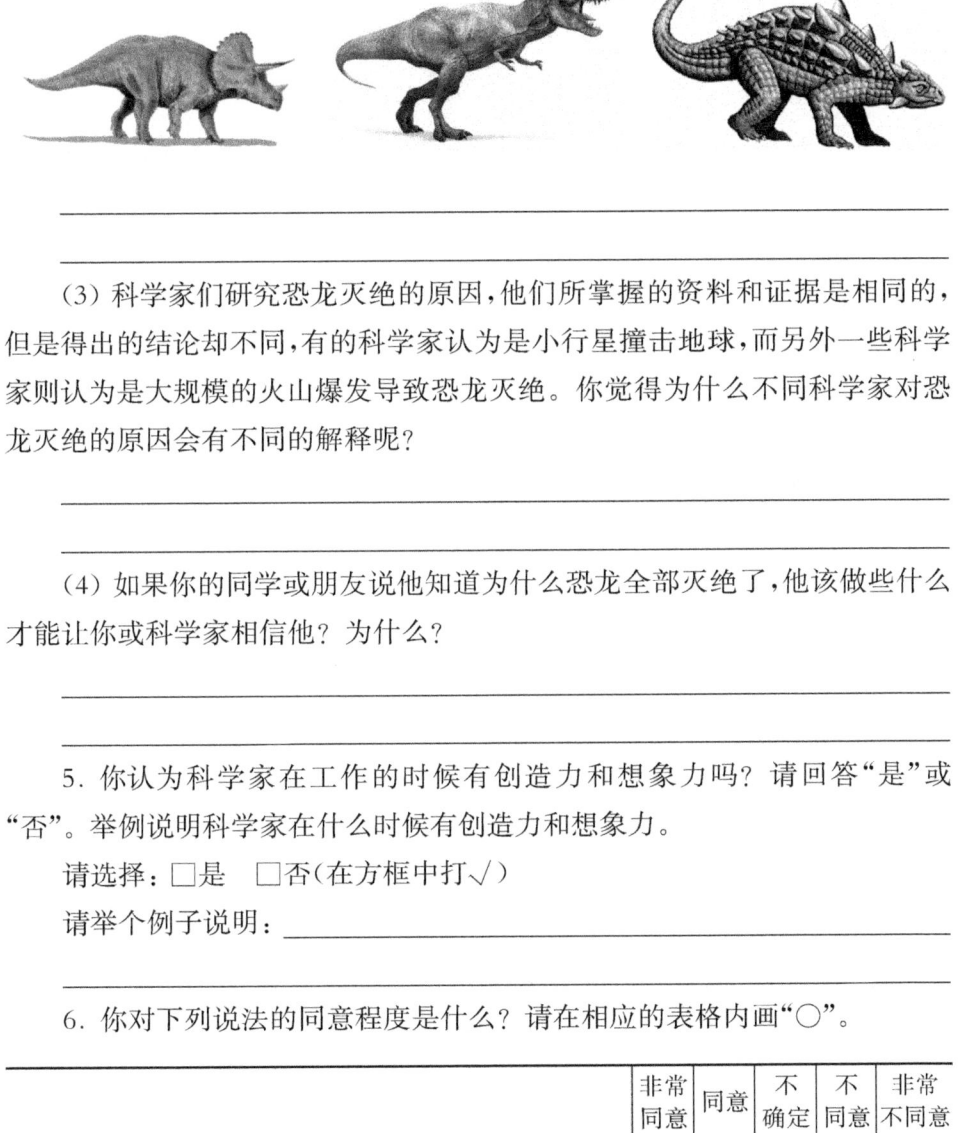

(3) 科学家们研究恐龙灭绝的原因,他们所掌握的资料和证据是相同的,但是得出的结论却不同,有的科学家认为是小行星撞击地球,而另外一些科学家则认为是大规模的火山爆发导致恐龙灭绝。你觉得为什么不同科学家对恐龙灭绝的原因会有不同的解释呢?

_____

(4) 如果你的同学或朋友说他知道为什么恐龙全部灭绝了,他该做些什么才能让你或科学家相信他? 为什么?

_____

5. 你认为科学家在工作的时候有创造力和想象力吗? 请回答"是"或"否"。举例说明科学家在什么时候有创造力和想象力。

请选择:□是　□否(在方框中打√)

请举个例子说明:_____

6. 你对下列说法的同意程度是什么? 请在相应的表格内画"○"。

	非常同意	同意	不确定	不同意	非常不同意
科学是认识大自然的,是解释自然现象的					
我们在科学课上学习到的知识永远不会改变					
科学探究和调查要从提出科学问题开始					
科学知识的产生与发展要依赖于人的想象和创造					
科学研究过程中所使用的研究方法是多种多样的					

(续表)

	非常同意	同意	不确定	不同意	非常不同意
科学研究的过程包括问问题和解决问题的过程					
科学家在进行一项研究时只能使用一种研究方法					
科学研究的步骤不是固定的,是可以调整的					
按照相同的程序开展研究,有可能得出不同的结论					
科学研究对人类社会都是有好处的,不会产生坏的影响					
科学不会受社会、文化等的影响,因为科学家不受它们的影响					
科学家的研究过程若被其他科学家重复,应该能得到相同结果					
不同国家或文化背景下,科学家都是以同样的方式进行研究的					
不同文化背景与行业的人都能对科学有贡献					

第二部分

下面我们想了解你、你的家人、你的科学课以及你与父母、同学等的交流、互动等的基本情况,请如实回答。

1. 你的性别是：□男　□女(在方框中打√)

2. 你的年龄是：_____岁

3. 你妈妈的最高学历是(　　);你爸爸的最高学历是(　　)
   A 小学　　　　B 初中　　　　C 中等职业教育(中专、职高或技校)
   D 普通高中　　E 专科　　　　F 本科　　　G 硕士　　　H 博士

4. 你家中有下列物品吗?(多选,在方框中打√)
   □电视机
   □手机(有上网功能,例如智能手机)
   □电脑(台式机或笔记本电脑)
   □平板电脑(例如华为平板电脑、iPad)
   □电子阅读器(例如 Kindle 阅读器)

5. 你家里有多少本书?(　　);其中与科学有关的书有多少?(　　)
   (注意：请**不要**将杂志、报纸、课本以及辅导书计算在内。)

A 0—5 本　　　　B 6—10 本　　　　C 11—20 本　　　　D 21—50 本

E 51—100 本　　F 超过 100 本

6. 你妈妈从事什么工作？＿＿＿＿＿＿＿＿

你爸爸从事什么工作？＿＿＿＿＿＿＿＿

（例如：学校老师、医生、销售经理、律师、企业员工、农民、个体经营、公务员等。如果现在没有工作，请填上他们做过的最后一份工作；如果一直没有工作则填无）

7. 本学期，你所在学校每周有几节科学课？＿＿＿＿＿＿＿节课。

8. 除科学课外，有没有关于科学的课外活动或校本课程？若有的话，请写出课外活动或校本课程的名称，每周大概花多少小时？（请在下表中做出回答，在□中打√，在横线上写名称）

□有	课外活动的名称：
	校本课程的名称：
□无	无需作答

9. 下列是你上科学课时可能发生的一些场景，这些场景发生的频率是多少？（请在相应的表格内画"○"）

	几乎总是	经常	偶尔	几乎没有
科学老师给我们讲科学家的故事				
科学老师给我们介绍科学发展的过程				
科学老师告诉我们科学是解释大自然中各种现象的				
科学老师会告诉我们科学知识将来有可能会发生改变				
科学老师告诉我们科学有时也会产生不好的后果				
科学老师告诉我们科学要受道德和法律的约束				
科学老师告诉我们社会、文化等因素会影响科学的发展				
科学课上，我们研究同一现象或问题，有可能得出不同结果				
科学课上，我们对同一个物体进行多次观察或测量，并记录结果				
科学课上，我们公布实验或调查过程，并与同学们交流和讨论				
科学老师让我们提出科学问题，因为科学探究从问问题开始				

(续表)

	几乎总是	经常	偶尔	几乎没有
我们回答科学问题时要提供证据				
我们在解决科学问题时发挥创造力和想象力				
我们在解决科学问题时尝试运用不同的研究方法				

10. 下列是你和父母或家人之间可能发生的一些场景,这些场景发生的频率是多少?(请在相应的表格内画"○"。说明:这里的场景以你和父母为主,但也可以是你和爷爷奶奶、外公外婆、哥哥姐姐等家人)

	几乎总是	经常	偶尔	几乎没有
父母或家人鼓励我提出科学问题				
父母或家人教我如何查找证据来回答科学问题				
父母或家人答不出我问的科学问题时,和我一起通过查阅书籍或上网等方式查找答案				
父母或家人给我买与科学有关的图书				
父母或家人给我买做科学小实验的材料				
父母或家人和我一起读科学书籍				
父母或家人和我一起在家里做科学小实验或小活动				
父母或家人和我一起种植植物/饲养小动物				
父母或家人督促我在做实验、种植物或养小动物时做好记录				
父母或家人给我报课外科技类兴趣班(如:机器人制作、航模制作、科学体验营等)				

11. 下列是你和同学之间可能发生的一些场景,这些场景发生的频率是多少?请在相应的表格内画"○"。

	几乎总是	经常	偶尔	几乎没有
课上我和同学一起讨论科学问题				
课上我和同学一起完成科学实验或活动				

(续表)

	几乎总是	经常	偶尔	几乎没有
在做实验或活动时,如果有多种方案,我会和同学一起讨论来做出决定				
遇到科学问题时,我会问我的同学并和他一起解决				
课后我和同学开展科学调查研究或实践活动				

12. 下列场景发生的频率是多少?请在相应的表格内画"〇"。

	几乎总是	经常	偶尔	几乎没有
我观看有关科学的电视节目或电影等				
我通过观看电视节目或电影学习到一些科学知识				
我去科技馆、植物园、水族馆等地方参观				
我参加科技馆的课程或活动				
我参加科技创新比赛、航模船模竞赛等				

亲爱的小朋友,为了防止漏填、错填的情况出现,请你再次翻阅、检查一遍,提交一份完整的答卷哦!再次感谢你的认真作答!

附录三　小学生对科学的理解及其影响因素调查问卷(正式)

姓名:_____　　班级:_____　　编号:_____

亲爱的小朋友:

　　科学与生活息息相关,在学校里、家里、科学书籍中、电视上、学习和生活过程中……你都会接触许多与科学有关的东西。你眼中的"科学"是什么样子的呢,我们想知道你是如何看待"科学"和"科学家"的。请按照要求认真回答下面问题。

　　谢谢你的参与!

第一部分

说明:① 对于下列问题,回答没有对错之分,你是怎么想的就怎么写;
　　　② 若遇到不会写的字,可以用拼音,也可以直接问监考老师;
　　　③ 除了文字表达,你也可以采用画图等其他形式回答;
　　　④ 横线不需写满,把你能想到的都写下来即可。

　　1. 现在,科学发展迅速并已融入生活的方方面面,科学家通过研究大气、云、风和各种形式的降水——雨、雪、冰雹等,可以预测未来一段时间的天气变化,还可以实施人工降雨;通过研究地球、月球和太阳的运动规律,认识到月食是月球运行至地球的阴影里,太阳光被地球所遮蔽……

　　(1) 你觉得科学是什么呢?
_____
_____

　　(2) 你认为科学与你学到的其他东西有什么不同?
_____
_____

　　(3) 说一说你心目中的科学家是做什么的?他们是如何工作的?
_____
_____

2. 我们在科学书籍中可以学到许多科学知识。你认为这些科学知识将来有可能发生改变吗？

请选择：□是　□否（在方框中打√）

说一说你的理由：_____

_____

举出一个例子：_____

_____

3. 某位同学十分喜欢鸟儿,他在观察鸟类时发现它们的喙(huì,即鸟的嘴巴)形状大小各不相同,有的长而细,有的大而尖,有的小而短,如下图。他还观察到鸟类的食物种类也不相同,有的吃昆虫,有的吃植物种子。

于是,他问道:"鸟类的喙形和它们吃的食物种类之间有联系吗？"

（1）你认为该同学是像科学家一样在进行科学探究吗？

请选择：□是　□否（在方框中打√）

说一说你做出选择的理由：_____

_____

（2）你认为他所做的工作是一个实验吗？为什么是或者为什么不是？

请选择：□是　□否（在方框中打√）

说一说你的理由：_____

_____

（3）他接下来应该怎样做才能回答他所提出的问题？

_____

_____

4. 恐龙曾经在地球上生活过,但是很久以前就灭绝了,没有人见过恐龙。

（1）科学家是如何知道恐龙真的在地球上存在过呢？

_____

_____

(2) 下图是科学家经过研究所确定的三种恐龙,科学家为什么认为恐龙是这个样子的(如:形态大小、体表颜色等)?

_____

(3) 科学家们研究恐龙灭绝的原因时,他们所掌握的资料和证据是相同的,但得出的结论却不同,有的科学家认为是小行星撞击地球,而另外一些科学家则认为是大规模的火山爆发导致恐龙灭绝。你觉得为什么不同科学家对恐龙灭绝的原因会有不同的解释呢?

_____

_____

(4) 如果你的同学或朋友说他知道为什么恐龙全部灭绝了,他该做些什么才能让你或科学家相信他?为什么?

_____

_____

5. 你认为科学家在工作的时候有创造力和想象力吗?请回答"是"或"否"。举例说明科学家在什么时候有创造力和想象力。

请选择:□是　□否(在方框中打√)

请举个例子说明:_____

_____

_____

6. 下图展示三个不同的球:足球、篮球和乒乓球。

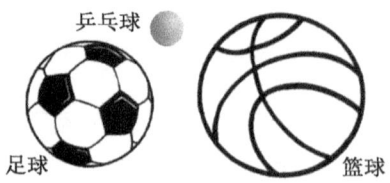

（1）如果一个同学拿起其中一个球丢向地面让它弹起来,他是在做科学探究吗？请解释为什么是或为什么不是？

请选择：□是　□否（在方框中打√）

请说明原因：_____

_____

（2）描述一个你能用这些球做的科学探究。

_____

_____

_____

7. 你对下列说法的同意程度是什么？请在相应的表格内画"○"。

	非常同意	同意	不确定	不同意	非常不同意
① 科学是认识大自然的,能解释自然现象					
② 我们学习的绝大多数科学知识能在很长一段时间内保持不变					
③ 科学知识的产生与发展要依赖于人的想象和创造					
④ 科学家的研究过程若被其他人重复,应该能得到相同结果					
⑤ 科学家会运用科学知识来解决现实生活中的问题					
⑥ 按照相同的程序开展研究,有可能得出不同的结论					
⑦ 科学研究有时也会对人类社会产生危害					
⑧ 科学会受社会、文化、伦理道德等的影响					
⑨ 不同国家或文化背景下,科学家进行研究的方式会有所不同					
⑩ 不同文化与行业的人都能对科学有贡献					

第二部分

下面我们想了解你、你的家人、你的科学课以及你与父母、同学等的交流、互动等的基本情况,请如实回答。

1. 你的性别是：□男　□女（在方框中打√）

2. 你的年龄是：_____ 岁

3. 你妈妈的最高学历是（   ）；你爸爸的最高学历是（   ）
   A 小学　　　　　B 初中　　　　C 中等职业教育(中专、职高或技校)
   D 普通高中　　　E 专科　　　　F 本科　　　　G 硕士　　　　H 博士
   I 不知道

4. 你家中有下列物品吗（多选，在方框中打√）
   □电视机
   □手机(有上网功能，例如智能手机)
   □电脑(台式机或笔记本电脑)
   □平板电脑(例如华为平板电脑、iPad)
   □电子阅读器(例如 Kindle 阅读器，可以阅读电子书籍)

5. 你家里有多少本书（   ）；其中与科学有关的书有多少（   ）
   （注意：请**不要**将杂志、报纸、课本以及辅导书等计算在内）
   A 0—5 本　　　　B 6—10 本　　　C 11—20 本　　　D 21—50 本
   E 51—100 本　　F 超过 100 本

6. 你妈妈从事什么工作？_____
   你爸爸从事什么工作？_____
   （例如：学校老师、医生、销售经理、律师、企业员工、农民、个体经营、公务员等。如果现在没有工作，请填上他们做过的最后一份工作；如果一直没有工作则填无）

7. 本学期，你每周有_____次科学课外作业。

8. 你参加过下列哪些科技竞赛（可多选，在□中打√）
   □青少年科技创新大赛　　　　　　□航模、船模竞赛
   □中国青少年机器人竞赛　　　　　□青少年科学调查体验竞赛
   □其他_____

9. 你对下列说法的同意程度是什么？请在相应的表格内画"○"。

	非常同意	同意	不确定	不同意	非常不同意
① 我喜欢上科学课					
② 我喜欢参加科学调查或做科学实验					

(续表)

	非常同意	同意	不确定	不同意	非常不同意
③ 我喜欢阅读与科学有关的书籍					
④ 我喜欢去博物馆、科技馆、动植物园等					
⑤ 我喜欢看科学探索类的节目、影片等					
⑥ 我喜欢和同学、老师、家长讨论科学					
⑦ 我认为风扇是动物,因为会转动					
⑧ 我长大后想从事与科学有关的职业					

10. 下列是你上科学课时可能发生的一些场景,这些场景发生的频率是多少?(请在相应的表格内画"○")

	几乎总是	经常	偶尔	几乎没有
① 科学老师给我们讲科学家的故事				
② 科学老师给我们介绍科学发展的过程				
③ 科学老师告诉我们科学是解释大自然中各种现象的				
④ 科学老师会告诉我们科学知识将来有可能会发生改变				
⑤ 科学老师让我们提出科学问题				
⑥ 科学老师告诉我们科学要受道德和法律的约束				
⑦ 科学课上,科学老师让我们回答科学问题时要提供证据				
⑧ 科学课上,我们在解决科学问题时尝试运用不同的研究方法				
⑨ 科学课上,我和同学对同一个物体进行多次观察或测量,并记录结果				
⑩ 科学课上,我们要报告实验或调查过程,并与同学们交流和讨论				

11. 下列是我和父母或家人之间可能发生的一些场景,这些场景发生的频率是多少?(请在相应的表格内画"○"。说明:这里的场景以你和父母为主,但也可以是你和爷爷奶奶、外公外婆、哥哥姐姐等家人)

	几乎总是	经常	偶尔	几乎没有
① 父母或家人鼓励我提出科学问题				

(续表)

	几乎总是	经常	偶尔	几乎没有
② 父母或家人教我如何查找证据来回答科学问题				
③ 父母或家人答不出我问的问题时,会和我一起通过查阅书籍或上网等方式查找答案				
④ 父母或家人给我买与科学有关的图书				
⑤ 父母或家人给我买做科学小实验的材料				
⑥ 父母或家人和我一起读科学书籍				
⑦ 父母或家人和我一起在家里做科学小实验或小活动				
⑧ 父母或家人和我一起种植植物/饲养动物				
⑨ 父母或家人督促我在做实验、种植物或养小动物时做好记录				
⑩ 父母或家人给我报课外科技类兴趣班				

12. 下列是你和同学之间可能发生的一些场景,这些场景发生的频率是多少?请在相应的表格内画"○"。

	几乎总是	经常	偶尔	几乎没有
① 遇到科学问题时,我会和同学一起讨论				
② 我和同学相互交流有关科学和科学家的事情				
③ 如果有多种实验方案,我会和同学一起讨论来做出决定				
④ 我会和同学讨论交换阅读各自的科学书籍				
⑤ 我和同学一起完成科学调查或实践活动				
⑥ 我和同学所说或所做的事情让我更喜欢科学				

13. 下列场景发生的频率是多少? 请在相应的表格内画"○"。

	几乎总是	经常	偶尔	几乎没有
① 我观看有关科学的电视节目或电影等				
② 我通过观看电视节目或电影学习到一些科学知识				

(续表)

	几乎总是	经常	偶尔	几乎没有
③ 我去公共图书馆或书城等借阅图书				
④ 我去博物馆、科技馆、动植物园、水族馆等地方参观				
⑤ 我参加科技馆的课程或实践活动				
⑥ 我通过网络获得与科学有关的知识				
⑦ 假期里我参加有关科学的社会实践活动				

亲爱的小朋友,为了防止漏填、错填的情况出现,请你再次翻阅、检查一遍,提交一份完整的答卷哦!再次感谢你的认真作答!

附录四　小学生对科学的理解影响因素调查问卷（家庭）

尊敬的家长：

　　您好！提升孩子的科学素养是科学教育的重要目标,家庭教育在此过程中也发挥着重要作用,此次调查的目的是了解孩子在家中学习科学的基本情况。非常感谢您在百忙之中抽出时间完成该问卷。谢谢您的参与和支持！

　　说明：

　　① 本问卷采用无记名方式,用时约3分钟；

　　② 每道题请根据自己的实际情况认真填写；

　　③ 请按照各个题目的要求填写答案。

1. 编号：_____
2. 您孩子每周平均需要_____小时完成科学课外作业。
3. 您陪伴孩子一起完成家庭作业的频率是(　　)
   □每次都是　□经常　□偶尔　□几乎没有
4. 孩子妈妈的学历是(　　)；孩子爸爸的学历是(　　)
   A 小学　　　　B 初中　　　　C 中等职业教育(中专、职高或技校)
   D 普通高中　　E 专科　　　　F 本科　　　G 硕士　　　H 博士
5. 您为孩子安排了如下资源吗？（多选,在方框中打√）
   □书桌　　　□独立房间　　　□安静学习的地方
   □网络　　　□订阅报纸　　　□字典、词典
   □百科全书
6. 您家中有下列物品吗？（多选,在方框中打√）
   □电视机
   □手机(有上网功能,例如智能手机)
   □电脑(台式机或笔记本电脑)
   □平板电脑(例如华为平板电脑、iPad)
   □电子阅读器(例如 Kindle 阅读器)
7. 您家里有多少本书？(　　)；其中与科学有关的书有多少？(　　)

(注意:请**不要**将杂志、报纸、孩子的科学课本或辅导书计算在内)

  A 0—5 本   B 6—10 本   C 11—20 本   D 21—50 本

  E 51—100 本   F 超过 100 本

8. 孩子妈妈从事什么工作?_____

  孩子爸爸从事什么工作?_____

  (例如:学校老师、医生、销售经理、律师、建筑师、农民、个体经营、公务员等。如果现在没有工作,请填上做过的最后一份工作;如果一直没有工作则填"无")

9. 您孩子参加课外科技类兴趣班情况(可多选,在□中打√)

  □机器人制作

  □航模制作

  □船模制作

  □创客活动

  □科学体验营(夏令营、冬令营等)

  □其他_____

  □无

10. 您孩子参加过下列哪些科技竞赛(可多选,在□中打√)

  □青少年科技创新大赛

  □中国青少年机器人竞赛

  □青少年科学调查体验竞赛

  □航模、船模竞赛

  □其他_____

为方便持续跟进研究,方便的话,请您留下联系方式QQ:_____

电子邮箱:_____

再次感谢您,祝您身体健康、工作顺利!